미디어 아라크네

media
arachne

정여울이 만난 방송, 드라마, 책, 그리고 사람들

미디어 아라크네

정여울 지음

휴머니스트

날마다 새로운 이야기의 카오스를 꿈꾸다

1

어린 시절, 영화관에 가면 조그만 내가 무한히 확장되는 환상을 느꼈다. 그러나 지금 영화관에 가면 오히려 평소보다 한없이 작아지는 나를 발견한다. 영화의 거대한 스펙터클 앞에 나는 끝없이 주눅이 드는 듯한 슬픈 환각을 느낀다. 어린 시절에 영화 관람은 내가 결코 살아낼 수 없는 타인의 삶 안으로 기꺼이 스며드는 모험이었다. 언제나 사소한 자극에도 감각의 모공을 활짝 열고 기꺼이 깜짝 놀랄 준비가 되어 있던 나는 아무리 '허접스러운' 영화를 봐도 얼마든지 과잉 감동하곤 했다.

멀티플렉스로 획일화된 영화관을 드나들기 시작하면서 영화 관람은 문화적 체험이라기보다는 상품의 소비에 가까워졌다. 손꼽아 기다리던 영화가 개봉하는 날은 마치 엄청난 경사라도 난 듯 얼씨구나 영화관으로 달려갔던 그 설렘이 이제는 사라져간다. 〈터미네이터 2〉가 개봉했을 때 환자복을 입은 채로 병원을 탈출했다는 라디오 청취자의 사연을 들으며 키득거렸던 적도 있으니, 우리에게 그 설렘은 행복의 공통분모였던 것 같다. 이제 우리는 그렇게 딜뜬 마음으로 마치 엄청난 축제를 기다리듯 영화를 기다리지 않는다. 언제든 케이블 텔레비전이나 DVD, 인터넷과 모바일을 통해서도 영화를 접할 수 있게 된 지금, 영화관은 더 이상 경이로운 축제의 공간이 아니다. 우리는 기술의 발전이 결코 감동의 진화를 가져오지는 않음을 온몸으로 깨닫고 있다.

2

'무엇을 상상하든 그 이상을 보게 될 것이다!'라는 〈매트릭스 2〉의 광고 카피는 역설적으로 이제 더 이상 그 무엇에도 놀라지 않는 현대인의 탄생을 만천하에 선언했다. 우리는 이제 무엇을 상상해도 그 이하를 보게 될 거라고 단정하곤 한다. 미디어의 스펙터클을 통해 이미 감각의 극한을 체험해버렸다고 믿게 된 우리는 실제 세계에서 놀라운 광경을 봐도 그저 무덤덤한 반응을 보일 뿐이다. '아, 저런 거. 영화의 한 장면이네.' '드라마에서 본 적 있어. 아 참, 뉴스에서도 봤는데.' 우리는 그 무엇에도 진정 놀랄 수 없는 집단적 불감증을 앓고 있는 걸까.

현대인은 TV로 끔찍한 살인사건 뉴스를 보면서 아무렇지도 않게 아침밥을 꾸역꾸역 넘길 수 있는 강심장을 지니게 되었다. 편리한 ARS 전화 한 통으로 각종 자선 행사에 참여한 후 스스로에게 면죄부를 주는 영리함도 지니게 되었다. 그러나 영화 한 편을 보기 위해 추위에 떨며 줄을 서던 기다림의 아련함을, 휴대전화도 인터넷도 없던 시절, 그저 편지 한 통이 도착하길 기다리며 빨간 우체통을 하염없이 바라보던 아스라한 그리움을, 영화의 감동을 인터넷 20자 댓글이 아니라 친구와의 수다나 세미나 뒤풀이의 밤샘 난상토론으로 되새김질하던 시절의 뜨거운 소주의 맛을 잃어버렸다.

그 어떤 자극에도 놀라지 않을 준비가 되어 있는 우리, 약속장소로 가다가도 마음이 바뀌면 휴대전화로 언제든 약속을 취소해버릴 수 있는 우리는 육체의 경험을 상품의 소비로 대체하게 되었다. 나의 영화 관람은 점점 내 몸이 참여하는 경험이기보다는 내 화폐가 투여되는 소비로 바뀌어간다. 할인매장에 장을 보러 갔다가 우연히 시간이 남아서 같은 건물에 있는 멀티플렉스로 올라가 마치 메뉴판에서 음식을 고르듯 그렇게 영화를 고른다. 티저 광고를 보고, 혹은 감독이나 배우를 보고 매순간 작은 도박을 하지만, 타율은 1할이 채 안 된다. 소비로 시작된 감상이 감동으로 전이되는 행복한 우연은 좀처럼 일어나지 않는다.

3

한때 비즈(beads) 공예에 관심을 가진 적이 있다. 구슬 하나하나는 그다지 예뻐 보이지도 비싸 보이지도 않지만, 사람의 손을 거쳐 꿰어지는 순간 아름다운 목걸이나 팔찌나 귀고리로 변신하는 모습을 보며 감탄했다. 나 또한 그런 솜씨와 마음씨를 가지고 싶었다. 나의 글쓰기 또한 그랬으면 했다. 똑같은 구슬들도 공예가의 마음에 따라 보헤미안적인 분위기를 낼 수도 있고, 펑키한 느낌을 낼 수도 있고, 로맨틱한 디자인이 될 수도 있다. 구슬이 서 말이라도 꿰어야 보배라는 오래된 속담은 내게 글쓰기의 화두이기도 했다. 서 말은커녕 단 세 알의 구슬이라도, 싸구려에 촌티가 줄줄 흐르는 구슬일지라도 나만의 실과 디자인으로 아름다운 목걸이가 될 수 있다면. 우아하고 고상한 비평의 대상이 될 수 없는 대중문화 콘텐츠도 우리의 죽지 않은 감성의 필터를 거치면 또 하나의 아름다운 이야기로 거듭날 수 있지 않을까.

매스미디어는 개인의 감동보다는 집단의 스펙터클을 추구하게 마련이다. 예술적 가치보다는 상품으로서의 가치가 대중문화 콘텐츠의 미덕임을 누구나 알고 있다. 하지만 우리는 아직 개인을, 육체를, 감동을 포기할 수 없다. 나는 미디어의 거대한 스펙터클 앞에 굴복하지 않기 위해, 대형 스크린의 압도적 영상 앞에서 더 이상 작아지지만은 않기 위해 오늘도 미디어라는 구슬로 나만의 비즈 목걸이를 만든다. 노끈과 실크와 삼베와 철사 같은 이질적인 재료들을 한데 엮어 나만의 풍경을 만들고 싶다. 나의 글쓰기가 집단적 구경거리로 획일화되어가는 미디어의 스펙터클을 내 안의 내밀한 풍경으로, 내가 살아가는 나의 이야기로 바꾸는 레시피가 될 수 있기를. 건조하고 객관적인 정보로 존재하는 미디어를 저마다의 사연과 욕망과 내면이 살아 숨쉬는 이야기의 카펫으로 직조하고 싶다.

4

그리스 신화에서 인간들 중 최고의 '직녀'로 손꼽히는 아라크네가 신출귀몰하게 짜낸 천은 단지 기술만 뛰어나서 아테네의 분노를 산 것이 아니었다. 그녀는 올림포스의 신들이 저지른 악행과 부조리를 풍자하는 내용을 모티프로 삼아 아름다운 직물을 짰다. 그녀가 짜낸 것은 단지 직물이 아니라 세계에 대한 그녀의 해석이었으며, 세계를 향해 연주하는 음악이었다. 아라크네에게 직조물은 상품이기 이전에 세상에 대한 그녀만의 비평이며 세상을 향한 그녀의 예술적 열정의 표현이었다. 아테네의 분노는 아라크네의 손끝에서 나오는 진기명기뿐만이 아니라 신들의 질서를 위협하는 아라크네의 이데올로기와 예술혼에 대한 충격이 아니었을까. 그녀는 아테네의 저주로 인해 평생 몸 안에서 실을 자아내는 거미로 변했다. 그러나 그 또한 더더욱 아라크네다운 운명이었을지도 모른다. 굳이 외부에서 실을 구하지 않아도 그녀의 몸속에서 나오는 실로 그녀의 작품(거미줄)을 만들 수 있게 되었으니.

나는 아라크네처럼 세계를 향한 위험한 해석을 꿈꾼다. 지혜의 여신 아테네를 경악시킬 정도로, 올림포스 신들의 노여움을 불러일으킬 정도로, 아니 각종 미디어 중독으로 가득한 이 사회에서 미디어의 주술에 굴복하지 않기 위하여. 그리고 나의 어설픈 구슬 꿰기, 혹은 미디어 길쌈과 대중문화 수놓기의 시범(?)을 본 독자들이 저마다 자신의 이야기 – 구슬을 내놓고 왁자지껄 또 다른 이야기의 파라다이스를 만들기를 바란다. 단지 미디어를 소비하는 데 그치지 않고, 미디어를 통해, 혹은 미디어를 거치지 않고도 생생한 날것의 세계와 '맞짱 뜨는' 배짱이 샘솟기를 꿈꾼다. 설사 시청률 90퍼센트의 드라마를 보더라도 저마다 다른 이야기의 유토피아를 꿈꾸기를. 미디어는 오늘도 우리의 눈과 귀와 영혼을 끈질기게 공격한다. 그 폭력적인 신호들, 공포의 기호들, 파괴적인 정보들이 아직 살아 있는 우리 영혼의 필터를 거쳐 날마다 새롭고 날마다 경이로운 이야기의 카오스로 굽이치기를.

차례

지은이의 말

I. Trans-**Drama**

베토벤 바이러스 신드롬

공금 3억 원을 사기당한 악장 바이올리니스트, 카바레 색소폰 연주자, 교통정리를 하다가 정직당한 경찰 트럼펫 연주자, 엄마와 아줌마 역할에 몸 바쳐 충성하느라 자신의 이름을 잃어버린 첼리스트. 그것도 모자라 '오게스드라 킬러'라는 별명으로 전 세계에 악명 높은 '왕싸가지' 지휘자까지. 이 오합지졸 '찌질이' 오케스트라의 요절복통 성장 드라마가 때 아닌 '강마에(마에스트로 강의 애칭) 신드롬'을 불러일으키고 있다. 강마에는 나이가 많아서, 불러주는 데가 없어서 오케스트라에 들어가지 못했다는 단원들에게 일침을 놓는다.

"부모 때문에, 자식 때문에, 애 때문에 희생했다? 착각입니다! 결국 여러분 꼴이 이게 뭡니까? 하고 싶은 건 못 하고, 생활은 어렵고, 주변 사람 누구누구 때문에 희생했다, 피해의식만 생겼잖습니까! 이건 착한 것도 아니고, 바보인 것도 아니고, 비겁한 겁니다! 마음만 먹으면 얼마든지 만들어낼 수 있는 100가지도 넘는 핑계를 대고 도망친 겁니다!"

'티에서 옥'을 찾아내는 능력

떡잎부터 알아보기는커녕 떡잎이 혹시라도 튼실할까 봐 싹부터 뭉텅 자르는 윗사람들에게 익숙한 현대인들. 아침마다 날아드는 대출광고 스팸 메일을 삭제하며 투덜거리고, 연일 폭락하는 주가 소식에 벙어리 냉가슴 앓는 현대인에게, 감정을 숨기는 데 익숙해져서 참아야 할 감정이 무엇인지도 망각한 현대인들에게, 강마에는 인정사정없이 다그친다. "누가 너보고 참으래? 그냥 터뜨려! 착해야 한다, 멋있어야 한다, 해야 한다 따윈 집어치우라고! 그냥 네 본능대로 하란 말이야! 오기, 독기! 싸우고 덤비고 터뜨리라고!"

시청자는 그의 어이없는 독설이 무서웠다가, 재수 없었다가, 멍해졌다가, 마침내 터질 듯한 카타르시스를 느낀다. 찌질이 오케스트라가 연주하는 귀머거리 베토벤의 〈합창〉을 들으며, 저마다의 권태로운 삶에 갇힌 욕망의 아우성을 듣는다. 남 탓을 하고, 희생하고, 핑계 대다가 놓친 인생의 소중한 기회들을 신명나게 애도한다.

강마에는 사람의 '옥에 티'를 찾는 것이 아니라 '티에서 옥'을 찾는 데 천재적 재능을 지녔다. 누가 봐도 구제불능, 민폐, 걸림돌인 아줌마 첼리스트 정희연의 몸에 수십 년 동안 갇혀 있던 폭발적 탱고의 위력을 끄집어낸다. 생활 때문에 꿈을 포기하는 것에 길들여진, 그리하여 꿈을 꾸는 법조차 망각한 현대인에게 강마에는 버럭 호통을 친다. "꿈?

그게 어떻게 네 꿈이야? 움직이질 않는데! 그건 별이야! 하늘에 떠 있는, 가질 수도 없는, 시조도차 못하는, 쳐다만 봐야 하는 별! 꿈을 이루란 소리가 아냐. 꾸기라도 해보라는 거야!"〈베토벤 바이러스〉의 클래식은 단지 음악이 아니라 우리 마음에 저마다 오롯이 반짝이던, 이룰 수 없다고 여겨 지레 포기해버린 뜨거운 꿈의 상징이다.

〈베토벤 바이러스〉에는 그 흔한 해외 로케이션도, 엄청난 물량 공세로 시청자의 눈을 현혹시키는 스펙터클도 없다. 이 드라마의 유일한 액세서리는 음악이다. 보이는 TV를 들리는 TV로 역전시킨 이 드라마의 위력, 강마에의 싸가지 없는 리더십이 어여쁜 이유도 또한 음악의 힘이다. 그의 절대권력은 오직 한 가지다. 그는 자신이 사랑하는 음악의 눈치만 본다. 대통령이 참관한 연주회에서도 연주를 파투낸다. 가난에 찌들어 컨테이너에서 살던 소년의 유일한 꿈, 그 음악 앞에 부끄럽지 않은 것만이 그의 유일한 신앙이다. 그는 스타일을 구기지 않기 위해 욕망을 포기하는 현대인들에게 코웃음을 친다. 그 무엇에도 내 불행의 탓을 돌리지 않는 싸가지 없음을 가지라고.

생활 때문에 꿈을 포기한 현대인들에게 주는 각성제

언제든지 내 실패의 알리바이를 만들 준비가 되어 있는 현대인에게, 온라인 최저가 운세상담에 의존하지 말고, 족집게 사주팔자, 타로카드에 네 운명을 맡기지 말고, 오직 자신이 사랑하는 꿈의 눈치만 보라고 강요한다. 그 강요가 숨 막히기는커녕 달콤하기 짝이 없는 이유 또한 음악의 힘이다. 드라마에 실린 클래식은 더 이상 고상한 귀족의 전유물이 아니라, 클래식의 역사를 줄줄 꿰어야 비로소 향유할 수 있는 전문적 취향이 아니라, 바로 지금 여기에서 뜨거운 소주를 마시며 내 방에서 들을 수 있는 음악이다. 절박한 사연의 날실과 욕망의 씨줄이 얽혀 있는 음악의 힘은 공연 티켓이 없어도 최고의 음악을 경험할 수 있는 TV 드라마를 창조했다.

음악의 운명

알렉스의 〈화분〉, 이승기의 〈여행을 떠나요〉, 추성훈의 〈하나의 사랑〉의 공통점은 뭘까. 그것은 이 노래들이 단순한 리메이크가 아닌 리패키지(Repackage:재포장)의 효과를 톡톡히 누린다는 점이다. 리메이크는 콘텐츠만 변화시키지만, 리패키지는 콘텐츠를 둘러싼 환경 혹은 콘텍스트를 변화시킨다. 〈화분〉은 〈우리 결혼했어요〉의 폭발적 인기와 함께 완전히 재발견되었고, 〈여행을 떠나요〉는 〈1박 2일〉 특유의 요절복통·막무가내식 분위기와 시너지를 일으키며, 〈하나의 사랑〉은 추성훈의 기구한 운명과 〈무릎팍도사〉의 저력을 빨아들였다. 리패키지시대, 대중음악의 운명은 이렇듯 TV를 통해 '보이는' 음악의 절대적 아성을 웅변한다.

보여야 비로소 듣는 음악, 아니 보이지 않으면 아예 들을 기회조차 얻지 못하는 음악의 시대. 이 시대 음악 프로그램이 가장 진화한 형태가 바로 〈라디오스타〉다. 이 프로그램은 '음악이 들리지 않는 음악 프로그램'의 역설을 마음껏 실험한다. 〈라디오스타〉는 음악이 아니라 음악인의 신변잡기와 언어적 격투기로 구성된다.

음악이 들리지 않는 〈라디오스타〉

〈라디오스타〉의 진정한 음악은 무차별적 언어폭격이 자아내는 수다의 오케스트라다. 김국진 – 윤종신 – 신정환 – 김구라, 이 4인방의 무시무시한 조리돌림(?)에서 살아남는 가수들만이 앨범 홍보를 무사히 마칠 수 있다. '구라의 발톱'을 키우지 못한 가수들은 오늘날 예능 프로그램에 설 자리가 없다.

가수도 음악보다는 게시판 어록으로 눈길을 끄는 시대. 이은미는 〈무릎팍도사〉에서 '립싱크 가수는 가수가 아니다'라는 폭탄선언으로 주목받았다. 그러나 이은미의 방점은 오히려 '립싱크는 꿈도 못 꾸던 시대의 낭만과 열정'이었다. 김광석·장필순·한동준·강산에 등과 함께 무대에 설 수 있었던 황금시대에 대한 그녀의 회고담은, 진정한 라디오스타들의 음악을 향한 노스탤지어를 자극했다.

비주얼이 아닌 사운드로 승부하던 그 시대 음악은, 굳이 보이지 않아도, 다만 들리는 것으로 충분했던 시대의 총아였다. 김광석 시대의 진정한 내공은 보이는 음악과 들리는 음악이 공존할 수 있었다는 점이다. 그 시대에도 룰라와 코요테가 있었다. 하지만 보이는 음악과 들리는 음악은 서로의 자리를 넘볼 필요가 없었다. 새삼 '들리는 음악의 시대'를 탈환하자는 것이 아니다. 드라마의 BGM이든, 광고의 CM송이든, 그 어떤 콘텐츠의 엑스트라일지라도, 음악이 질기고 독하게 살아남기를 바란다.

〈엄마가 뿔났다〉의 장미희와 이유리는 음악을 사이에 두고 '며느리 대 시어머니' 구도로 취향의 전쟁을 치렀다. 장미희의 고급스런 음악 취향이 아주 우아하게 희화화되지만, 나는 그녀들의 대화 장면에서 흐르던 오펜바흐의 〈자클린의 눈물〉이 몹시 반가워 대사조차 놓치고 음악에 넋을 놓았다.

라디오는 보임으로부터 자유롭지만, TV는 들림으로부터 자유롭지 못하다. 박지원은 《열하일기》에서 음악의 신비를 이렇게 예찬한다. 그림자도 없고 자취도 없는 음악이, 사람의 뼈를 녹게 하고 창자가 달콤하게 하여, 사람의 사지와 백체를 말없이 깨우쳐준다고. 음악은 형체가 없기에 좀처럼 빛나지 않지만, 형체가 없기에 그 어떤 공간으로도 스며들 수 있다.

창공을 날아라,
일상의 너절함이여!

리얼리즘이 두려울 때가 있다. 리얼리즘은 종종 부정적 사실을 증폭하고 광고하며 선동한다. 폭력의 리얼한 묘사는 '이러면 안 돼'라는 암묵적 메시지보다는 '이렇게 해보면 어떨까'라는 악의적 호기심을 충동질한다. 미디어가 악플을 강조하면 강조할수록 악플의 파워, 그 부정적 영향이 커지는 것처럼. 폭력의 리얼리티가 두려운 것은 폭력 자체의 학습효과 때문이다. 매스미디어를 통해 노출되는 폭력은 거칠고 치명적일수록 모방 욕망을 자극한다. 그런 의미에서 〈거침없이 하이킥〉의 초반부는 상당히 불편했다. 가정과 학교에서 벌어지는 일상의 폭력을 '거침없이' 보여준다는 느낌 때문이었다. 가족끼리 걸핏하면 대화 대신 하이킥을 날리는가 하면, 부임 첫날부터 담임선생님이 아이들에게 집단으로 무시를 당하는 장면은 보기 민망할 정도였다. 그러나 회가 거듭될수록 그들의 캐릭터에 정이 들기 시작했다. 〈거침없이 하이킥〉은 엽기는 엽기대로, 그늘은 그늘대로 우울과 참혹을 가감 없이 보여주었다. 유머 코드로 고통과 우울을 봉합하지 않는 정직함이 가슴에 들어오기 시작했다.

새로운 가족의 등장, 〈거침없이 하이킥〉

〈거침없이 하이킥〉을 둘러싼 구성의 묘미는 가부장제의 미묘한 해체로부터 시작된다. 〈순풍산부인과〉의 원장 지명은 우스꽝스럽기는 했지만 아버지의 권위는 가지고 있었다. 그러나 〈거침없이 하이킥〉의 한의원장 순재는 무늬만 원장일 뿐 모든 결정권은 며느리 해미에게 있다. 단 한 번의 방송 실수로 '이순재한의원'에서 '이 & 박'으로 한의원 간판을 교체한 것에서 부권 붕괴의 징후를 단적으로 엿볼 수 있다. 그러나 흥미로운 것은 콩가루 가부장제가 되었어도 모든 것이 나빠지지는 않았다는 점이다. 오히려 그로 인해 '야동순재'와 '밍크문희' 같은 귀여운 종이호랑이 커플이 탄생했다. 부권은 동요하지만 가족의 행복은 새롭게 재배치되었다. 〈거침없이 하이킥〉의 모든 관계에서 권력이 해체된다. 할아버지의 부권이 너무 강하게 동요한 나머지 '식신준하'의 실직은 거의 드러나지 않는다. 시어머니 문희는 며느리 해미의 똘마니로 전락했고, 형 민호는 동생 윤호에게 형 대접을 받지 못한다. 이 정도면 신파 멜로나 엽기 스릴러의 소재로도 적합하다. 비록 가부장제는 붕괴되었지만 새로운 역동적 가족이 탄생했다. 갈등 '없는' 비현실적인 행복한 가정을 표현하기보다는 갈등이 있으면 있는 대로 즐거운 일상을 만들어가는 가족의 생동감을 싱그럽게 꾸민 것이다. 전통적 가정의 평화는 없지만 끊임없는 역동성과 불안한 욕망의 꿈틀거림에 신명날 따름이다.

아이들(윤호, 민호)은 아버지(준하)의 오랜 실직을 부끄러워하지 않고 아버지와 친구처럼 지내며, 준하와 해미의 애정 표현은 "오바육바 떤다"고 빈축을 살 정도로 지나치다. 유능한 며느리 해미 때문에 시어머니 문희는 기죽지만, 정작 해미는 결정적 순간에 시어머니 편이다. 시어머니의 살림 은퇴 선언을 가장 반기는 것도 해미고, 식모살이 설움을 겪던 시어머니의 과거를 덮어주는 것도 해미다. 며느리에게 결정권을 빼앗긴 시아버지 순재는 여기저기서 자존심을 저울질당하지만, '괴물준하' 아들 덕분에 빼앗긴 신발을 되찾고, 야동을 몰래 보다 들켜 '야동순재'라는 국민적 닉네임을 얻었다. 식구들은 모두 해미의 '오케이'에 진저리치지만, 막상 해미의 오케이가 없으면 아무것도 결정하지 못한다. 해미는 "싹퉁바가지"라는 뒷말에 시달리지만 결정적 순간에는 의리의 여장부로 빛을 발한다. 가족이 주인공이지만 가족주의로부터 자유롭다는 점, 그것이 〈거침없이 하이킥〉의 매력 중 하나다.

따뜻한 냉소

〈거침없이 하이킥〉은 한 회 안에서 1회분의 계몽과 주제를 담아야 한다는 형식적 강박에서 벗어나, 하나의 캐릭터나 에피소드에 집중하지 않고 다시점적(多視點的) 혼란을 다채롭게 보여준다. 반어법의 황제인 교감선생님, 친구 집을 제 집인 양 들락거리며 천연덕스럽게 행동하는 '하숙범' 모두가 주인공이다. 저마다의 캐릭터와 욕망이 서로의 '주인공성'을 침해하지 않고 각자의 빛깔로 오롯이 살아 있으면서 서로가 서로를 주연으로 빛나게 한다. 원래 주연급이 아니었던 서 선생은 시청자의 사랑이 만들어낸 새로운 주연이다. 초짜 담임인 서 선생은 카리스마 부족으로 아이들에게 쩔쩔매지만, 제자에 대한 순수한 사랑으로 아무에게도 길들여지지 않는 윤호의 마음을 움직인다. 그녀는 〈죽은 시인의 사회〉의 키팅 선생처럼 유능하고 낭만적이지는 않지만, 제자 윤호의 마음속 분노의 불길로 뛰어드는 '천진무식'한 순수가 어여쁘다. 윤호의 비행을 막기 위해 싸움에 휘말린 서 선생을 업고 뛰는 윤호의 액션신에서 사제간의 절대적 권위는 볼 수 없지만, 좌충우돌하는 사제간의 사랑에 대한 21세기 신인류의 사랑법을 엿볼 수 있다.

〈거침없이 하이킥〉은 의무나 당위로서의 사랑이 아닌 '욕망'으로서의 사랑을 말하고, 새어나가지 못하게 빈틈없이 막아도 결국은 세상 바깥으로 뛰쳐나가는 욕망의 원심력을 응시한다. 할아버지, 할머니 모두 권위와 나이에 관계없이 자신의 욕망을 들킴으로써 욕망의 드라마가 완성된다. 살인과 시체 유기로 얼룩진 개성댁 미스터리도 여전히 해결되지 않은 채 미궁 속으로 점점 빠져든다. '탈옥수'나 미스터리는 일회성 에피소드로 끝나지 않고 잊을 만하면 또다시 등장하여 온 가족을 혼란에 빠뜨린다. 요절복통 일상은 일상대로 굴러가고, 살인의 미스터리는 미스터리대로 일상을 암류한다. 그것이 인생이다. 그리하여 거침없이 하이킥! 하나의 스토리로 집약되지 않는 복잡성과 다성성 자체가 〈거침없이 하이킥〉의 매력이다.

〈순풍산부인과〉에서 시작되어 〈올드미스 다이어리〉를 거쳐 〈거침없이 하이킥〉에 이르는 시트콤 혁명의 계보는 이제 그 정점에 다다랐다. 〈순풍산부인과〉가 가족 내부를 향한 현미경적 시선으로 사소한 것들의 우주적 울림을 보여주었다면, 〈올드미스 다이어리〉는 가족 외부를 향한 망원경적 시선으로 일상 속에서도 마음속 세계일주가 가능함을 보여주었다. 〈거침없이 하이킥〉에서는 가족 내부를 향한 현미경적 시선과 가족 외부를 향한 망원경적 시선이 모두 등장한다. 그 두 개의 시선이 겹치는 곳이 바로 민용의 옥탑방이다. 옥탑방을 통해 다양한 외부인들이 일으키는 이질적인 사건이 교차되며 때로는 탈옥수와 형사까지 집안으로 끌어들인다. 위선적인 휴머니즘보다 따뜻한 냉소가 값지다는 것을 〈거침없이 하이킥〉을 통해 새삼 확인한다. 〈거침없이 하이킥〉에는 평생 동안 헛일만 하다 끝나는 우리네 인생 자체의 어리석음을 감싸 안는 스케일이 있다. 매우 사소한 일에도 이 세상이 끝날 것처럼 고민하는 것이 인간이며, 인간의 한 길 얕은 속이 곧 장엄한 우주임을 〈거침없이 하이킥〉은 보여준다. 나는 〈거침없이 하이킥〉을 통해 〈순풍산부인과〉와 〈올드미스 다이어리〉 시대를 넘어서는 하이퍼리얼 시트콤의 탄생을 본다.

리비도 언리미티드

그래서, 재미있지만, 그래서, 불편하다. 〈내 남자의 여자〉와 〈쩐의 전쟁〉을 보며 느꼈던 감정이다. 〈내 남자의 여자〉와 〈쩐의 전쟁〉은 롤러코스터의 속도와 높낮이로 시청자들을 쥐락펴락한다. 숨 막히는 긴장감으로 드라마에 몰입시키는 흥미 요소는 어딘가 꺼림칙한 죄책감의 요소이기도 하다. 재미와 우울의 진원지가 같은 것은 일종의 '길티 플레저(guilty pleasure)'일까. 길티 플레저의 한국형 표현은 '욕하면서 본다'에 가까울 것이다. 사실 지금까지 가장 높은 시청률을 기록했던 드라마들 중 절반은 '욕하면서 보았다.' '머리로는 거부하지만 무의식적으로 중독되는' 증상을 초래했던 것이다.

어린 시절 좋은 드라마의 척도는 오로지 '감동' 하나였지만, 나이가 들수록 작품 뒤에서 작품을 조리하고 굽어보는 작가의 태도를 더 유심히 살피게 된다. 작가의 태도라기보다는 작품의 시선이라는 표현이 정확할 것이다. 그 작품이 바라보는 세계의 위치가 어디쯤인지, 사건을 바라보는 관점이 어떤 것인지를 더욱 눈여겨보게 된다. 〈내 남자의 여자〉와 〈쩐의 전쟁〉을 보며 죄책감 서린 쾌락을, 혹은 쾌락 어린 죄책감을 느끼는 이유는 무엇일까.

그것은 이 두 드라마가 미디어 수용자를 향한 미디어 생산자들의 '미끼'를 용의주도하게 조리하고 있기 때문이다. 〈내 남자의 여자〉와 〈쩐의 전쟁〉은 멀티미디어 시대를 살아가는 미디어 제작자들의 현주소를 여지없이 까발리는 듯하다. 개인(출연자, 주인공)의 욕망을 낱낱이 폭로하도록 유도하면서 익명의 다수(시청자)에게는 관음증의 은밀한 쾌락을 충동질한다. 그리하여 1990년대 이후 연예인들의 대표적 통과의례가 '개인기'였다면, 지금은 '폭탄발언'으로 바뀌었다. 웬만한 폭탄발언 없이는 검색어 '1위'에 오르기 어렵기 때문이다. 미디어의 폭탄발언 유도 작전은 극에 달했다. 폭발발언 내용이 처음부터 존재하는 것이 아니라, '폭탄발언'이라는 미디어의 암묵적 규칙이 개개인에게 없는 폭탄발언까지 만들어낼 것을 종용한다. 폭탄발언의 수위를 '과장'하는 수준을 넘어 미디어에서 살아남아야 한다는 강박관념으로 인해 있지도 않은 고백의 내용을 (무)의식적으로 '조작'하는 수준에 도달한 것이다. 〈내 남자의 여자〉와 〈쩐의 전쟁〉의 시청자 유혹 전술도 '폭탄발언'의 욕망과 동일선상에서 움직인다. 불륜과 화폐. 이 무소불위한 욕망의 표정을 은밀하고 수치스러운 부위까지 남김없이 발라내어 시청자들에게 '욕망의 종합선물세트'로 선물한다. 그리하여, 재미있다. 그리하여, 부끄럽다.

미디어의 유혹

미디어는 인간의 모든 욕망을 낱낱이 드러내어 욕망의 포를 뜨고 살을 발라낼 작정인 듯하다. 더 이상 비밀이 존재하지 않는다면 없는 비밀이라도 만들어낼 기세다. 시청자는 마치 그것이 처음부터 스스로의 욕망이었던 것처럼 욕망이 흉측하게 드러난 타인의 고통 퍼레이드를 관음증 환자처럼 탐닉한다. 바야흐로 극단의 시대, 과잉의 시대다. 욕망의 극단을 추구하고, 감정을 과잉으로 몰아가는 미디어의 유혹술에서 핵심적 미끼는 에로스와 자본이다. 인간의 욕망을 가장 투명하게 폭로하는 기제가 바로 불륜과 화폐이기 때문이다. 그 불륜의 공식 선교사(?)가 바로 TV 드라마나 광고이고, 2007년형 버전이 〈내 남자의 여자〉일 것이다. 그 '호위부대'로 〈나쁜 여자 착한 여자〉라든지 〈행복한 여자〉가 떡하니 버티고 있다. 아울러 '화폐'의 물신성을 전도하는 공식 선교사는 〈쩐의 전쟁〉일 것이다 〈쩐의 전쟁〉에 대적할 만한 '돈 이야기'를 그린 드라마는 현재 거의 없지만, 최근 드라마의 모든 사랑 이야기에는 '돈'에 대한 담론이 단순히 '양념'이 아니라 필수조건으로 포함된다. 〈내 남자의 여자〉에서 국가대표급 천사표 아내 지수조차도 피해갈 수 없는 문제가 위자료였다. 위자료 문제 앞에서만큼은 그녀도 완벽한 천사가 될 수 없었다. '쩐'과 '불륜'이야말로 미디어가 추구하는 시청자 유혹술의 가장 안전한 흥행 보증수표가 된 것이다. 〈내 남자의 여자〉와 〈쩐의 전쟁〉은 화폐와 불륜이라는 두 가지 근원적인 욕망으로 인해 인간의 존재가 어디까지 추락할 수 있는지를 보여준다.

〈내 남자의 여자〉는 '공격적 수다의 성찬'으로 욕망의 극한을 남김없이 폭로한다. 머릿속에서 꿈틀거리는 모든 추악한 상상을 '언어'로 현실화한다. 철석같이 믿었던 동생의 남편이 불륜에 빠지자 복수심에 불탄 '국민 언니' 은수는 입에 칼을 물고 공수를 뱉어내는 무당처럼 신들린 독설로 무장한다. 제부 홍준표에게 "내 입은 고무줄 빠진 팬티야. 언제 흘러내릴지 몰라."라고 경고하듯 뇌까리는가 하면, 불륜의 상대자인 동생 친구 화영에게 날리는 대사들은 하나같이 원한 서린 육두문자다. "야, 이 쌍시옷아!" "재랄 쌈 싸먹는 소리한다!" "기름에 열두 번 튀겨 죽일 년!" 바람둥이 남편에게 날리는 대사에는 그나마 코믹한 애정이 묻어 있다. "우리 애들은 뭐 지 아빠가 걸레인 거 모르는 줄 알아?" 불륜으로 인해 이미 '지켜야 할 모든 것'을 자발적으로 잃은 화영은 모든 윤리적 강박이 사라진 채, 순도 100퍼센트로 정제된 욕망의 덩어리가 얼마나 치명적인 무기가 될 수 있는지를 보여준다. 그녀의 대사는 독화살처럼 보는 사람의 살을 뚫고 '불륜의 바이러스'를 감염시킬 태세다. "색정녀가 된 느낌이야!" "내가 너무 뜨거웠어. 네 남편이 너무 뜨거웠어. 지구가 깨져도 상관없었어. 죽어도 좋았어. 너 따위 아무 상관 없었어. 뭘 원할까. 임자 있는 남자 나누어 갖는 여자가 원하는 게 뭘 거 같니? 나누지 않고 혼자 갖고 싶은 거 아니겠니?" 〈내 남자의 여자〉는 인간의 공격성의 극한에 무엇이 자리잡고 있는지를 폭로함으로써 시청자들을 '욕망의 무한 시뮬레이션'으로 초대한다. 시청자의 감각은 카타르시스를 느끼지만 영혼은 환멸과 황폐로 물들어간다.

〈쩐의 전쟁〉은 한층 사회학적인 시선으로 인간의 욕망 세포 한 올한 올을 투시한다. 이 드라마의 핵심 테마인 '사채업'은 한국 사회의 서민경제를 틀어쥐고 있는 양날의 칼이다. 사채가 악랄하고 무서운 돈이라는 것을 알지만, 사채는 주인공 금나라의 말처럼 "은행에서도 천대받고 손 벌릴 데 없는 힘없고 가난한 사람들이 쓰는 돈"이기도 하다. 사채는 이제 단순한 뒷골목경제가 아니라 '어엿하게' TV 광고를 수놓는 '제3금융업'이 되었다. 사랑의 풍속도조차 돈으로 철저히 환원된다. "그래, 나도 더 이상 미련 없어. 미련은 없는데, 그동안 너한테 쓴 돈이 아까워 죽겠어. 너한테 사준 밥값, 책값, 차비, 고시원 방값 다 계산해 줘. 은행이자 4.5퍼센트 쳐서." 이것이 연애의 피날레다. 수술비가 없어 어머니가 죽고, 아들은 사랑하는 여자와 돈을 맞바꾼다. 그리고 아버지는 산사태처럼 휘몰아치는 카드빚과 사채의 압박을 견디지 못하고 자살한다. "엄마, 아버지, 죽었어. 산에서 동맥 끊고 자살하셨어. 엄마. 우리 아버지가 원래 그렇게 독한 사람이었어? 신용카드 있잖아. 그걸 들입다 갈아가지고는, 동맥을 끊었더라구. 우리 아버지 갔어, 한 방에, 가버렸어. 카드가 칼이 된 거지 뭐." 신용카드를 숫돌에 갈아 칼을 만들어 동맥을 끊은 아버지의 유언은 또 하나의 거대한 칼이 되어 살아남은 지의 가슴에 박힌다. "나라야, 은지야. 카드빚 내지 마라." 돈 때문에 꿈과 영혼은 물론 시체나 장기도 팔 수 있는 세상에 대한 철저한 묘파가 〈쩐의 전쟁〉 시청률 고공행진의 핵심 비결이다.

사라진 은유와 상징

이제 우리의 욕망은 숨을 곳이 없다. 우리의 욕망은 정육점의 고깃 덩어리가 되어 알뜰하게 저며진 채 브라운관에 전시되고 있다. 인간의 다채로운 욕망은 철저히 에로스와 화폐로 환원되고, 그 욕망을 극단의 폭로정신으로 해부하는 것이 미디어 전쟁에서 살아남는 길이 되었다. 물론 〈내 남자의 여자〉나 〈쩐의 전쟁〉에도 감동과 카타르시스가 있다. 그러나 진정한 미끼는 작품성이 아니라 관음증적 욕망이다. 〈어린 왕자〉의 휴머니즘은 유치한 판타지로 전락한 지 오래다. 맞벌이로 바쁜 부모보다 TV와 컴퓨터가 스승이자 부모이자 친구인 세상에서 아이들에게 화면 한 귀퉁이에 표시되는 '15세' 연령 제한이 무슨 의미가 있을까. 우리 사회는 TV와 인터넷을 통해 끊임없이 '쩐의 전쟁'을 교육하고 있다. 어린이들은 세상을 예습하고 어른들은 세상을 복습한다. 돈이 없으면 언제든 죽을 수 있다는 것을, 돈이 없으면 교양, 인격, 윤리, 존엄조차도 지킬 수 없다는 것을, 돈이 없으면 가족, 사랑, 목숨도 지킬 수 없다는 것을 기억하기 좋게 명대사로 각인시키기까지 한다. "남자는 상처를 남기지만, 돈은 이자를 남기잖아?" "남의 돈에는 날카로운 이빨이 있다." 그리고 부모의 사랑과 신뢰로 맺어진 가족이 언제든지 파괴될 수 있다는 불안조차 드라마를 통해 지겨울 정도로 충실히 복습한다.

이제 미디어라는 거대한 여과장치를 투과하지 못하는 욕망은 없다. 모든 비밀이 미디어를 투과하여 공론장에 전시된다. 욕망에 대한 은유와 상징이 사라져간다. 투명한 직설화법은 소통의 중요한 무기이지만, 모든 것을 남김없이 폭로한 뒤에 우리에게 남는 것은 무엇일까. 2000년대 드라마의 폭로전쟁은 이제 그 극단의 클라이맥스로 치닫는 중이다. 사채업과 마찬가지로 폭로 또한 양날의 칼이다. 폭로를 통해 대낮의 광장에 소환된 욕망을 건강하게 소통할 수 있는 장을 만들 것인가, 아니면 타인의 고통을 은밀하게 향유하며 끝내 타인의 고통에 둔감해질 것인가. 폭로 행위의 주도권은 미디어 생산자에게 있지만, 폭로를 말초적으로 향유하거나 그것을 생산적 에너지로 변화시키는 둔갑술은 미디어 '수용자'에게 있지 않을까. 하지만 여전히 나는 비밀과 은유와 상징으로 가득 찬 양파 껍질 같은 삶의 불투명함이 그립다. 비밀 없는 삶은 쿨하지만, 비밀 없는 삶의 남루함은 끔찍하다. 사랑도 화폐도 영원히 소유할 수 없는 것이 삶이라면, 나는 비밀과 은유와 상징의 숲으로 우거진 '이야기'라는 재산만은 지키고 싶다.

춤은, 춤은 아직 끝나지 않았다!

신념을 위해 욕망을 포기하는 인간형을 우리는 동경하면서도 질투한다. 동경과 질투는 본래 한 끗 차이기에 지나치게 고결한 삶 이면에는 반드시 '구린 데'를 찾는 질시의 시선이 따르기 마련이다. 드라마 〈황진이〉를 보며 실제 황진이와 드라마 속 황진이 사이의 거리를 재는 것보다 흥미로웠던 것은 '백무'라는 캐릭터의 카리스마였다. 백무는 신념을 위해 욕망을 잘라내는 인간의 전형이다. 때로는 자신의 욕망뿐 아니라 타인의 욕망까지 신념의 칼로 싹둑 베어버리는 잔혹성 때문에 그녀의 눈빛에는 서늘한 광기마저 감돌았다. 그러나 그녀는 드라마 〈황진이〉가 배출해낸 가장 매혹적인 캐릭터로 다가왔다. '이미 져버린 물색없는 사랑'에 목매는 황진이보다 오히려 더 황진이 같았던 것은 바로 그녀의 스승 백무의 가공할 예술지상주의였다. 재예(才藝)를 위해서는 사랑, 우정, 목숨까지도 버릴 수 있는 그녀의 신념은 차라리 신념을 넘어 지독한 운명애로 느껴졌다.

황진이 판타지

　백무는 가공의 인물이다. 그러나 작가 윤선주와 배우 김영애가 탄생시킨 백무의 캐릭터는 현실보다 더 현실적인 강렬한 파토스를 자아낸다. 드라마 게시판에는 황진이가 점점 순애보적 인물로 변화하는 스토리 전개에 대한 시청자들의 안타까움이 묻어난다. 사신 앞에서 거문고를 연주해야 할 때 청산유수의 '말발'로 상황을 무마하고, 임금 앞에서 춤을 춰야 할 때 자신에 대한 '뒷말'에 대한 충격으로 쓰러지는 나약한 황진이를 향해 '이건 아니잖아!'라는 실망도 속속 터져 나왔다. 실제로는 황진이의 생몰연도조차 확실하지 않고, 황진이의 것으로 확인된 작품도 많지 않지만, 황진이에 대한 대중의 기대지평은 무한하다. 최고의 관능, 최고의 예술, 최고의 학식을 겸비한 만능 엔터테이너로서의 이상형을 우리는 황진이라는 인물에게 복합적으로 투사한다. 대중은 황진이에게 황진이 이상의 그 무엇을 강렬히 희구한다. 어쩌면 자료가 희박한 황진이라는 인물 자체보다도 대중이 황진이에게 품고 있는 무한한 판타지야말로 가장 '황진이적인' 고갱이일지도 모른다.

　첫사랑 은호 도령을 잃기까지 10회를 끌고, 두 번째 사랑 김정한과 불안한 동거에 들어가기까지 또 10회를 끈 〈황진이〉에서 '송도삼절'로 예찬되던 황진이의 예인적 면모를 호쾌하게 맛보기는 어렵다. 아름다운 대사와 배우들의 호연, 과감한 연출만으로는 넘을 수 없는 이데올로기적 장벽이 드라마 〈황진이〉를 가로지르고 있는 것 같다. 그 장벽은 무엇일까. 우리는 그 열쇠를 백무의 대사에서 찾을 수 있다. "한 사내의 아낙이 되고 싶다는 열망은 버려라. 지고지순이란 거추장스러운 감정에만 눈감을 수 있다면, 여인네의 삶 중 우리네 기녀의 삶만 한 것도 없다." 황진이는 바로 이 낭만의 장벽, "한 사내의 아낙이 되고 싶다는 열망", "지고지순이란 거추장스러운 감정"에 몸이 묶여 거문고와 춤과 시를 잃었다. 그 뒤 남은 몇 회의 짧은 시간에도 30년 면벽 수행으로 살아 있는 부처라 불렸던 지족선사를 유혹하여 파계시킨 일, 서경덕을 유혹하려다 오히려 그를 스승으로 삼은 일 등을 속시원하게 살풀이해줄 여유는 없는 듯하다. '예인' 황진이에게 끝내 순애보적 정조라는 무거운 갑옷을 입혀야만 지상파 드라마의 '윤리적 장벽'을 넘을 수 있었던 것일까.

슬픔을 웃을 수 있을 때

황진이는 지고지순한 여인네의 신파에 사로잡혀 예술을 포기할 인사는 아니었던 듯하다. 고을 원님과 절도사가 벌인 잔치에서 너덜너덜한 입성과 때가 덕지덕지 낀 얼굴로 태연하게 이를 잡으며 노래를 부르고 거문고를 타면서도 조금도 부끄러운 기색이 없었다는 이야기, 신분의 장벽과 성적 장벽을 뛰어넘어 평생 스승이자 친구가 되었던 서경덕과의 교유, 지음(知音)의 벗이 되어 예술적 공감을 나누었던 명창 이언방과의 우정, 선전관 이사종과 계약 동거를 했다는 일화 등. 파편적으로 남아 있는 황진이의 에피소드만으로도 그녀는 남자의 사랑에 낭창낭창 일희일비하는 아낙네이기보다는 자신의 섹슈얼리티와 신분의 장

벽을 훌쩍 뛰어넘어 한 세상 풍지게 놀다 간 방랑자(nomad)적 예술인
이었음을 짐작할 수 있다. 안타깝게도 드라마 속 황진이는 아직 사랑에
발이 묶여 재예를 향한 열정을 깜빡깜빡 놓쳐버리는 순정파적 이미지
에 갇혀 있다.

그럼에도 불구하고 〈황진이〉는 드라마 역사상 가장 매혹적인 스승
의 이미지를 탄생시켰다. 〈허준〉의 유의태, 〈대장금〉의 한 상궁에 이어
〈황진이〉의 백무는 우리가 꿈꾸는 유토피아적 스승의 반열에 올랐다.
이상적 스승인 그들은 초인의 이미지를 체현하는 허구적 인물들이지
만, 그렇기에 더더욱 진정한 가르침에 굶주린 현대인의 기갈을 채워주
는 인물들이기도 하다. 유의태나 한 상궁보다 백무가 한발 더 나아간
점은 제자 때문에 넋을 놓고 방황하는 천진함, 그리고 제자 앞에서 무
릎까지 꿇으며 다시 처음부터 모든 것을 시작하고 싶다고 고해하는 정
직함 때문일 것이다.

백무의 예술지상주의는 예술을 위해 삶을 포기하는 오만이 아니라
삶의 고통을 예술로 승화시키는 열정이다. "사랑을 독하게 품고 그를
잃은 슬픔을 웃을 수 있을 때, 그때까지 춤을 추거라. 기쁨을 웃는 것은
기녀가 아니다. 쓰라림과 노여움, 그 한을 웃을 수 있을 때, 그가 바로
진정한 기녀요, 예인이니라." "국선생도…… 재예도…… 그리고 사랑
도…… 기녀의 벗이긴 하나 가장 중하다 할 수는 없다. 기녀의 가장 중
한 벗은 말이다…… 바로 고통이다. 고통과 벗하여 제 목숨의 문턱을
썩 넘어설 수 있는 이…… 그이가 바로 진정한 기녀요, 예인이니라."
백무는 기녀에게 천형처럼 주어진 신분의 장벽이든 '노류장화'로 상징
되는 육체적 장벽이든, 그 무엇도 기녀의 예술까지 훼손할 수 없음을

증명한다. "너희는 몸 파는 창기도 들병이도 아니야. 그러니 일어나, 어서!" "신분이 천하다 하여 그 가진 재주도 천하다 보는가! 춤은, 춤은 아직 끝나지 않았다!" 언제쯤이면 우리는 드라마 속에서나마 이 아직 끝나지 않은 질펀한 춤사위를 원 없이 즐길 수 있을까.

세상 끝에서 만나는 지식

'네이버 지식 iN'의 등장은 지식의 대중화에 혁명적으로 기여했다. 이제 사람들은 강아지 키우는 법부터 성추행에 대처하는 법, 초등학생의 숙제부터 대학원생의 논문까지 모든 지식을 지식 검색창을 통해 습득한다. 그런데 지식 검색창을 애용해본 이들은 알 것이다. 인터넷의 수많은 정보 중에는 잘못된 정보도 넘쳐난다는 사실을 말이다. 그러나 우리는 오류투성이의 정보나 꿈자리 사나운 악플 시리즈에도 아랑곳하지 않은 채 오늘도 열심히 지식 검색창에 검색어를 입력한다. 그렇다면 인터넷 검색창의 진정한 매력은 무엇일까. 아마도 정보의 정확도나 풍성함이라기보다는 '친밀성과 접근성'일 것이다. 전통 사회의 훈장님이 사라진 이후 지식은 친근함과는 동떨어져 있었다. 세상이 복잡해질수록 궁금증은 더해가지만 아무도 친절히 대답해주지 않는다. 사람들은 '지식'을 간절히 바라면서도 '지식인'을 철저히 경원시한다. 지식 검색창의 폭발적 성장은 '불친절한 지식인'에 대한 IT산업의, 아니 대중의 무의식적인 '복수전'일지도 모른다.

대중의 무의식을 가장 신속하게 반영하는 TV 드라마는 지식인을 묘사하는 데 인색하거나 냉혹했다. 드라마에서 지식인은 구슬픈 찬밥 신세거나 갈 곳 없는 금치산자였다. 드라마에서 가장 전형적인 지식인 이미지는 〈보고 또 보고〉의 윤혜영이 분했던 금주 역할에서 찾아볼 수 있다. 그녀는 손에 물 한 방울 묻히지 않는 공주병 캐릭터의 전형으로, 공부 외에는 아무것도 할 줄 아는 게 없다. 그래도 이 정도는 '나름' 귀여운 편이다. 홍상수 영화에 등장하는 지식인들은 하나같이 교활하거나 음흉한 속물적 이미지로 얼룩져 있다. 이렇듯 대중화된 지식인의 이미지는 무기력한 금치산자이거나 왕재수 속물이다. 지식인의 이미지는 공부 '만' 해서 바보가 되었거나 공부 '조차' 제대로 하지 못해 민폐를 끼치는 경우로 양분된다.

드라마 속의 지식인

그런데 드라마 속에서 지식인을 가장 사랑스럽게 묘사한 작품이 등장했다. 높은 시청률을 굳건히 지키며 1위 독주체제를 유지한 〈주몽〉의 방영에도 불구하고 수많은 네티즌들의 열광적 지지를 받으며 종영한 〈눈의 여왕〉이다. 주인공 태웅이 재야의 천재라면 그의 벗 정규는 공인된 천재다. 태웅이 국제수학올림피아드에서 1위를 차지하자, 한 번도 일등을 빼앗겨본 적 없는 정규는 심한 자괴감과 열등감에 빠져 자살한다. 그저 수학이 좋고 문제 푸는 과정이 행복했던 태웅은 자신의 공부가 타인을 향한 흉기가 될 수도 있음을 깨닫는다. 태웅은 친구의 자살이 던진 충격을 감당하지 못하고 자신 앞에 펼쳐진 장밋빛 미래를 버리며 정규가 진짜 원하던 꿈, 권투선수의 길로 접어든다.

누구도 태웅을 벌할 자격이 없지만 태웅은 8년 동안 이름까지 득구로 바꾸어 살며 처절한 속죄 의식을 치른다. 그에게 승리체육관은 살아남은 자의 치욕과 슬픔을 견디는 제의적 공간이다. 태웅은 8년이나 권투를 벽 삼아 면벽 수행을 했건만 수학을 떠나서는 살 수 없는 자신을 깨닫는다. 행복하고 싶은 평범한 꿈을 오랫동안 억압해온 태웅에게 처음으로 행복에 대한 열망을 일깨운 그녀는 공교롭게도 죽은 정규의 동생 보라다. 〈로미오와 줄리엣〉을 방불케 하는 우여곡절 로맨스를 겪으며 태웅은 수학에 대한 열정을 회복한다. 보라는 그에게 수학의 열정을 다시 불붙여준 뮤즈가 된 셈이다. 태웅의 재능을 알아본 괴짜 노교수는 수학 실력보다도 소중한 메시지를 태웅에게 선물한다. "어떤 천재라도 세상에 진리 하나를 더하기 위해서는 다른 사람의 도움이 필요해. 혼자서는 아무것도 할 수 없는 법이야. 물론 늘 함께 있을 순 없어…… 우리가 찾아야 할 진리는 너무 먼 곳에 있고, 가는 길은 사람마다 너무도 다르거든. 하지만 기억해둬…… 우리는 함께 가고 있어…… 때로는 혼자서…… 때로는 같이……."

지식이 아름다운 이유

노교수가 가르쳐준 공부법은 '따로 또 같이'의 진리다. '따로'는 진리를 찾기 위한 과정에서 필연적으로 지불해야 할 대가, 즉 '고독'을 견디라는 주문일 것이다. '같이'는 지식인이 노력하여 진리를 얻을지라도 그것은 자신'만'의 소유가 아니라는 것, 지식의 진정한 가치는 배워서 반드시 남 주는 넉넉한 배포, 혹은 다른 사람으로부터 무엇이든 스스럼없이 배우는 '소통'의 의지에 있다는 의미가 아닐까. 태웅이 추구하는 지식이 아름다운 또 하나의 이유는 그것이 당장은 아무 쓸모가 없다는 사실, 그 철저한 비실용성에 있다. 수학사를 뒤흔든 수많은 미해결 난제들을 다 풀어낸다 할지라도 인류의 행복에 아무 도움도 되지 않을 수 있다. 그러나 쓸모없어 보이는 진리의 한 귀퉁이를 파헤치기 위해 생을 기꺼이 헌납하는 눈먼 열정이야말로 여전히 학문이, 지식인이 필요한 이유 아닐까. 그래서일까. 당최 이해할 수 없는 태웅의 알쏭달쏭한 수학 강의는 그저 바라보는 것만으로도 이상하게 눈물겹다. 그것은 쓸모없다. 어쩌면 앞으로도 영원히 쓸모없을지도 모른다. 그러나 나는 그것을 사랑하며, 그것에 내 삶을 바친다는 그런 태도야말로 지식뿐 아니라 삶 자체를 사랑하는 자의 무한한 여유가 아닐까.

이토록 힘겹게 다시 찾은 학문의 기쁨, 생의 환희는 사랑하는 보라의 죽음 앞에서 또 한 번 위기를 맞는다. 보라가 동경하던 동화 속 주인공 '눈의 여왕'이 사는 곳, 라플란드로 가서 그녀와 정규를 따라가려는 태웅에게 들리는 보라의 환청. "살아 있는 게 죽는 것보다 나아. 죽는 것보다 못하다고 하더라도, 그래도, 살아…… 살아서 후회하고…… 살아서 괴로워해." 그럼에도 불구하고 삶을 사랑하라. 홀로 살아남은 자의 굴욕을 견디고, 사랑하는 이가 가고 없는 세계의 황폐를 견디는 것이 학문의 길, 삶의 길이다. 순결하고 아름답게 분연히 떨쳐 일어나 죽지 못하고 삶이 선물하는 온갖 오욕을 끌어안고 살아남는 것이 더 어려운 일인지도 모른다.

이탈리아 공산당의 창설자 안토니오 그람시가 체포되었을 때 담당 검사는 선언했다. "우리는 이 두뇌를 20년 동안 작동하지 못하도록 해야 한다." 이것은 지식인을 향한 최대의 저주임과 동시에 최고의 찬사다. 그의 두뇌활동을 20년 동안 강제로 멈추게 하고 싶을 정도로 그의 지식은 세계를 뒤흔들 무형의 폭탄이었던 것이다. 이 무시무시한 저주는 오히려 안토니오 그람시의 역작《옥중수고》를 집필하게 한 원동력이 되었다. 태웅에게는 이제 정규도 보라도 없는 세상이 말 그대로 창살 없는 거대한 감옥일 것이다. 그러나 태웅은 이 고통에 눈감지 않는다. 보라를 그리워한 나머지 보라의 환상을 본 태웅은 차라리 눈을 감는다. "나는…… 무얼 본 걸까? ……이 눈을 떴을 때…… 네가 없더라도…… 이제 난…… 달아나지 않아." 〈눈의 여왕〉을 통해 우리는 고통을 외면하지 않는 인간의 용기를, 그리하여 끝내 버릴 수 없는 '학문=삶'의 아름다움을 본다.

드라마 속 '어린이'의 두려운 변신

한국의 드라마 속 아이들의 성격은 점점 '조숙'을 넘어 '조로'에 가까워진다. 산타클로스의 선물을 기다리며 흘리던 눈물도 뚝 멈추고, 부모가 이혼하거나 사별했을 때 "아빠는 저 멀리 미국에 가셨어. 며칠 밤만 자면 돌아오실 거야."라는 말에 얌전히 고개를 주억거리던 천진한 아이들은 더 이상 드라마에서 찾아볼 수 없다. 아이들은 이제 무구함이 아니라 영악함으로 어필한다. 부모가 가꾸는 비밀 화원 안에서 곱디곱게 자라나는 것이 아니라, 부모의 비밀을 가장 먼저 캐내고 부모의 비밀을 단죄하는 역할까지 한다. 〈내 남자의 여자〉의 경민이는 누구의 직접적인 언질 없이도 '공기가 다른' 집안의 낌새를 예민하게 감지하고 이모에게 묻는다. "우리 엄마 아빠 이혼하세요?"

아이들의 조로함과 이혼율의 급증은 시너지 효과(?)를 일으켜 이제 부모가 말다툼이라도 할라치면 아이들은 "그럼 이제 이혼하는 거예요?"라는 질문을 서슴없이 한다. 부모의 마음고생보다 자신이 버려질 것을 두려워하는 아이들은 가정 내부의 의사결정권 지분이 자신에게도 있음을 당당히 선언한다. 경민은 냉정한 어조로 부모에게 엄포를 놓는다. "엄마 아빠가 저 낳을 때 저한테 물어보고 낳은 거 아니에요. 엄마 아빠 마음대로 낳아놨으니까 책임도 끝까지 져야 한다는 거예요." 이런 폭탄선언을 듣고도 다른 여자의 꽁무니를 좇아 집을 나간 아빠에게 경민은 서늘한 냉대로 일관한다. 아빠의 선물 공세도 전혀 고맙지 않다. "나한테 뭘 하시겠어요. 다른 여자한테 맛이 간 아빠가요."

아역 배우들의 진화

이런 드라마 속 아이들의 급격한 조로 현상의 일등공신은 아마도 〈순풍산부인과〉의 미달이였을 것이다. 아이가 부모의 애완동물처럼 사육당하는 것도 무서운 일이지만, 아이가 어른들의 세계를 쥐락펴락하며 당당히 자신의 주권을 선언하는 일 또한 부자연스럽다. 미달이는 그 가공할 영악함으로 어른들의 욕망을 폭로하고 풍자하며 명실상부한 장수 시트콤의 주인공으로 한 시대를 풍미했다. 물론 〈호랑이 선생님〉 시절이나 〈사랑 손님과 어머니〉 시절의 천진무구한 어린이상을 현재의 드라마에서 기대하는 것은 시대착오다. 하지만 안타까운 것은 아이들이 너무 총명해졌다는 것 자체가 아니라, 그 총명함으로 인해 아이들 스스로가 무엇을 잃어버렸는지를 너무 늦게 깨닫게 된다는 것이다.

어른들의 세계에 개입함으로써 아이들은 자신들의 발언권을 획득했지만, 어른들의 세계에 적당히 무심함으로써 오롯이 행복할 수 있었던 그들만의 비무장지대를 잃어가고 있는 듯하다. 아이들의 눈에 비친, 아련히 멀어서 더더욱 닮고 싶은 어른들의 세계는 이제 미리 체험한 닳고 닳은 세속성의 세계로 치환되어버린다. 오늘날의 아이들은 너무 일찍 '돈맛'을 알고 너무 일찍 부모의 '불화'를 눈치챈다. 그리고 너무 일찍 영어를 배워야 하고 너무 일찍 무한경쟁의 세계를 약육강식의 템포로 살아나간다. 특히 드라마 속 아이들은 가장 먼저 부모의 불륜과 부모의 비리를 알아챈다. 알지 못함으로써 누릴 수 있는 자유의 단꿈을 이제 아이들은 누리지 못한다.

　드라마 속 아이들의 진화가 더욱 불편한 이유 중의 하나는 아역배우들의 삶이 점점 성인 연예인들의 삶을 닮아가는 현상과도 관련 있다. 아이가 좀 예쁘고 총명하며 연기를 잘한다 싶으면 '한국의 다코타 패닝'이라며 치켜세우는 미디어의 호들갑은 아이들은 물론 아이들의 부모와 소속사를 들었다 놓았다 한 지 오래다. 웬만한 할리우드 여배우들 뺨치는 연기력과 재산 규모로 이미 1인 기업이 되어버린 다코타 패닝의 부귀영화야말로 아역배우들의 로망이 되어버렸다. 아이들은 모두 예쁘다. 아이들은 모두 천사라고 믿고 생각하던 시절의 낭만은 아이를 지나치게 어른의 틀에 박힌 기준에 따라 규정짓는 것이다. 그러나 아기 때부터 얼짱과 몸짱의 조짐을 점치고 아기들을 얼짱 팬카페의 주인공으로 모시는 것은 아이들조차 상품성의 잣대로 '구별 짓기'하는 어른들의 폭력 아닌가. 아직 말도 하지 못하는, 그리하여 당연히 자신들이 카메라에 어떻게 비칠지도 모르는 유명 배우들의 아기들이 파파라치의 카메라 공세를 받는 현상도 이미 어느 정도 세계화되어버린 듯하다. 톰 크루즈-케이티 홈스의 아이 '수리'나 안젤리나 졸리-브래드 피트의 아이들(매덕스, 자하라, 샤일로, 팍스, 비비언, 녹스)은 이미 세계적인 스타가 되었고, 파파라치의 표적이 되었다. 그들이 화려한 스포트라이트의 기회비용으로 치러야 할 미래의 고통은 별다른 고려 대상이 되지 못한다.

아이만이 볼 수 있는 세계의 놀라움

물론 아역배우들의 진화가 이런 우울한 단상만을 가져오는 것은 아니다. 사실 전체적으로 볼 때 드라마 자체의 진화가 아역배우들을 자연스럽게 진화시켰고, 그만큼 멋진 명대사도 아역배우들의 조그만 입술에서 앙증맞게 흘러나왔다. 〈대장금〉의 어린 장금이와 〈불량가족〉의 나림이, 〈서동요〉의 서동과 선화 공주 아역, 〈다모〉의 채옥·보윤을 맡았던 아역들, 〈황진이〉의 아역, 〈패션 70's〉의 아역 등등은 모두 드라마의 아역이 얼마나 극의 핵심적 상징과 테마의 '기원'을 이루는지를 보여주는, 그 자체로 독립적인 캐릭터들이었다. 절대미각을 찾느라 혈안이 되어 있는 음식 경연 자리에서 "홍시맛이 나서 그냥 홍시맛이 났다고 한 것뿐인데, 왜 홍시맛이 났냐고 물으시면……"이라고 중얼거리던 어린 장금. 〈원더풀 라이프〉에서 하룻밤 '원나이트 스탠드'로 생긴 자신의 출생 비밀을 알아버린(?) 아기 신비의 명대사, "불장난으로 아기 만들어요."

아이만이 볼 수 있는 세계의 놀라움은 이렇듯 아이가 정보를 100퍼센트 이해할 수 없기 때문에 가능한 판타지인지도 모른다. '아직은 몰라도 되는' 정보를 알아버린 아이들은 언제나 조금 웃자라 조로해버리거나 너무 빨리 불행의 기미를 포착한다. 〈두 번째 프러포즈〉에서 미영의 딸 꽃비는 젊고 아리따운 여자에게 단단히 바람이 든 아빠에게 가슴 저미는 명대사를 날린다. 말이 끝나기도 전에 눈물을 그렁그렁 매달고. "아빠, 사랑이 변하는 거야?" 슬프다 못해 소름이 끼치는 〈내 남자의 여자〉 경민의 생일 대사. "태어난 게 별로 기쁘지 않아요." 아이들에게 많은 정보가 입력될수록, 정확한 정보가 입수될수록 아이들은 좀 더 빨리 불행해지고, 좀 더 빨리 아이들만의 세계를 잃어버리는 것이 아닐까. 어린이에게는 '관람 불가'로 제한된 정보, 비밀과 미스터리로 가득 찬 세계야말로 아이들만의 상상력과 호기심을 충동질하는 역설적 에너지가 아닐까. 아이들의 진정한 매력은 못 말리는 백치미에서 우러나오는 것이지, 빈틈없는 지성미에서 우러나오는 것은 아니지 않는가. 일상의 피곤함과 우울증을, 화폐의 위력과 매혹을, 사랑의 달콤함과 독버섯을 직접 경험하지는 못하되, 너무 빨리 엿보거나 짐작해버리는 아이들에게 세계는 더 이상 불가해한 판타지가 아니라 닳고 닳은 상투성으로 밀폐되는 것이 아닐까.

연암 박지원은 아이들만의 매력을 유한준에게 보내는 편지 중 한 대목에서 다음과 같이 묘사한 바 있다. "마을의 어린애에게 천자문을 가르치는데, 읽기에 싫증을 내는 것을 꾸짖으니, 하는 말인즉 '저 하늘을 보면 푸르기 짝이 없는데, 天 자는 푸르지가 않잖아요. 그래서 읽기가 싫어요.' 이 아이의 총명이 창힐을 굶겨 죽입니다." 하늘은 분명히 푸른데 하늘 天이라는 글자는 푸르지가 않다는 것. 눈에 보이는 하늘이 끊임없이 변화하는 생생한 역동성이라면, 변하지 않는 글자 天은 추상화된 지식, 규범화된 정보일 것이다. 이 아이의 대담무쌍한 솔직함에서 연암이 이끌어내는 메시지 또한 장쾌하다. 하늘의 푸름을 담지 못하는 天의 비좁음을 알아차리는 아이의 총명함이, 먼 옛날 문자를 발명한 중국의 전설적인 성인 창힐의 권위를 위협한다는 것이다. 아이의 총명함이 어른을 굶겨 죽이는 통쾌함은 이렇듯 어른의 비밀에 무심한 아이와 아이의 총명함을 껴안는 어른 사이의 따뜻한 네트워크에서 가능해지는 것은 아닐까. 물론 아이들은 예전보다 훨씬 똑똑하고 눈치 빠르고 민첩해졌다. 그러나 '미디어'를 태반으로 삼아 TV와 컴퓨터 게임과 애니메이션의 캐릭터를 친구로 삼은 오늘의 아이들은, 과연 18세기 서당에서 농땡이를 치던 저 연암 시절의 아이들보다 행복해졌을까.

그, 그녀, 그들의 20대

가끔 모교에 갈 일이 생길 때마다 마음을 단단히 먹게 된다. 이번엔 학교가 또 얼마나 변했을까, 내 추억의 장소들이 또 하나 없어진 것은 아니겠지 하는 두려움 때문이다. 20대를 고스란히 대학에서 보내며 참 질기게도 학교 죽순이로 지냈던 나는 학교 안팎의 자잘한 풍경에 유난히 애착을 느꼈다. 내가 가장 집착하는 장소는 '무엇을 하던' 장소가 아니라 '아무것도 하지 않던' 장소, '생산적인 일'과는 무관하게 '비생산적인 몸짓'만을 일삼던 장소들. 틈만 나면 친구들과 노닥거리던 건물 앞 벤치, 집회 장소로 더 많이 활용되던 인적이 드문 계단들(그래서 그 계단들에는 하나같이 선연하거나 무시무시한 이름들이 붙어 있었다. 해방터, 열린 마당, 붉은 광장…… 당연히 '비공식'적인 이름들이었지만 그땐 다들 그렇게 불렀다. 거리 이름도 녹두거리, 술집 이름도 태백산맥, 임꺽정 등등, 그런 뜨거운 상징들의 바다였다.), 기댈 어깨가 없을 때 찾아가던 구석진 모퉁이나 나무 그늘들. 나는 도서관에서 공부는 거의 안 했지만, 도서관 앞에 무료한 영혼들이 빨래처럼 하염없이 늘어져 있기 좋아하는 '빨래터'는 사랑했다. 그런 장소들의 특징은 교환가치는 없지만 많은 이들에게 사용가치가 있었다는 점이다. 그리고 내게는 오히려 사람보다 친밀하고, 사람처럼 속을 썩히지는 않는, 그렇게 언제든 갈 길을 잃은 내 발길을 받아주던 따스한 안식처였다. 이제는 그런 장소들이 모두 '쓸모 있는' 장소들로 바뀌어가고 있다. 빨래터 앞에는 럭셔리한 베이커리가 생기고, 고즈넉한 공터에는 육중한 주차장들이 빼곡히 늘어서게 되었다. 서툴지만 설렘이 담긴 붉은 글씨로 가득 찼던 대자보들의 자리에는 취업 광고와 유학 광고가 버젓이 붙어 있다.

20대의 이미지는 '사랑과 혁명'

20대의 보수화, 20대가 탈정치화라는 소식을 종종 접한다. 요즘 드라마에는 왜 20대 주인공들의 자리가 없어졌나를 분석하는 기사들도 있다. 하지만 내가 이제 막 건너온 20대는 '보수화'나 '탈정치화'라는 개념적인 언어로 설명되지 않는다. 내게 20대는 뜨겁고 울컥거리는 가슴속의 무엇, 짙푸르거나 검붉은색으로 기억되던 강렬한 빛깔들이 이제는 사라져버렸다는 아픈 상실감으로 다가온다. 마셜 맥루언은 대학이란 "허튼소리를 마음껏 할 수 있는 자유"의 공간이라 했지만, 지금의 젊은이들은 허튼소리를 공상해낼 여유조차 없는 것 같다. 생활의 늪에 빠진 나는 이제 막 30대가 된 내가 잃어버린 것, 지금의 20들이 잃어버린 것이 정확히 무엇인지 알 수 없었다. 그런데 〈경성 스캔들〉에 홀

딱 빠져들며 나는 몸 구석구석이 아릿하면서도 간질간질한 느낌을 지울 수 없었다. 〈경성 스캔들〉에 등장하는 우리의 아름답고 슬픈 디바, 차송주가 세상을 떠나고 나서야 나는 그 슬픈 간지러움의 정체를 어렴풋이 깨달았다. 그것은 처참한 운명과 싸워 마침내 자신에게 주어진 운명의 덫에서 벗어나려는 자의 처연한 아름다움이었다. 그리고 내가 기대하고 꿈꾸던 20대의 이미지는 언제나 '사랑과 혁명'이었음을 부끄러움 속에 새삼 깨달아야 했다. 사랑 혼자도, 혁명 혼자도 아닌 사랑과 혁명의 분리 불가능한 이중주야말로 내가 꿈꾸던 20대의, 젊음 혹은 청춘의 눈부신 특권이자 뜨거운 의무가 아니었을까.

〈경성 스캔들〉의 놀라움은 1930년대 경성 거리를 알콩달콩하게 재현해놓은 세트의 오밀조밀한 디테일들이었다. 30년대 경성의 풍요와 댄디즘의 상징으로 '비밀 댄스홀'을 설정한 것, 경성 최고의 기생 차송주가 카페에서 읽고 있던 잡지가 《신여성》이라는 것, 모던걸 차송주와 조마자(조선의 마지막 여자) 나여경의 대비를 통해 새로운 것과 낡은 것이 공존하는 '비동시적인 것의 동시성'을 구현해낸 것, 그 모두가 눈에 쏙 들어왔다. 무엇보다도 우리에게 식민지의 우울한 잿빛 풍경으로 각인된 30년대를 활기 넘치는 일상의 표정으로 복원시킨 스태프들의 노고가 눈에 선했다.

식민지의 분위기는 소품과 세트뿐 아니라 그들의 일상적 대화와 표정에서 우러나왔다. 당신이 내 친구의 연인을 낚아챈 것이 아니냐며 난데없이 흥분하는 여경에게, "조국은 왜놈에게 짓밟혀"를 후렴구처럼 반복하는 꼬마 독립투사 조마자에게 차송주는 예의 그 나른하고도 세상에 일절 관심 없는 듯한 표정으로 읊조린다. "조국은 왜놈에게 짓밟혀 신음을 해도 청춘 남녀들은 사랑을 한답니다. 그게 인간이에요."

가장 친한 친구가 독립투사인 형을 밀고했다는 오해를 안고 경성 최고의 바람둥이로 뼛속 깊은 댄디이자 데카당의 삶을 살고 있는 선우 완. 독립투사인 아버지에 대한 그리움과 원망을 안고 가난한 아이들을 가르치며 독립투사의 꿈을 품고 살아가는, '양음료'를 마시는 사람만 봐도 조국의 안녕을 걱정하는 조마자 나여경. 경성 최고의 기생이라는 완벽한 위장술로 독립운동단체 '애물단'의 킬러라는 사실을 철저히 숨기는 차송주. 완의 형 민을 밀고하여 죽게 했다는 오명을 쓴 채 조선총독부 직원으로 일하는, 드라마 종반에 가서야 애물단의 수장이었음이 밝혀지는 이수현. 〈경성 스캔들〉은 이 네 명의 젊은이들이 펼치는 사랑과 혁명의 오케스트라다. 처음에는 화려한 볼거리와 코믹한 대사로 '아, 참신한 트렌디 드라마로군'이라는 즐거운 오해를 불러일으켰으나, 극이 진행될수록 그 코믹한 위장술에 숨겨진 운명의 드라마가 비극적으로 펼쳐지는 역동적인 내러티브. 그들의 티격태격, 요절복통, 아웅다옹, 점입가경의 사랑과 혁명 전술을 지켜보며 두 달 동안 진정 행복했다. 그것은 나와 내 벗들이 목마르게 꿈꿨지만 아직은 이룰 수 없는 꿈이었으며, 이룰 수 없다 하더라도 끝내 버리지 말아야 할 생에 대한 사랑, 그것이었다.

그래도 살아주세요

지금 우리는 어느 때보다 풍요롭고 자유로워졌다. 조금 '위험한' 책을 읽는다고 해서 검열을 받아 체포되는 것도 아니고, 언제든 배낭여행을 떠날 수 있으며, 조국의 눈치를 보며 사랑하지 않아도 된다. 하지만 우리의 20대들은 과연 그때보다 행복해졌을까. 자본과 문명이 약속한 장밋빛 미래는 혹시 인터넷 게임이나 할리우드 영화 속에서나 존재하는 거대한 판타지는 아니었을까. 우리는 미디어의 판타지를 '보기만' 하면서 실제로 '누리는' 듯한 착각에 빠져 있는 것은 아닐까. 우리는 해방된 조국에서 얼마든지 신나게 연애하며 살 수 있게 되었는데, 인터넷 화면 안에 둥지를 튼 연예인 관련 뉴스나 주가 폭락 소식에 하루 종일 붙들려 있는 오늘의 삶은 왜 이리 갑갑할까. 청춘의 근거는 나이가 아니라 자신의 모든 것을 올인하여 운명과 싸울 수 있는 용기가 아닐까.

내가 20대에 가장 아꼈던 책 중에 《그의 20대》라는 책이 있다. 카를 마르크스, 체 게바라, 레온 트로츠키, 로자 룩셈부르크, 시몬 베유, 김남주, 피델 카스트로, 존 레논, 페트라 켈리, 장 뤼크 고다르, 박헌영, 이재유, 심지어 서태지까지. 그 책은 내가 도저히 모방할 수 없을 것만 같은 위대한 사람들의 20대를 담담히 서술하고 있다. 편집이나 문체가 시대에 뒤떨어졌지만, 지금은 절판된 그 책이 나에게는 '우리의 잃어버린 20대'를 서늘하게 되살아오게 하는 가슴 시린 각성제다. 그 책의 키워드 또한 〈경성 스캔들〉처럼 사랑과 혁명이었다. 이룰 수 있다는 가능성이 전무해 보이는 혁명을 향해 질주하고, 혁명 때문에 사랑을 포기하는 것이 아니라 혁명이 사랑을 더욱 절실한 빛깔로 물들이는, 좌충우돌하는 젊음들이 그 책 속에 자리했다. 그 책의 매력은 모두가 '대단하다'고 말하는 사람들의 20대가 가늠할 수 없는 고뇌와 절망으로 가득했음을, 그들의 대단함을 증명할 물증은 그들의 열정과 진심뿐이었음을 담담하게 서술하는 데 있다. 그들이 아름다운 것은 그들의 빛나는 성과 때문이 아니라 절망으로 인해 열정을 질식시키지 않는 용기 때문이었음을. 돌아올 수 없는 길을 떠난 송주와, 그녀의 죽음을 안고 그럼에도 불구하고 살아가야 하는 수현과, 남자에게 혁명을 가르치고 여자에게 사랑을 가르치는 닭살 커플 여경과 완을 기억하며 나는 돌아갈 수 없는 20대를 오랫동안 지속시킬 그 무언가를 찾고 있다. 단말마의 고통 속에서 그토록 아름다운 표정으로 죽어간 송주의 마지막 대사가 아직도 슬픈 환청으로 메아리친다. "미안하네요…… 당신한테 또다시 이런 십자가를 지게 해서…… 그래도 살아주세요…… 당신은 살아서 반드시 행복해지세요……."

용서할 수 없는 모든 것들에게

희귀한 것들이 흔해빠지는 것보다 흔해빠지던 것들이 희귀해지는 것이 못내 아쉽다. 어린 시절에는 너무 비싸 구경하기조차 힘들었던 바나나를 땅에 떨어뜨려도 주워서 탈탈 털어먹는 것이 부끄럽지 않았다. 2, 3천 원이면 한 다발은 너끈히 사서 그 옛날 환장하던 바나나를 마음껏 먹을 수 있는 지금이 훨씬 더 좋지만, 가뭄에 콩 나듯 바나나를 먹을 때마다 금덩이를 만지작거리듯 두근거렸던 옛날이 가끔은 그립다. 그러나 흔해빠지던 것들이 희귀해지는 것은 아쉬움을 넘어 아픔일 때가 많다. 별만 해도 그렇다. 서울 하늘 아래 별을 보기가 너무 어려워 별을 향한 기대가 배반당할까 두려워 이젠 밤하늘을 쳐다보지 않는다. 아버지는 함께 별을 바라보며 별자리를 가르쳐주셨지만, 미래의 내 아이에게는 별과 인공위성을 구분하는 법부터 가르쳐야 할지 모른다. 불현듯 상실할지도 모를 무언가를 미리부터 그리워하는 순간, 가까이 있던 모든 '하찮은' 것들이 하나하나 볼멘소리로 속삭이기 시작한다. "거 봐, 내가 없다면 얼마나 심심하겠어. 나중에 후회하지 말고, 지금 이 순간 날 아껴봐."

교환 불가능한 가치

〈고맙습니다〉는 머지않아 우리가 잃어버릴지도 모르는 수많은 '교환 불가능한' 가치들이 살아 숨쉬는 작은 축제다. 푸른도라는 장소 부터가 그렇다. 아름다운 풍광은 도시인들이 푸른도를 멀리서 바라볼 때 느끼는 전원적 향수를 자극하지만, 푸른도에는 그것보다 훨씬 아름다운 것들이 많다. 푸른도의 끓어 넘치는 동네 인심의 핵심은 못 말리는 오지랖이다. 사람들은 하나같이 내 일과 남 일을 뚜렷이 구분하지 않는다. 걸어 다니는 마을 통신원인 보건소 간호사 박소란(조미령)이 굳이 수다의 재능을 발휘하지 않더라도, 동네 아주머니가 도박에 미친 남녀 때문에 농약을 마신 일은 동네 전체의 걱정거리가 된다. 아버지 얼굴을 모르는 봄이와 치매 걸린 할아버지를 부양하는 미혼모 영신(공효진)의 재혼 문제 또한 온 동네 사람들의 당면 과제다.

조숙하다 못해 어른들을 종종 골탕 먹이는 자칭 천사 봄이뿐 아니라 제정신만 돌아오면 가출하는 할아버지(신구) 또한 온 동네 사람들이 돌보며 노심초사하는 또 한 명의 아이다. 이 공동체적 사랑의 거대한 스케일 앞에서 좀스러운 아파트식 프라이버시는 슬며시 꼬리를 내린다. 함께 아파하고 함께 기뻐하는 사람들의 따스함은 전염성이 매우 짙어 상처 입은 도시인 민기서(장혁)의 굳게 닫힌 마음의 빗장마저 풀어

헤쳐 버린다. 연인의 죽음에 절망하여 의사라는 직업까지 내팽개친 민기서의 불면증을 치유해주는 것은 옆방에서 들리는 영신의 자장가다. "내 사랑아, 내 사랑아, 나의 사랑 클레멘타인……" 아 참, 그랬지. 이런 노래도 있었다. 이 세상 모든 아버지들의 서글픈 로망, 늙은 아비 홀로 두고 영영 떠난 모진 딸내미 클레멘타인. 이 동네 사람들의 드넓은 오지랖은 상처를 꼭꼭 싸매고 외부의 모든 자극을 차단하려는 민기서를 좀처럼 내버려두지 않는다. 응급 환자 앞에서 위급한 나머지 자기도 모르게 천재적인 의술을 펼친 민기서를 향해 동네 사람들은 여기저기 쑤시고 아프다며 러브콜을 보낸다.

동네 사람들만 민기서를 향해 일방적으로 오지랖의 생활철학을 전파하는 것은 아니다. 어느새 민기서 또한 그들의 오지랖에 감염되어 봄이와 영신을 향해 뻗어나가는 '주제넘은' 관심을 주체하지 못한다. 어떻게 사랑하지 않을 수 있겠는가. 미치도록 귀엽고 어이없는 봄이를, 미치도록 천진무식하고 순해 빠진 영신이를. 생일 선물로 아빠를 갖고 싶다는 봄이를 향해 영신은 말한다. "어머, 미혼모가 뭐 어때서? 엄마는 사랑해서 널 낳았구, 결혼은 사정이 안 되서 못할 수도 있는 거고. 너도 살아보니까, 인생이 니 뜻대로 되디? 어? 니 뜻대로만 돼? 인생이!" 봄이는 친할머니로 추정되는 졸부 할머니 강국자(강부자)를 최대한 귀엽고 어린 미니미로 축소시킨 듯한 그 빵빵한 볼 살을 삐죽거리며 말한다. "아니, 내 뜻대로 안 돼, 인생이. 엄마는 미혼모 딸이 아니니까, 뭐…… 내가 얼마나 힘든지 모르잖아, 뭐!" 민기서는 이 어처구니없는 모녀의 대화와 이어지는 봄이의 자장가를 들으며 비로소 어렴풋이 잠들 수 있다.

자기도 모르게 그들 모녀가 '신경 쓰이기' 시작한 민기서는 푸른도의 오지랖 철학을 자기도 모르게 학습했는지, 봄이의 생부로 추정되는 석현이의 신출귀몰한 처세술과 냉혹한 포커페이스에 혀를 내두르며 말한다. "프로가 되기 위해서, 니 야망을 위해서, 니가 짓밟고 버린 것들이 갑자기 궁금해져서. 측은지심이라든가, 사랑이라든가, 여자라든가…… 자식이라든가……." 까칠함의 대가인 민기서의 촌철살인 코멘트는 냉혈한 엘리트 석현이만을 향한 속삭임은 아닌 것 같다. 아버지가 버린 모든 아이들, 도시가 버린 시골, 현대인이 속도와 경쟁을 위해 희생시킨 그 모든 가치들……. 민기서 또한 알고 있다. 자신이 잃어버린 것은 사랑하는 연인만이 아님을. 환자를 향한 조건 없는 사랑, 자신이 알고 있는 가장 훌륭한 의사였던 아버지에 대한 그리움, 민기서를 민기서이게 했던 그 모든 것들. 〈고맙습니다〉는 우리가 잃어버렸다는 사실 자체도 깨닫지 못하고 멀쩡히 살아가는 척하고 있었던 그 모든 상실의 흔적을 트래킹하는 수묵담채화 톤의 다큐멘터리다.

마음에 둥지를 튼 죄의식

'어른들을 위한 동화'라는 부제가 붙은 이 드라마는 '상실'의 흔적만을 더듬는 것이 아니라 우리의 마음 깊숙이 뿌리 박혀 존재 자체를 망각했던 '죄의식'의 사금파리를 문득 건드린다. 뭐가 그리 급했는지 안녕이라는 인사조차 건네지 못하고 세상을 떠난 민기서의 연인 차지민(최강희)은 기서에게 너무 큰 부채를 남기고 떠난다. "죽기 전에 사과해야 될 사람들이 있어서. 내 실수로 HIV에 감염된 아이가 있어, 서두

르지 말았어야 되는데……." 단지 그녀는 서두른 죄밖에 없지만, 아이
는, 봄이는, 돌이킬 수 없는 에이즈에 걸렸고, 그 사실만으로도 그녀는
살아 있는 내내 아프고 또 아프다. 문제는 이 죄의식이 '고백'에서 끝
나는 것이 아니라, 죽음으로 인해 용서받을 기회조차 얻지 못한 그 죄
의식이 살아남은 자에게 전이된다는 것이다. 그녀의 지옥은 연인 민기
서에게로 옮아갔다. "형이 대신 좀 해줄래? 내가 혹시 못 만나고 가면.
형이 내 대신 얘기 좀 해줘. 사실 내 잘못이 컸다고. 살아오는 내내 가
슴에 두고 마음 아파했다고……." '죄'는 처벌되거나 은폐되거나 망각
될 수 있지만, 저마다의 마음에 둥지를 튼 '죄의식'은 살아남은 자를
숙주로 하여 무한 반복되는 것은 아닐까.

완벽하게 용서받을 수 있는 죄는 존재하지 않는다. 다만 남아 있는
아주 좁은 문이 있다면, 죄의식이 피해의식 앞에 온전히 오체투지하는
길뿐이다. 가해자 쪽에서는 그 죄의 고통이 평생 자신을 짓누를 것임을
긍정하고 그 고통을 묵묵히 견디는 일. 그리고 피해자 쪽에서는 죄의
피해가, 죄의 여진(餘震)이 평생 동안 멈추지 않을 것임을 알면서도 남
아 있는 삶을 사랑하는 일뿐일 것이다. 그런데 그곳까지 이르는 길이
너무 험난하다. 거기까지만 다다르게 되더라도 고해로 점철된 우리의
생은 견딜 만하지 않을까. 〈고맙습니다〉의 묘미는 이 가공할 죄의식을
외면하거나 단죄하지 않는다는 것, 죄의 진원지인 차별과 폭력과 편견
을 향해 원통하고 억울하다고 외치지 않는다는 것이다.

고통의 기원을 향해 투정과 원망의 눈길을 보내는 것이 아니라, 그
럼에도 불구하고 이 모진 세상에 '고맙습니다'라고 속삭이는 것, 우리
의 삶을 지금까지 버티게 해준 그 모든 사소한 호의와 애정의 흔적들을

향해 '고맙습니다'라고 속삭이는 것이다. 이 '무적의' 고마움의 아우라는 푸른도를 넘어 시청률 경쟁에 찌든 안방극장 전체를 조용히 뒤흔들었다. 치매 할아버지를 '혹'이라 생각지 않고 하늘처럼 떠받드는 영신이, 미혼모 엄마가 심심하지 않도록 매일매일 사고를 치는 우리의 봄이. 봄이의 웃음이 무척이나 환해서, 영신이의 사랑이 무척이나 예뻐서 시청자들은 잘못된 수혈로 에이즈에 걸린 봄이의 앞길에 드리운 고통스러운 나날을 자꾸만 까먹을 정도다. 걸핏하면 작은 일에도 "고맙습니다"라고 외치는 봄이와 영신이의 해맑은 미소는 우리가 '그럼에도 불구하고' 지켜야 할 살아남은 자들의 마지막 DMZ가 아닐까.

엑스트라토피아를 꿈꾸며

주연보다 더 오래 기억되는 조연들이 있다. 아름답고 절실한 조연뿐 아니라 그 하찮음과 비굴함 때문에 더더욱 오래 기억되는 조연들도 있다. 너무 영웅적이고 너무 비장미에 찌든 히어로들보다는 비열하고 추잡한 조연들의 리얼리티가 더욱 오랫동안 기억에 남아 '그래, 이것이 인간이다'라는 생각에 홀로 묵묵히 고개를 주억거리게 되는 때가 있다. 그들은 멋지기 때문에 기억되는 것이 아니라 리얼하기 때문에 기억된다. 그들은 비현실적으로 아름답기 때문에 기억되는 것이 아니라 지극히 현실적인 추악함 때문에, 지극히 현실적인 애면글면함 때문에 기억된다.

　내 기억 속에서는 〈모래시계〉에서 정성모가 연기했던 이종도가 그 기억의 첫 머리를 장식한다. 그는 인간의 나약함에서 비롯되는 비굴함이 어디까지 갈 수 있는가를 보여준다. 늘 태수와 혜린의 주변을 맴돌며 태수의 끗발 덕에 살아가지만, 언제든 태수의 뒤통수를 칠 준비가 되어 있던 종도. 태수의 하찮은 발길질에 죽는 마지막 순간까지 제대로 비굴했던 그 표정은 10여 년이 지난 지금까지도 잊히지 않는다. 크나큰 사악함보다 더 오래 기억되는 것은 그렇게 질기고도 좀스러운 사악함 일까.

〈여명의 눈동자〉에서 박인환이 연기했던 구보다 또한 빼놓을 수 없는 존재다. 사카이, 사카이. 매일 사카이(최대치)를 애타게, 질척하게, 구성지게 부르던 구보다. 그는 결코 사악하진 않지만 너무나 연약해서 비굴해질 수밖에 없는 구슬픈 캐릭터였다. 전쟁이라는 실제 극한 상황에서 많은 아버지들은, 남편들은, 오라버니들은 영화 주인공 같은 영웅심에 불타기보다는 그렇게 소시민적인 공포와 무력감 속에 허덕이지 않았을까. 영웅이라는 존재의 그늘 아래에는 늘 그렇게 그 그늘을 좀먹고 연명할 수밖에 없는 애처로운 인간이 자리하는 것일까.

웃음 깊숙한 곳의 슬픔

잊을 수 없는 조연 중에는 너무 웃겨서 슬픈 배역들도 있다. 그 중에서 마축지를 빼놓을 수 없다. 〈다모〉에서 이문식이 맡았던 마축지는 드라마 역사상 가장 배꼽 잡는 캐릭터 중 하나다. 축지법을 쓰는 게 아닌가 싶을 정도의 빠른 발로 그가 할 수 있는 일은 도적질과 줄행랑뿐이었다. 하지만 좌포청 포졸로 인생 역전하기까지 마축지의 삶을 견인하는 가장 큰 동력은 유머가 아니었을까. 그는 좀스럽게 남의 봇짐이나 뒤지지만 그를 만나는 사람은 누구나 그의 꾸밈없는 화술과 표정에 포복절도하지 않을 수 없다. 그 웃음 깊숙한 곳에 닻을 내린, 아내를 잃은 슬픔과 노비의 기억은 그의 웃음 너머에 서린 울분과 비애를 상상하지 않을 수 없게 한다.

〈올드미스 다이어리〉의 우현 또한 잊을 수 없는 조연 중 하나다. 누나는 죽고 없지만 매형과 백년해로(?)하는 독특한 상황 설정도 눈물겨웠다. 그의 우스꽝스러운 표정과 늘 배고파 보이는 눈빛은 기묘한 매력으로 시청자들의 눈길을 사로잡았다. 다만 조금 작은 키에 조금 독특한 외모를 지닌 우현의 캐릭터는 그의 곁에서 떠나지 않는 외로움과 슬픔으로 인해 더할 나위 없이 비범해졌다. 걸핏하면 매형 최부록(임현식)과 드잡이를 하는 코믹한 상황도 그의 구슬픈 운명을 지탱해주는 든든한 버팀목이었다.

한편 주인공은 아니지만 가공할 연륜과 카리스마로 드라마 속의 또 다른 주인공 역할을 하는 조연들도 있다. 〈대장금〉에서 여운계가 분했던 정 상궁을 기억한다. 아옹다옹 티격태격하는 권력 다툼이 싫어 뒷방 노인네로 물러나 있던 정 상궁은 희생양 혹은 대타 격으로 최고 상궁이 되자마자 숨길 수 없는 카리스마를 발산한다. 하지만 그 후로도 오랫동안 기억에 남은 정 상궁의 아름다움은 그녀가 세상의 중심에서 멀어져가는 방식에서 우러나왔다. 아프고 나이 들고 실권을 잃어가는 마지막 순간까지, 그녀의 상처를 걱정하거나 안쓰러워하는 사람들 사이를 비집고 나타나 "나, 상처 없다"고 말할 수 있는 천의무봉의 여유. 상처투성이의 생을, 상처로 점철된 인생의 비애를 그토록 당당하게 긍정할 수 있는 내공. 그렇게 아름답게, 소리나지 않게 사라져갈 수 있는 용기. 그것은 드라마에서뿐 아니라 현실에서도 찾아보기 힘든 아름다움이었다. 우리는 왜 남의 눈에 띄는 법, 세상의 중심을 향해 질주하는 법만 배우려 하고, 그렇게 잘 사라질 수 있는 법, 잘 스러져갈 수 있는 법을 배울 수는 없을까. 왜 우리는 언제나 빛나는 주연을 향해서만 달려가며 소중한 엑스트라의 자리에 설 수는 없는 것일까.

이런 안티 히어로적 조연 중에는 〈굿바이 솔로〉에서 나문희가 연기한 미영 할머니 또한 빼놓을 수 없다. 나문희의 연기에서는 아무리 비천하고 척박한 상황에서도 숨길 수 없는 기품이 넘쳐난다. 대사 한마디 없이 오직 몸짓과 표정만으로 모든 것을 표현하는 벙어리 할머니의 연기에 우리는 오랫동안 가슴이 먹먹했다. 나문희는 넘쳐나는 말들의 세상에서 굳건히 고여 있는 침묵의 소중함을 완벽하게 연기했다. 타인의 가시 돋친 말에 상처 입은 사람들은 미영 할머니의 식당에서 싸구려 식사와 따뜻한 침묵에 안식을 얻었다. 그녀의 해맑은 침묵 앞에서 우리의 모든 재잘거림은 기쁘게 주눅 들었다. 입술은 굳건히 닫혀 있지만 세상에서 가장 밝고 큰 귀를 가진 미영 할머니, 그녀의 침묵은 장애가 아니라 자발적인 선택이었기에 더욱더 많은 비밀로 넘실거렸다. 누군가를 행복하게 만드는 것은 아무데서나 튀어나오는 말들의 분수가 아니라, 조용히 누군가의 넋두리를 받아주는 '귀'가 아닐까.

남들을 빛나게 하라

이렇게 잊을 수 없는 조연들의 기억을 더듬다 보면 우리의 기억이 꽤 다층적이고 복합적인 그물망임을 새삼 깨닫게 된다. 기억은 욕망이라는 불꽃의 심지만을 향하지 않고 주인공이나 메인 테마만을 중심으로 바느질되어 있지도 않다. 우리는 삶이라는 무대 곳곳에서 언제나

'타인의 삶'이라는 주인공의 엑스트라다. 때로는 바람직한 조연이 된다는 것이 모두가 주목하는 주연이 되는 것보다 훨씬 어렵고, 훨씬 중요한 선택이다. 우리는 저마다의 인생에서 모두 주인공이지만, '나'의 나다움을 완성시키는 것은 내가 원래 가지고 있는 성격 그 자체가 아니다. 그것은 관계의 그물망 속에서 직조되는, 미처 내가 모르던 나의 우발성이다. 참을 수 없는 분노 속에서 나의 돌발적인 본성이 드러나고, 견딜 수 없는 유혹 속에서 나의 억압된 욕망이 분출된다. 우리는 그렇게 오롯한 주연도 오롯한 조연도 아니라는 것, 조연과 주연을 오가며 누구든 다중인격으로 살아갈 수밖에 없다는 점을 깨닫는 것이 나이듦의 재미인 것 같다.

그래서 드라마 주인공이 지나치게 주인공으로만 도드라질 때, 가족과 친구와 연인의 그물망이 단절된 채로 마치 무중력 상태의 개인인 양 동동 떠 있을 때, 우리는 그의 캐릭터에 공감하지 못한다. 우리는 우리의 토대에 대해 얼마나 정직한가. 나를 나이게 하는 다채로운 관계의 그물망에 대해 얼마나 의식적인가. 브라운관 속의 드라마뿐 아니라 삶이라는 무대도 그렇다. 나의 삶도 내 주위의 모든 이들에게는 엑스트라일 것이다.

누군가의 엑스트라인 내가 타인의 삶을 완전히 장악할 순 없지만, 인생의 커브길에서 한순간 어엿하게 반짝일 수 있는 소중한 기억의 한 편이기를. 내가 그, 그녀의 삶에 불현듯 떨어진 꽤 괜찮은 불똥이기를. 가끔 우리가 사랑했던 수많은 조연과 엑스트라와 카메오들만 모아 새로운 드라마를 만든다면 어떨까 하는 생뚱맞은 상상을 해본다. 그곳에서는 아마 모두가 주연일 것이다. 위대한 조연들은 자신의 빛을 줄임으로써 타인을 빛나게 하는 재능을 가진 사람들이다. 서로 앞다투어 남들을 빛나게 하느라 분주할 아름다운 엑스트라들의 축제를 상상하며, 주연이 조연을 침식하지 않고 조연이 주연에게 주눅 들지 않는 엑스트라토피아를 꿈꾼다.

'두 번째 여자들'의 역사

한국 드라마의 전형적 애정구도는 삼각관계였다. 〈여명의 눈동자〉 같은 시대극이나 〈젊은이의 양지〉 같은 멜로물에 이르기까지 삼각관계는 극의 중심 갈등이자 흥미 요소였다. 그런데 언젠가부터 사각관계가 유행하기 시작했다. 드라마 타이틀 롤도 네 명이 맡게 되는 시대가 왔다. 내 기억 속 최초의 사각관계는 한 여자를 놓고 삼형제가 올망졸망 암투를 벌이는 〈느낌〉(우희진, 손지창, 김민종, 이정재 주연)이었다. 2000년대로 오면 사각관계가 오히려 전형적 갈등구도로 굳혀진다. 이제 드라마 제작발표회에서 네 명의 남녀 주인공이 나란히 인사를 하는 장면이 또 하나의 전형이 된 지 오래다.

그런데 삼각관계든 사각관계든 결국 중심적 갈등구도에서 도태되는 세미(semi) 주인공들이 있다. 〈프라하의 연인〉에서 강혜주(윤세아)처럼 옛 연인이었으나 결국 버려질 운명에 처한 캐릭터, 〈발리에서 생긴

일〉에서 최영주(박예진)처럼 두 남자의 사랑을 받다가 결국 모두에게 버려지는 캐릭터, 〈패션 70's〉의 고준희(김민정)처럼 천재적 재능도, 천 부적으로 사랑받는 여자의 행운도 누리지 못한 채 죽어가는 캐릭터 등. 사각관계로 시작되어 결국 삼각관계로 좁혀지는 갈등구도 속에서 이 네 번째 주인공은 대부분 자신의 강렬한 욕망 때문에 그만큼 가혹한 처 벌을 받는 '인과응보'의 존재로 그려진다. 나는 이들을 제멋대로 '세컨 드 헤로인(second heroine)이라 부른다. 결국에는 사랑과 성공 모두 거 머쥐는 '퍼스트 헤로인' 들보다는 처참하게 파멸하는 '세컨드 헤로인' 들의 잔상이 오랫동안 눈에 밟힌다.

세컨드 헤로인들의 잔상

내가 기억하는 첫 번째 세컨드 헤로인은 옥소리, 강석우 주연의 〈사랑을 위하여〉에서 악녀로 등장했던 강문영의 역할이었다. 그녀는 극중 옥소리민을 바라보는 송영창의 마음을 얻기 위해 "만취한 당신은 나와 하룻밤을 보냈다"는 엄청난 공갈과 협박까지 서슴지 않는다. 철 부지 중학생의 눈에도 그녀의 집착은 두려운 만큼 한심스러웠고, 무서 운 만큼 가엾기도 했다. 자신을 눈곱만치도 사랑하지 않는 남자에게 순 결을 무기로 애정공세를 펼치는 그녀의 모습은 '집착형 요부'의 전형 이다. 드라마 좀 작작 보고 공부 좀 하라는 엄마의 잔소리를 끝내 물리 치고 본방을 사수했던 여중생의 심리는 무엇이었을까. 겉으로는 엄마 와 함께 그녀를 손가락질했지만 나는 내심 옥소리보다 강문영을 응원 했는지도 모른다. 누가 봐도 그녀가 버려질 것은 뻔했기 때문이다. "넌

나랑 잤어, 그러니 날 책임져."라는 어처구니없는 사기를 쳐서라도 사랑을 쟁취하고 싶은 그런 절박한 사랑을 나는 평생 할 수 없을 것만 같았다.

물론 영화 〈은행나무 침대〉의 황 장군(신현준)처럼 임팩트 있는 네 번째 남자 주인공도 있지만, 더 오래 서글픈 잔상으로 남는 것은 이 네 번째 여주인공의 아슬아슬한 존재감이었다. 완전한 주연도, 완전한 조연도 될 수 없는 그 어정쩡함이 갖는 기묘한 매력은 여성 캐릭터일 때 더욱 증폭된다. 특히 그들은 악녀일 경우가 많고, 천사표 주인공의 천사다움을 더욱 부각시켜주는 보조장치로 이용되었다. 그들은 결국 자기 욕망의 덫에 걸려 파멸을 자초하지만, 더 큰 불행은 아무도 그녀를 진정으로 사랑하지 않는다는 것이다. 그들은 원하는 것을 절대로 가질 수 없는 '영원한 세컨드'의 운명과 싸워야 한다. 그들은 처음부터 실패가 예정된 싸움에 자신의 모든 에너지를 올인한다. 그러나 그들에게는 퍼스트 헤로인이 가질 수 없는 매력 또한 깃들어 있다. 사랑과 행운이 처음부터 주어지지 않았던 그들은 스스로 운명을 바꿀 수 있는 텅 빈 자유에 노출(?)되어 있기 때문이다.

〈여명의 눈동자〉의 명지(고현정)는 다른 여자(채시라)를 사랑하는 남자 하림(박상원)의 잠든 입술에 덥석 키스를 해버리는 명장면으로 오랫동안 기억에 남았다. 해방정국과 한국전쟁의 소용돌이 속에서 그녀는 미군 장교의 정부(情婦)에서 인민군 장교 역할까지 팔색조 같은 변신을 거듭하며 끝내 살아남는다. 그녀에게는 부귀영화나 입신양명이 아닌 생존 그 자체가 '성공'이었다. 그녀는 평생 다른 여자를 잊지 못하는 남자를 바라보는 여자의 운명이 '박복'하다거나 '구질구질'하지 않을 수 있다는 것을 거의 최초로 보여준, 정말 멋진 세컨드 헤로인이었다. 아직도 가슴 시린 명지의 명대사. "소련에 있을 때 기차를 탄 적이 있어요. 몇 날 며칠을 계속 가는데 그게 다 소련 땅이래요. 그게 그렇게 부러울 수가 없더라구요. 나는 왜 이렇게 넓은 땅에서 태어나지 못했을까. 어쩌다가 이 한반도 좁고 한심한 땅에 태어나서 이 고생을 하는가. 그런데요, 그러다가 어느 간이역에서 조선 사람을 만났어요. 누가 지나가면서 혼잣말을 하잖아요. '어휴, 드럽게 춥네.' 그 조선말을 듣는 순간. 참 이상하죠. 눈물이 왈칵 나오는 거예요. 그래서 막 울었어요. 그러니까 당신한테 여옥 씨는 조국과도 같은 존재인가요? 아무리 힘들고 괴로워도 도망칠 수도, 잊어버릴 수도 없어요? 그래요?"

〈사랑한다 말해줘〉의 조이나(염정아) 또한 멋진 세컨드 헤로인이었다. 그녀는 자면서도 다른 여자를 찾는 병수(김래원)를 얻는 것이 세상을 얻는 것보다 더 어려움을 깨닫는다. 서른이 넘어 처음으로 누군가를 미치게 사랑하느라 영혼이 너덜너덜해진 그 여자에게 놓인 장벽은 결코 공유할 수 없었던 그들의 어린 시절이었다. "내가 병수 고향 시절을 모르는 건 내 잘못이 아니잖아요. 병수랑 내가 얼음땡 놀이를 한 적이 없는 것도, 방바닥에 나란히 배를 깔고 엎드려서 숙제를 한 적이 없는 것도, 병수가 왜 할아버지한테 커야 했는지를 모르는 것도, 왜 잠자리가 바뀌면 우는지를 모르고 있었던 것도, 울면서 무슨 꿈을 꾸는지 모르는 것도…… 다 내 잘못이 아니잖아요. 그 모든 걸 다 알아야만 사랑이 시작되는 게 아니잖아요." 옳다. 모든 걸 다 알아야만 사랑이 시작되지는 않는다. 하지만 '그'는 모든 걸 다 아는 '그녀'여야만 한다.

끈덕진 생의 의지

　최근 가장 아름다웠던 세컨드 헤로인은 〈외과의사 봉달희〉의 조문경(오윤아)이었다. 그녀는 자신이 더 이상 실수가 용납되는 20대가 아님을, 사랑을 되찾는 길(사랑을 '받는' 것이 아니라)은 아픈 척이나 예쁜 척이 아니라 실패를, 굴욕을 긍정하는 길뿐임을 안다. 자신의 씨앗이 아닌 아이를 7년 동안 모르고 키우며 살았던 과거를 인정할 수 없는 전남편에게 그녀는 온 힘을 다하여 사죄한다. "진심으로 미안해요…… 미안해. 그리고 고마워…… 한 번도 원색적으로 비난하지 않고…… 내 자존심 지켜줘서…… 그리고…… 나랑 7년간 살아줘서." 그럼에도 불구하고 자신을 받아달라고 말한다. 쿨하게 털고 일어나는 것이 차라리 쉬울 상황에서 그녀는 전남편에게 오체투지한다. "당신…… 나 좀 봐주면 안 돼? 나 한 번 봐주면 안 돼? 그럼 내가 평생 갚을게. 평생 당신 받들어 모시며 살게…… 안 될까?" 어떤 이에게는 굴욕이 가장 강인한 미덕이 된다. 어떤 이에게는 애원이 가장 주체적인 선택일 수 있다.

　아무리 생각해도 그녀를 사랑한다는 그들 앞에서, 아무리 생각해도 너를 놓아줄 수 없다고 맞서는 미련한 세컨드들. 아마 그들은 이 세컨드를 품을 수도 없지만 잊을 수도 없을 것이다. 그들의 삶이 매너리즘에 빠진 어느 날, 마침내 얻은 사랑이 또 하나의 일상이 되어버린 어느 날, 그들은 한 번쯤 그들이 놓친 이 보석 같은 세컨드의 삶을 뒤돌아보며 궁금해할 것이다. 퍼스트가 아닌 세컨드와 맺어졌다면 어땠을까 하고. 김경미 시인의 절창 〈나는야 세컨드〉는 혹독한 세컨드여본 적이 있는 자만이 경험할 수 있는 끈덕진 생의 의지를 처연하고 지독하게 그려내고 있다. "세컨드, 그러니까 이번, 이 아니라 늘 다음, 인/언제나 나중, 인 홍길동 같은 서자, 인 변방, 인/부적합, 인 그러니까 결국 꼴찌"라고. "넘볼 수 없는 조강지처, 그 천생연분 버티는, 넘보는 순간 끝장인, …… 들키면 머리채 뽑히게 하는" 세컨드의 운명을 우리는 긍정할 수 있을까.

II. Multi-**Life**

공짜의 미학

나날이 거칠어지는 광고에 놀라는 일은 어제오늘의 일이 아니다. 하지만 여전히 적응 안 되는 광고 중 하나가 '무이자 대출' 광고다. 아이들도 쉽게 CM송을 흥얼흥얼 따라 부르는 시대에 개사한 "무이사! 무이자!"를 익숙한 멜로디에 버무려 외치는 대부업체 광고는 가히 이 시대의 명물(?)이다. 과연 그들이 외치는 '무이자'의 달콤하고도 치명적인 함정을 재빨리 인식할 수 있는 아이들은 얼마나 될까. 이제는 연중무휴는 물론 24시간 무이자 대출시대가 열렸으니 할 말 다한 셈이다. 알다가도 모를 일은 이 '무이자, 무이자!' 광고가 지독하게 싫으면서도 나도 모르게 따라 부른다는 것이다. 몸과 마음이 따로 노는 비극이 이럴 땐 참 싫다. '무이자 대출'의 무서운 함정을 모른 채 아무 생각 없이 '무이자송'을 흥얼거리며 자란 아이들은 과연 사채의 무서움을 제대로 인지하고 있을까.

무이자 대출 광고가 뿌리내리기 쉬운 토양은 바로 '공짜라면 양잿물이라도 먹는' 대중의 소비심리다. 무한 리필, 무료 시식회, 무료 시승회, 무이자 할부 등은 그래도 애교 축에 속한다. 하지만 공짜의 쾌락은 짧고 그로 인한 후회는 기나길다. 우리는 공짜의 유혹에 이끌려 자기 정보를 거리낌 없이 제공하는 실수를 공공연히 범한다. 아무리 공짜가 좋다지만 그 어떤 화폐 단위로도 환산할 수 없는 개인 정보를 손쉽게 내줄 정도로 우리의 경제 의식이 마비된 것은 슬픈 현실이다. 또한 각종 공짜 마케팅과 무가지가 당연해지면서 정작 서비스나 정보의 질이 떨어지는 현상도 문제다. 공짜를 미끼로 대중을 유혹하는 모든 상술 뒤에는 반드시 '더 큰 이익'을 노리는 자본의 논리가 도사리고 있다. 공짜는 '수단'이지 '결과'나 '목적'이 아니기 때문이다.

하지만 공짜의 유혹은 자본에만 존재하는 것이 아니다. 어쩌면 인류문명이 '자연'을 '무한 리필되는 자원'으로 오해한 데서 비롯된 비극일지도 모른다. 점점 더 파괴력이 커지는 쓰나미나 황사, 허리케인은 인류의 입장에서 보면 '자연의 역습'이지만, 자연의 입장에서는 더 이상 견딜 수 없어 토해내는 억눌린 한숨이자 단말마이다. 공짜를 미끼로 인류가 스스로를 자승자박의 함정에 몰아넣은 경우도 있다. 바로 무료 웹의 탄생과 확산이다.

무료 웹의 문화적 기원

참여, 공유, 개방의 철학으로 창조된 무료 웹의 문화적 기원은 잊힌 지 오래다. 우리는 이제 'www.xxx.com'이라는 기호에 중독되어

단 하루도 로그인 없이는 살 수 없게 되었다. '월드와이드웹'은 전 인류를 향한 정보의 개방과 공유의 정신이 아니라, 말 그대로 전 인류를 포획해버리는, 온 세계를 감싸 안을 만큼 거대한 무형의 그물이 되어가고 있다. 인간이 신처럼 언제 어디서든 존재할 수 있다는 유비쿼터스의 환상은 시간과 장소를 불문하고 웹의 감시망에서 벗어날 수 없음을 전제로 한다. 우리는 일시적인 공짜의 유혹에 휘둘려 돈으로 환산할 수 없는 우리의 미래를 저당 잡히고 있는 것은 아닐까.

하지만 공짜가 이렇듯 짧은 쾌락과 기나긴 고통만을 안겨주는 것은 아니다. 완전한 공짜이기에 더욱 아름다운 존재들도 많다. 대가를 바라지 않고 자신의 재능, 재산, 시간을 온전히 타인에게 기부하는 사람들은 공짜를 '바라는' 것이 아니라 공짜를 '베푸는' 데서 보람을 느낀다. 무료 의료봉사뿐 아니라 각종 자원봉사를 통해 타인의 슬픔을 함께하는 사람들은 '공짜'로 실천하는 노동이 그 어떤 거대한 권력도 해내지 못한 일들을 너끈히 해낼 수 있다는 기적을 증명한다.

우리는 흔히 공짜로 받는 것은 좋아하지만 공짜로 베푸는 것은 '왠지 억울하다'는 경제관념을 내면화해왔다. 기브(give)는 아깝고 나쁜 것, 테이크(take)는 신나고 좋은 것이라는 이분법이 항상 옳은 것은 아니다. 어떤 대가도 바라지 않고 타인의 고통을 치유하는 수많은 사람들은 이 세상에서 가장 큰 기쁨을 '공짜'로 얻는 행복한 사람들일지도 모른다. 받는 기쁨보다 주는 기쁨이 더 크다는 것을 깨달은 표정은 살아 있는 부처처럼 평화롭다. 달라이 라마의 설법은 전 세계인에게 '공짜'로 무한 리필되는 위대한 인생 수업이다.

어린 시절 기브 앤드 테이크(give & take)라는 개념을 처음 알았을 때 느낀 감정은 솔직히 '이러한 언어를 쓰고 사는 서양 사람들은 참 재수 없다!' 는 것이었다. 한마디로 주는 게 있어야 받는 게 있다는 이 말은 서양인의 계산적이고 이해타산적인 삭막한 내면 풍경을 반영하는 것이라 단정지었다. 하지만 시간이 지날수록 '기브 앤드 테이크' 를 바라보는 시선이 푸근해졌다. 그것은 생의 진실을 뛰어나게 압축한 어구로 다가오기 시작했다. 우리는 흔히 준 것만 기억하고 받은 것은 잊어버린다. 받기 위해서는 그만큼의 대가를 치러야 한다는 평범한 진실조차 자꾸 망각한다. 그러나 '기브' 는 '테이크' 를 위한 포석 깔기만은 아니다.

줄 수 있는 능력, 받을 수 있는 능력

테이크 앤드 기브(take & give)가 아니라 기브 앤드 테이크(give & take)라는 점이 중요하지 않을까. 타인에게 줄 수 있는 준비가 된 사람만이 받을 수도 있다. '줄 수 있다' 는 것은 단지 재화뿐 아니라 재능이나 사랑처럼 무형의 선물이기도 하다. 아름다운 예술작품으로 인류에게 영원한 감동을 선물한 아티스트라든지, 탄생한 그 자체만으로도 축복인 갓난아기들을 보면, 그들은 타인에게 희망을 안겨줌으로써 그들 스스로 완전한 존재라는 생각에 부러움이 샘솟는다.

달라이 라마의 설법을 듣기 위해 앞을 보지 못하는 젊은이가 티베트에서 히말라야를 넘고 네팔을 거쳐 인도까지 왔다. 젊은이의 건강이 염려되어 달라이 라마가 자신의 주치의에게 그를 진찰하게 했을 때, 전혀 생각지도 못한 뜻밖의 일이 일어났다. 살아 있는 사람의 안구 기증

이 흔하지 않았는데도 남인도에서 온 한 젊은 수도승이 앞을 보지 못하는 젊은이에게 안구 기증 의사를 밝혔던 것이다. 그러나 모두의 예상을 뒤엎고 앞을 보지 못하는 젊은이는 젊은 수도승의 안구 기증을 거부했다. 그가 장님으로서 받았던 고통을 다른 사람이 또다시 반복해야 된다는 사실을 도저히 받아들일 수 없었기 때문이다.

이 이야기 속에는 '주고받는' 경제관념에 대한 근대인의 사고를 전복시키는 힘이 있다. 이 네 명 사이에는 금전을 포함하여 그 어떤 '물질'도 오가지 않았지만 '모든 것'이 오간 것이나 다름없다. 앞을 보지 못하는 젊은이는 타인의 무한한 호의를 받았으며, 젊은 수도승은 아직 겪지도 않은 고통을 걱정해주는 우정을 받았다. 주치의는 어떤 치료도 하지 않았지만 의사로서 감동적인 체험을 했으며, 달라이 라마는 이 모든 아름다운 '기브 앤드 테이크'를 가능하게 한 지혜로운 매파였다. 이토록 아름다운 '공짜'가 가능하기 위해서는 힘겨운 삶의 전투가 있어야 하는 것이 아닐까.

모두가 망가져도
아무도 상처 입지 않는 따스함

왜 한국에는 〈데이비드 레터맨 쇼〉나 〈오프라 윈프리 쇼〉 같은 장수 토크쇼가 없는 걸까 하고 늘 아쉽던 차에 강호동이 토크쇼의 진행자로 새롭게 등장했다. 오프라 윈프리의 모성적 유머, 데이비드 레터맨의 이지적인 시니컬함, 하물며 자니 윤의 느물느물한 음담패설도 구사할 줄 모르는 그가 해낼 줄 몰랐던 것이다. 지성과 미모, 게다가 많은 사람을 포용하는 유한(?) 성격이 아니더라도 강호동만이 만들어낼 수 있는 '분위기'는 아무도 흉내낼 수 없는 그만의 재능이다.

그 어떤 유명인사가 출연해도 총천연색 물귀신 작전으로 끝끝내 게스트의 우아함을 망가뜨리고 마는 얼치기 도사들. 〈무릎팍도사〉는 우리에게 필요한 것이 오프라 윈프리나 데이비드 레터맨이 아니라 응어리진 가슴을 툭 터놓을 수 있는 저마다의 따스한 '도사님' 혹은 '선녀님'임을 각인시켰을 뿐만 아니라 한국형 토크쇼의 신기원을 열었다.

〈무릎팍도사〉의 첫 번째 전매특허는 얼토당토않은 오두방정 막춤의 향연이다. 방문을 여는 순간 게스트의 혼을 쏙 빼놓는 세 도사의 춤은 언제 봐도 어이없다. 그 막춤의 충격에 넋이 나간 게스트들을 '될 대로 되라' 는 심정으로 체념하게 만드는 그 주술적 편안함이야말로 굳게 닫힌 스타의 입을 여는 비장의 무기라고 할 수 있다.

〈무릎팍도사〉의 두 번째 전매특허는 단연 '너 망가지고 나 망가지는' 물귀신 작전이다. 다른 사람들을 헐뜯어놓고 자기 혼자 독야청청한 일방적 공격이 아니라, 기상천외한 자막을 통해 자신은 수십 배 더 망가지는 강호동의 막무가내 물귀신 작전에 게스트들은 꽁꽁 숨긴 울분을 남의 이야기처럼 풀어놓는다. 게스트들은 하나같이 자존심의 카드보다는 솔직함의 카드를 선택한다. 대중은 화려한 스포트라이트에 가려진 그들의 인간적인 결점에 매료된다.

〈무릎팍도사〉의 대화학

덕분에 우리는 가요계의 여왕 패티 김이 난생처음 '김혜자' 가 되는 모습을 지켜보았고("한 군데도 성형한 적이 없으세요?"라는 질문에 "쌍꺼풀도 성형이에요?"), 세계의 골프를 주름잡은 박세리의 수줍은 넋두리를 들었으며("왜 아버지는 저에게 쉬는 법을 가르쳐주지 않았나요?"), 루머와 악플의 여왕 이영자의 구슬픈 사과 메시지를 들었고("웃기는 사람이 되어야 하는데 우스운 사람이 되어서 미안합니다."), '조국을 메다꽂은' 누명을 쓴 추성훈의 한 맺힌 절규가 '하나의 사랑' 으로 굽이치는 감미로운 화해의 멜로디에 전율했다.

차별화된 마술적 연금술

만약 〈무릎팍도사〉의 강호동을 게스트로 초대한다면 과연 누가 그를 제압할 수 있을까. 어처구니없는 백치미로 스타들을 무장 해제시키는 힘의 장사 강호동도 고민이 있을 것이다. 우리가 만약 "매너리즘에 빠진 〈무릎팍도사〉를 어떻게 부흥시킬까요?"라는 강호동의 고민을 듣는다면?

새로움을 위한 새로움, 변화를 위한 변화는 필요 없다. 모두가 망가져도 아무도 상처 입지 않는 따스함, 〈무릎팍도사〉여, 변치 마라! 스타에 대한 근거 없는 비호감을 근거 있는 호감으로 바꾸는 마술적 연금술. 그것이야말로 변치 말아야 할 토크쇼의 비법이며, '비판 2 : 칭찬 8'로 이루어진 인터뷰의 황금비율이다.

'사모님'과 함께 슬픔을 웃는 법

월요병에 지친 현대인들을 TV 앞에 불러 모으는 개그 프로그램이 있었다. 바로 〈사모님〉이다. 우아한 옷차림과 섹시한 표정으로 나타나 차에 타는 사모님. 사모님은 새침한 표정으로 "운전해!"라고 운을 뗀다. 이윽고 도도한 외모와 어울리지 않는 그녀의 엉뚱한 성격이 드러나기 시작한다. "아! 배불러. 정 회장님 댁에서 너무 많이 얻어먹었나 봐." "뭘 그렇게 많이 드셨습니까?" "응! 나 욕먹었어!" "사모님. 드레스가 바뀌셨네요!" "응! 뒤집어 입었어!" "오늘은 드레스를 안 입으셨네요!" "응! 터졌어!" 등의 대사 속에서 화려한 겉모습에 가려진 그녀의 백치미와 코믹함이 드러난다.

"운전해!"라는 세 글자의 대사는 매번 다른 울림으로 변주된다. '운전해'는 그녀와 김 기사 사이의 미묘한 심리적 거리를 나타내기도 하고, '쪽팔리는' 상황을 모면하기 위한 체면치레용 대사이기도 하며,

자신의 요구가 부당하다는 것을 스스로 깨달았을 때 딴전을 피우는 대사이기도 하다.

　그녀는 김 기사에게 늘 엉뚱한 요구를 한다. 국회의사당에 가서 "다 나오라고 그래!"라고 외치기도 하고, 포항제철에 가서 맨홀 뚜껑을 구해오라고 한 다음 "응! 이 복권 좀 긁어봐."라고 한다든지, 사우나에 가서 꼴뚜기를 구해달라고 한 후 "응, 그걸로 이 등짝에 부항 좀 떠봐!"라고 하기도 한다. 그녀가 얼토당토않은 요구를 할 때마다 관객들은 묘한 카타르시스를 느낀다.

　그녀의 남편 '회장님'에게서 전화가 올 때마다 그녀는 온갖 교태 어린 표정을 지으며 "몰라요!"라고 속삭이지만, 알고 보면 심드렁한 회장님의 핀잔이나 구박이기 일쑤다. 회장님께 애교 섞인 콧소리로 갖가지 부탁을 하지만 회장님의 반응은 매번 냉담하고 인색하다. 또한 그녀는 영어, 일어뿐 아니라 독서나 시 창작, 기타 연주 등을 유한마담의 킬링타임용 취미로 삼지만 대부분 그녀의 스케줄은 텅 비어 있다.

　현란한 외양 뒤에 감추어진 그녀의 권태와 고독을 누설하는 수많은 암시들이 꿈틀거린다. 김 기사에게 기상천외한 요구를 한 뒤 김 기사의 탄탄한 허벅지가 섹시하게 돋보이는 각도가 연출되면, "오! 난 그 각도가 제일 좋아!"라고 외치며 젊은 남자의 육체에 대한 은밀한 관음증을 코믹한 표정으로 드러내기도 한다. "아, 무료해!"라는 짧은 대사 속에는 그녀의 상냥한 미소 뒤에 감춰진 비릿한 외로움이 배어난다. 하지만 그녀는 언제나 귀여운 미소와 천진한 유머로 자신의 슬픔을 달랜다.

암흑과 여백 속의 상상

〈사모님〉에는 특별한 소도구 없이 의자만이 주요 무대장치로 등장한다. 관객은 표현되지 않은 암흑과 여백 사이로 수많은 상상을 대입할수 있다. 만약 김 기사와 사모님의 계급적 차이가 날카롭게 드러났다면이 코너는 성공하지 못했을 것이다. 말만 '사모님'일 뿐 언제나 무료하고 고독한 사모님의 유일한 친구가 김 기사라는 설정이 사모님과 김 기사 사이에 감도는 복잡 미묘한 감정의 흐름을 가능케 한다. 연인도 친구도 친지도 아니지만 더없이 친밀한 그들의 관계 속에서 관객들은 다채로운 상상의 날개를 펼칠 수 있다. 모든 것을 다 가졌지만 아무것도가지지 못한 것처럼 허전하고 우울한 사모님은 김 기사와의 소박한 소통의 축제를 통해 아주 평범하고 당연한 행복의 갈증을 토로한다. 이코너를 통해 나는 '슬픔을 웃는 법'을 상상한다. 슬픔을 분노로 풀어내는 것이 아니라, 천진한 유머와 생뚱맞은 대화로 슬픔을 '웃는' 세로운실풀이의 상상력을.

88만 원 세대,
그 그릴 수 없는 경계에 대하여

일본소설의 대공세와 역사소설의 축제 분위기 속에서 정작 소외되는 것은 '우리 사회의 현주소'를 생생하게 그려내는 젊은 작가들의 작품들이다. 박민규, 이기호, 윤성희, 백가흠, 김중혁, 김애란 등의 젊은 작가들은 우리 사회의 2, 30대들이 처한 다양한 계급성의 징후들을 포착한다. 그들에게는 88만 원 세대가 오려내듯 또렷이 존재하는 실체가 아니라, 너무나 눈에 띄지 않아 "세계가 '깜박' 한 인간들"(박민규, 《핑퐁》)로 비친다. 그들의 소설 속 인물들은 자신의 본명으로 불리기보다는 다양한 자기비하적 별명으로 불리는 것을 편안해한다.

　　박민규의 소설 《핑퐁》의 주인공인 왕따 소년은 '못'이라 불린다. 하도 여기저기서 얻어맞고 다닌 탓에 두개골에 금이 간 이 소년은 자신이 망치에 대가리를 얻어맞을 운명으로 태어난 '못'이라고 생각한다. 소년은 소설이 끝날 때까지 본명도 밝히지 않은 채 그저 '못'이라 불릴

뿐이다. 이기호가 《갈팡질팡하다가 내 이럴 줄 알았지》에서 그려내는 이 사회의 '루저' 들은 아예 '시봉' 이라는 친근한 이름으로 불린다. 자칫 우울과 무기력의 늪으로 빠지기 쉬운 캐릭터들을 애잔한 유머로 다독이는 이 작가의 시선은 따뜻하지만 이정표가 없다. 섣불리 희망을 말하기엔 그들을 둘러싼 현실의 장벽이 너무 가혹하기 때문이다. 뚜렷한 직장도, 든든한 가족도 가지지 못한 이들의 정체성을 묶는 유일한 징표는 지독한 '머피의 법칙' 뿐이다.

무용지물 박물관

한편 윤성희는 소설집 《감기》에서 애면글면 일상을 꾸려나가는 현대인의 삶을 나직한 희망의 연가로 음미하고 있다. 하나같이 '별 볼일 없는' 환경 속에 살아가는 주인공들을 세상 속으로 불러내는 그녀의 목소리는 가사 없는 허밍의 나직한 읊조림을 닮았다. 평론가 김형중은 윤성희의 《감기》를 일컬어 "별자리 그리기를 포기한 천문학자의 눈에 비친 은하수의 아름다움"이라 평했다. 눈에 띄는 거성들의 자취를 따라 그린 메이저 별자리가 아니라 너무 작아 식별할 수 없는 별들, 궤도를 이탈하여 추락하는 별들을 정성스레 모아 그린 새로운 마이너 별자리. 이 길 잃은 작은 별들이 구축한 세계가 윤성희가 그려낸 '과소 인간들의 연대' 라고 말이다. 윤성희는 청년실업 세대를 따로 분리해 형상화하기보다는 그들이 우리의 가족이고 친구이고 연인임을 묵묵히 긍정한다. 그녀가 그려낸 마이너리티의 별자리에서 그들은 '희망을 잃어 초라한 인간들' 이 아니라 '된장녀나 보보스족은 결코 알 수 없는 희망의 냄새를 맡는 자' 들로 승화된다.

한편 88만 원 세대의 소외된 계급성을 가장 명징하게 드러내는 작가는 김애란이다. 그녀는 《달려라, 아비》에서 보증금 100만 원에 월세 10만 원으로 버티는 백수 청년의 삶(〈종이물고기〉)을 그리고, 편의점만이 이 도시의 라이프스타일에 편입될 수 있는 유일한 길이라 믿는 20대 여성의 삶(〈나는 편의점에 간다〉)을 그린다. 〈노크하지 않는 집〉에서는 저마다 똑같은 방문 안에 갇혀 서로의 얼굴도 모르는 채 살아가는 원룸 세대의 고독과 공포를 그려내며, 〈성탄특선〉에서는 다들 흥청망청 소비의 축제로 탕진하는 크리스마스가 오히려 가혹한 재앙으로 느껴지는 가난한 오누이의 삶을 짚어낸다.

김중혁은 〈유리방패〉에서 백수 청년들의 요절복통 취업 실패기를 그려냄으로써 그 어떤 탈출구도 찾을 수 없는 88만 원 세대의 비애를 한 편의 슬랩스틱 코미디로 빚어낸다. 시종일관 무지하게 웃기고 막판에 독자를 울리는, 이렇게 슬픈 김중혁식 코미디는 근래 보기 드문 채플린식 감수성의 탄생이다. 이제 '이태백/이구백' 세대들에게 실업은 '상황' 이나 '환경' 을 넘어 '세포' 나 '무의식' 처럼 너무 깊이 각인되어 버린 존재의 토양이 되었다. 김중혁의 소설 제목처럼 우리 사회의 가난하고 볼품없는 존재들은 '무용지물 박물관' 의 전시품이 되어 그 고통마저 상품으로 전시되고 있다.

뒤틀린 계급 모순

88만 원 세대의 삶이 단지 '그들만의 리그' 가 아니라는 점을 가장 격렬한 아우라로 보여주고 있는 작가는 백가흠이다. 백가흠은 소설계의 김기덕이다. 그는 관객을 최대한 불편하게 만듦으로써 영화가 단순히 미학적 대상이 아니라 충격의 주체가 될 수 있음을 보여준 김기덕과 닮았다. 백가흠은 차라리 고개를 돌려버리고 싶은 참혹한 타인의 고통을 전혀 다듬지 않은 야생의 상태로 독자 앞에 내동댕이친다. 그와 김기덕의 차이가 있다면 백가흠 쪽이 훨씬 따스한 유머를 지니고 있다는 점이다. 김기덕이 타인의 고통을 칼날처럼 날카롭게 갈아 그 고통이라는 무기로 관객의 심장을 찌른다면, 백가흠은 다소 헐렁한 '척' 하는 페인트 모션으로 독자를 웃긴다. 막상 웃고 보면 그들의 고통이 너무 선연하여 그제야 코끝이 시리다. 백가흠은 배고픔과 비참함을 잔혹한 섹슈얼리티나 가학적 린치로 해결하는 '망가진' 인간들의 군상을 보여주는데 결코 작가의 표정을 드러내지 않는다. 88만 원 세대조차 되지 못하는 처참한 환경에 처해 있는 주인공들이 먹고 마시고 떠들고 울고 섹스하게 내버려두는 것. 그럼으로써 백가흠은 우리 사회의 문제가 여전히 지명적으로 뒤들린 계급 모순임을 선명하게 보여준다.

이제는 좀처럼 '백수' 라는 고전적 표현은 잘 쓰지 않는다. 청년실업의 징후는 단지 '88만 원 세대' 에만 국한되지 않는다. 십장생(십대도 장차 백수가 되는 것을 생각해야 한다), 이태백(이십대 태반이 백수), 삼팔선(38세 정년), 사오정(45세 정년), 오륙도(56세까지 회사에 남으면 도둑) 등의 서슬 퍼런 신조어들. 청년실업의 장기화·만성화는 이제 모든 세대가 공유할 수밖에 없는 화두가 되었다. 한편 캥거루족, 부메랑족, 프리터족, 니트족, 나홀로족, 코쿤족 등의 다양한 '종족' 의 분포도 또한 청년실업 세대의 라이프스타일을 증거한다.

하지만 이런 신종족의 출연에 호들갑을 떠는 태도야말로 88만 원 세대를 타자화하는 지름길이 아닐까. 지나치게 날카로운 경계를 그어 그들이 지닌 다양한 '탈중심성'을 드러냄으로써 그들을 사회라는 거대한 무대 바깥으로 밀어내려는 문화 전략이 아닐까. 사실 그들은(청년실업 세대 중에서도 가장 '노땅'에 가까운 나 자신을 포함해서) 우리의 남동생이고 누이들이고 후배들일 뿐이다. 사회에 발을 내딛는 순간 그들은 자신을 낭떠러지로 밀어내는 사회의 맨얼굴을 목도하고야 만다. 그들의 다양한 문화적 취향을 시시콜콜 구별짓는 것이야말로 그들이 아프게 환기하는 우리 사회의 '계급성'을 은폐시키는 전략이 아닐까. 호연지기와 객기를 아무리 부려도 모자랄 세대들. 인생에서 가장 팔팔한 원기를 자랑해야 할 세대들. 그들을 '88만 원 세대'라는 초라한 별명으로 가둬두는 이 사회야말로 진정 만천하에 '소환'되어 심문받아야 마땅한 존재가 아닌가.

리얼 버라이어티쇼의 홍수

〈무한도전〉, 〈1박 2일〉, 〈무한걸스〉, 〈라인업〉 등 리얼 버라이어티쇼의 공통점은 무엇일까. 첫째, 그들은 무형식의 형식을 추구한다. 꽉 짜인 각본도, 방송용 가식이나 내숭도 없다. 애드리브가 양념이나 액세서리에 그치던 시대를 지나 이제 애드리브가 흥미의 원천이 되었다. 둘째, 캐릭터 하나하나가 자신의 약점을 오히려 매력 포인트로 삼고 있다. 자학과 자기비하, 상대의 결점에 대한 무한 공격이 입담의 진원지다. 이 콘셉트의 최고 수혜자는 정형돈이다. 개그맨이 직업인 그가 '안 웃기는 것'(웃기는 것 빼고 다 잘한단다)을 최고 개성으로 내세우는 뻔뻔한 역설이야말로 〈무한도전〉식 캐릭터 구축의 마술이다. 이제 그 마법이 풀렸는지 정형돈은 점점 제대로 '웃긴다!' 셋째, 고삐 풀린 자막의 무한 작렬이다. 리얼 버라이어티쇼의 자막은 3인칭 전지적 작가 시점으로 등장인물의 모든 '꼼수'와 '잔머리'를 낱낱이 까발린다. 뒤풀이에서나

가능한 막말과 독설이 〈무한도전〉과 그 후예들의 공통적 언어관이다.

그러나 가장 흥미로운 공통점은 바로 그들의 경이로운 '타임머신' 기능이다. 〈무한도전〉을 보는 동안은 우리 모두 일곱 살 어린이의 감성으로 돌아간다. 마음껏 떼쓰고 심술부리고 티격태격 싸우는 유아적 놀이문화야말로 체면치레와 눈치 보기에 지친 한국인들에게 해방감을 주는 요소가 아닐까. 그러나 우리 모두 '상꼬마'가 될 수 있는 리얼 버라이어티쇼의 숨은 콘셉트는 처절한 생존의 법칙이 도사린 무한 서바이벌 게임이다. 살아남기 위해서는 어떤 굴욕도 마다하지 않는 그들의 생존 게임은 유머 뒤에 애잔하게 숨은 삶의 그림자다. 식신준하의 생떼, '찮은형' 박명수의 호통, 정형돈의 '편집' 울렁증(자신의 장면이 편집될까 봐 전전긍긍하는 정형돈의 귀여운 소심증) 등은 '그들도 우리처럼' 살아남기 위해 자존심을 무한 경쟁 주식회사의 전당포에 맡겼음을 확인시킨다. 그들은 예능계의 무한경쟁에서 살아남기 위해 한겨울에 바다로 뛰어들고, 겨자·간장·식초를 들이켜며, 오장육부를 드러내 보이는 심정으로 '양·가'로 얼룩진 생활기록부를 공개한다.

그들도 우리처럼

〈무한도전〉과 그 친구들이 양산한 무수한 스타들 중 시청자들의 가장 조건 없는 사랑을 받는 캐릭터는 바로 '상근이'다. 리얼 버라이어티쇼를 보는 동안만큼 우리는 모든 사회적 중력으로부터 벗어난 어린이다. 그러나 '쇼'가 끝나면 우리는 고단한 일상으로 귀환한다. 상근이에겐 돌아가야 할 다른 곳이 없다. 그는 언제나 〈1박 2일〉이나 각종 CF

에 출연할 때조차도 '인간의 중력'을 벗어난 곳에 존재하기 때문이다. 유일하게 안티 없는 스타가 바로 상근이라는 점도 그가 인간의 인기와 화폐와 욕망으로부터 자유로운 존재이기 때문은 아닐까. 인간이기 때문에 견뎌야 하는 이 모든 아수라에서 비껴난 상근이야말로 이 시대 최고의 해피가이가 아닌지. 상근이야말로 재테크 열풍, 펀드의 추락, 연예인 스캔들, 검색어 1위 경쟁, 물가 상승, 날이 갈수록 공포를 더해가는 범죄의 재앙 속에서 자유로운 영혼이 아닐까. 우리는 상근이를 '사랑'하기보다는 '질투'하는 것이 아닐까.

속독은 가능한가,
비독서의 쾌락은 가능한가

로마에 이셀이라는 큰 부자가 있었다. 그는 대궐 같은 저택에 학자를 비롯한 유명인 300명을 초대하여 식사를 하는 습관이 있었다. 수많은 책에 관한 이야기꽃을 피우는 그들의 저녁식사는 행복한 지식의 성찬이었다. 그러나 정작 그들을 초대한 이셀은 지식이 없어 대화에 동참할 수 없었다. 그는 하인들에게 각자 책을 한 권씩 암기하도록 시킨 후, 손님들이 모였을 때 하인을 불러 책의 내용을 읊도록 했다. 이셀의 '살아 있는 도서관'은 로마 장안의 화제가 되었다.

어느 날 이 성대한 지식의 성찬에 호메로스의 〈일리아스〉 이야기가 나왔다. 이셀은 〈일리아스〉를 암기한 하인을 불렀으나 어쩐 일인지 그가 보이지 않았다. 또 다른 하인이 말했다. "주인님, 죄송합니다. 일리아스가 복통을 일으켰습니다." 이렇게 연회장은 폭소의 도가니가 되었다. 하인들은 주인을 '대신하여' 책을 읽었지만, 그로 인한 망신은 온전히 '주인'의 것이었다.

이 에피소드는 '읽지 않은 책에 대한 불안'과 '읽지 않은 책에 대해 말하고 싶은 욕망'의 갈등이 인류의 오랜 딜레마였음을 보여준다. 어린 시절 나 역시 그런 불안이 심했다. 고교 시절 속독학원에 다닌 적이 있다. 읽을 책은 많고 시간은 늘 부족해 선택한 최후의 결단이었다. 5분, 10분, 15분, 20분. 점점 시간을 늘려가며 '눈 깜빡이지 않고 한 곳 바라보기'가 속독의 기초 훈련이었다. 눈물을 줄줄 흘리며 30분 동안 눈을 깜빡이지 않는 데 성공(?)했을 때, 과연 이곳을 계속 다녀야 하는가라는 서글픈 의문이 들었다. 열일곱 살 철부지가 어찌 그런 독한 짓을 했는지 지금 생각해도 창피하지만, 그때의 '불안'은 어른이 되어서도 지속되었던 것 같다. 내 관심 영역의 책만을 읽기도 버거웠고, 내 관심 밖의 책을 읽지 못하는 불안도 컸다. 최근에 출간된 세 권의 책은 이런 현대인의 '비(非)독서의 불안'에 강력하게 호소한다.

비독서의 즐거움?

《읽지 않은 책에 대해 말하는 법》의 기본 개념은 "책은 각기 제 나름으로 훌륭하다. 그러나 책은 하나의 힘찬, 핏기 없는 인생의 대용품에 불과하다."는 R. L. B. 스티븐슨의 푸념과 맞닿아 있다. 이 책은 책을 처음부터 끝까지 샅샅이 정독해도 그 책에 대한 말 한마디 제대로 하기 어렵다고 느끼는 사람들의 '공포'를 숙주로 한다. 정보의 홍수 속에서 신간의 존재는 반가움에 앞서 부담을 불러일으키기도 하니 말이다. 저자는 다양한 각도에서 '비독서의 즐거움'과 그 의외의 유용성(!)

에 대한 예찬을 시도한다. 그는 책을 전혀 읽지 않고 방대한 책의 제목들만으로 책의 내용과 책끼리의 다양한 네트워크를 상상하며 행복해하는 이상적인(?) 사서(librarian)를 꿈꾼다. 솔직히 나는 이 책을 지하철에서 읽으며 '표지'를 남이 볼까 봐 전전긍긍했다. 제목의 선정성 때문에 이 책을 읽고 있는 내내 얼굴이 화끈거렸던 것이다. 그리고 심각하게 고민했다. 내가 가르치는 학생들에게 이 책을 추천해줄 수 있을까.

"주변에서 전개되는 책 담론이 구체적일 때마다 불안해지는 영혼들에게 마음의 평화를 안겨주는 문학사회학의 걸작"이라는 찬사도 있지만, 나는 이 책을 읽으며 오히려 영혼의 평화를 위협받았다. 소위 지식인 또는 교양인과 그렇지 않은 사람은 책을 읽지 않고도 그 내용을 능히 파악하는지 아닌지로 구분된다는 주장 때문이었다. 하지만 궁금하다. 책의 제목이나 책날개처럼 매우 축약적인 정보를 통해 책 내용 전체를 '상상'하는 것은 '책읽기'가 아닌가. 책의 제목이나 저자에 대한 정보, 책표지의 디자인은 '책의 정보'가 아닌가. 그리고 '읽지 않은 책에 대해 말하는 법'을 또다시 '한 권의 책'이라는 물질로 설파하는 저자의 역설은 어떻게 설명할까. 게다가 그가 '읽지 않은 책에 대해 말하는 법'의 유용성을 설명하기 위해 끌어들이는 전거는 하나같이 '타인의 책'이다. 무질, 폴 발레리, 발자크, 오스카 와일드에서 나쓰메 소세키, 그레이엄 그린, 움베르토 에코에 이르기까지. 그 역시 '이미 읽은 책'으로 '아직 읽지 않은, 혹은 영원히 읽지 않을 책'을 설명하려 드는 것은 아닐까. 이 책이야말로 제목으로 독자의 불안을 '낚는' 것은 아닐까.

천천히 읽기의 즐거움

'비독서의 즐거움'을 말하는 이 책에 비해 나머지 두 책은 '천천히 읽기의 즐거움'에 대해 말한다. 히라노 게이치로의 《책을 읽는 방법》은 행간을 읽는 즐거움, 독자가 적극적으로 저자의 사유에 개입하는 즐거움을 이야기한다. 히라노 게이치로의 독서법은 끊임없이 물음표를 찍는 독서법이다. 어떤 각도에서 새로운 질문을 하는가에 따라 독서의 방식은 천차만별이 될 수 있다는 것이다. 어쩌면 책을 통해 무엇을 배우는가보다 책을 통해 어떻게 '새로운 질문을 할 것인가'가 중요한 일일지도 모른다는 것이다. 한샤오궁의 《열렬한 책읽기》는 독서의 방법이라기보다는 독서의 '흔적'을 치열하게 보여준다. 그는 독서의 '비결'을 한사코 말하지 않지만, 자신이 한 권의 책을 독파할 때마다 어떻게 '넘어졌는가'를 무심히 보여준다. 그가 한 권의 책을 읽는 것은 저자가 속한 시대 전체와 만나는 일이었다. 그렇기에 한 줄이라도 결코 허투루 넘어갈 수 없는 사유의 모험이자 자기와의 투쟁이었다. 그는 독서의 쾌락보다 오히려 독서의 고통을 즐길 줄 아는 사람이다. 독서는 자신의 사유 전체와 저자의 사유가 '맞장 뜨는' 처절한 결투의 장일지도 모른다. 한샤오궁의 책은 '말할 수 없는 것에 대해서는 철저히 침묵을 지키는' 자의 조용한 독백이라 더욱 신뢰가 간다.

아직 나 역시 속독의 유혹, 다독의 매혹으로부터 자유롭지 못하다. 그러나 경험으로부터 얻은 유일한 진실은 나에게 좋은 책일수록 속독이 불가능하다는 것이다. 진정 아름다운 작품은 요약 불가능하다는 것, 요약형 지식과 축약형 정보는 우리의 삶을 바꾸기에는 역부족이라는 것 또한 평범한 진실이지만, 화려한 유비쿼터스 시대에 잊기 쉬운 진실이었다. 나는 언제부턴가 '빨리 읽히는 책'을 거부하게 되었다. 우리는 남의 글은 빨리 읽기 바라고 자신의 글은 천천히 읽히기를 바란다. 하지만 내가 이해할 수 없는 진정한 타인을 만나는 길은 '소통 불가능한 타인의 사유의 문(門)'을 향해 지치지 않고 노크하는 길밖에는 없는 듯하다. 그래서 내가 택한 길은 미련하게, 답답하게 한 권의 책을 붙들고 늘어지는 것이다. 내가 사랑한 책들은 나의 지저분한 메모로 가득 차서 '행간'이 거의 지워질 듯 너덜너덜해졌다. 내 책에 묻은 손때와 지저분한 메모들이야말로 대답 없는 타자를 향한 나의 지독한 외사랑의 방식이다. 아직 내 사랑의 방식은 이렇게 남루하다. 그러나 분명한 것은 이 '꾀죄죄한' 사랑의 방식이 속독과 다독을 향한 내 오랜 강박을 치유해주었다는 점이다. 지식의 분량을, 똑똑한 사람의 '분위기'를 사랑했던 내가, 이제는 지식을 추구하는 과정 자체를 사랑하게 되었다는 것이다.

'만 원의 행복'을 넘어서는
일상 속의 길 찾기

몇 년 전 단순한 오락을 넘어 뿌듯한 에듀테인먼트를 실현하는 프로그램을 발견했는데, 그것은 〈만 원의 행복〉이었다. 만 원으로 일주일을 버티기 위해 갖가지 아이디어를 내는 대학생들의 도전은 무척 참신했다. 우리는 돈을 매일 만지며 아등바등 애년글년 돈에 쥐어 살면서도 정작 만 원으로 무엇을 할 수 있는가에 대한 고민을 할 여유가 없었구나. 우리는 화폐에 집착하지만 화폐를 진정 이해하고 성찰할 시간은 없었구나. 만 원으로 저렇게 다채로운 세상이 열릴 수 있다는 것을 모르면서 만 원으론 할 게 없다는 푸념만 늘어놓았구나. 무엇보다 만 원으로 일주일 버티기라는 프로젝트의 주인공이 평범한 대학생들이라는 점이 마음에 들었다. 돈에 대한 가치관을 가장 절실하게 배우기 시작하는 나이가 바로 20대 초반이고, 필요한 돈에 비해 가진 돈이 가장 적은 시기도 바로 그때쯤이니까 말이다.

만 원의 빈곤, 만 원의 비애

　하지만 만 원 프로젝트의 주인공이 '연예인'으로 바뀌면서 프로그램의 기획 의도는 점점 퇴색해갔다. 〈만 원의 행복〉의 주인공은 '만 원의 가치'가 아니라 '연예인의 가치'로 변해갔다. 날이 갈수록 다양해지는 미션과 게임은 이 프로그램이 정말 만 원의 가치를 고민하는 프로그램인지 의심스러울 정도로 유치하고 조잡해졌다. 대학생들이 만 원의 가치를 고민하는 것은 공감할 수 있지만, 인기 연예인들이 만 원으로 일주일을 버틴다는 것은 '가식'이거나 '궁상'으로 비쳐졌다. 어느 날 중견 탤런트 모씨가 "오늘 〈만 원의 행복〉 촬영을 위해 평소보다 빈티 나게 입고 나왔다."고 자랑스럽게 말하는 장면을 보고 너무 기가 막혀 와락 TV를 꺼버렸다. '빈티'를 '연출'하다니, 그걸 저토록 자랑스럽게 공언하다니.

　그 후로도 여러 번 인내심을 갖고 〈만 원의 행복〉을 보려 했지만, 더 이상 '만 원의 행복'이 아닌 '만 원으로 행복한 척하기'라는 연기에 기쁘게 속을 수 없는 내 자신을 발견할 뿐이었다. 이제 '행복주식회사'는 '만 원의 행복'이 아닌 '만 원을 빌미로 한 쇼'가 되어버린 것은 아닐까. 교양 프로그램에 가까웠던 〈만 원의 행복〉은 완전히 연예인들의 사생활 이미지 메이킹을 위한 쇼 비즈니스의 일부가 되어버린 것은 아닐까.

　그러나 이보다 중요한 것은 '화폐의 가치'에 대한 질문을 품고 있던 프로그램이 '빈곤' 자체를 상품화하는 프로그램으로 전이되었다는 점이다. 풍족하진 않지만 만 원으로 어떻게 살아갈 것인가를 진지하게 고민할 때는 그것이 돈으로 계산할 수 없을 정도의 커다란 철학적 가치를 지닐 수 있다. 하지만 만 원의 유희, 만 원의 슬랩스틱 코미디, 만 원의 이종격투기로 변해버린 〈만 원의 행복〉은 '빈곤의 시뮬레이션'이라는 전혀 다른 차원의 프로그램으로 변질된 것은 아닐까. 출연 연예인들은 무중력 상태의 만 원이 아니라 각종 스태프와 매니저와 주위의 관심 속의 만 원을 경험하고 있으며, 그것은 이미 '만 원'이라는 화폐의 가치를 무색하게 만드는 안전장치로 기능한다. 빈곤은 그런 식으로 가상 체험될 수 없다. 만 원의 가치를 탐구하는 것이 아니라 만 원의 궁상을 대리 체험하는 식의 코믹 시뮬레이션은 빈곤 자체가 아니라 빈곤의 '이미지'를 상품화하는 기획에 지나지 않는다.

그러나 그것이 전부일까. 오락 프로그램의 성격 변질을 바라보며 이토록 필요 이상으로 분노하는 나는 정말 그것 때문에 분노하는 것일까. 이 '사소한' 분노의 체험은 나에게 좀 더 오랜 기원을 지닌 억압을 상기시켰다. 어린 시절부터 우리는 무엇이든 절약하고 금욕하고 절제하는 법만을 배워왔다. 화폐도, 육체도, 욕망도, 감성도, 시간도 모두 다 아끼고 쌓아두어야만 했다. 절약의 반대는 낭비였으며, 그 이분법을 떠나 모든 인생의 재화들을 '잘 쓰는 법', 지혜롭고 신명나게 '누리는 법'을 배우지 못했다. 학교 교육뿐 아니라 미디어도 마찬가지였다. 미디어는 평생 가도 도달할 수 없을 것만 같은 대단한 부귀를 과시하거나, 평생 동안 어떻게든 피해가고 싶은 고통스러운 빈곤을 전시한다. 재테크 실용서는 넘쳐나지만, 그 모든 재테크 전술의 궁극적 목표는 내 집 마련을 향해 수렴된다. 그리고 평범한 직장인이 내 집 마련의 꿈을 달성하는 데에는 평균 10년 이상의 가혹한 허리띠 졸라매기가 기본 사양이 되었다. 우리는 소유와 축적만을 학습할 뿐 점유와 향유의 기쁨을 누리는 법을 망각해간다. 질문을 바꿔보자. 만 원을 '궁핍하게' 절약하는 방법만 고민하지 말고, 조금만 통을 키워 100만 원을 하루에 쓸 수 있다면, 어떻게 그 돈을 멋지게 쓸 수 있을까.

만 원의 상상, 만 원의 여행

생각 같아선 길거리, 전철, 버스, 카페, 음식점에서 만나는 모든 사람을 붙들고 "100만 원을 하루에 쓸 수 있는 자유가 주어진다면 어떻게 하실 건가요?"라고 물어보고 싶었다. 설문조사를 할까, 자유 인터뷰를 할까, 별 생각을 다 해보았지만, 결국 가장 걸리는 것은 '100만 원을 대뜸 줄 수 없으면서 100만 원의 가정만 실컷 시킨다면 얼마나 미안할까'라는 자격지심이었다. 그나마 친근한 몇몇 지인들과 내 수업을 듣는 학생들에게 물어보았다. 있는 돈을 쪼개 쓰는 법만 배웠던 우리가, 차라리 복권이나 주식 대박처럼 엄청난 이변만이 목돈 마련의 길이라 체념해왔던 우리가, 10억 만들기 프로젝트를 연구하느라 만 원도 경쾌하게 쓰지 못하는 우리가 100만 원을 하루에 쓸 수 있는 자유를 어떻게 실현할 수 있을까. 그런데 내가 만난 몇몇 사람들의 답변만 들어도 이 문제는 매우 흥미롭고 복잡다단하며 우리 삶의 폐부를 깊이 찌르는 문제임을 느낄 수 있었다.

내 수업을 듣는 학부생들은 대부분 지금껏 돈이 없어서 할 수 없었던 문화생활을 하고 싶어했다. 일단 20대들은 100만 원을 하루에 쓸 수 있다는 가정에 당혹감을 보였다. 그리고 생각보다 100만 원을 하루에 쓰는 것이 매우 어려운 미션임을 대답하는 과정 중에 깨닫는 표정들이었다. 아, 돈 모으기만 어려운 줄 알았는데, 돈 쓰기는 또 왜 이렇게 힘들담. 그런 곤란함을 표현하는 20대들은 그래도 행복해 보였다. 20대들의 축복은 돈이 늘 부족한 대신 아직 해보지 않은 것도 아주 많아서 무엇을 하든 새롭고 신기한 미지의 영역들이 많다는 것이다. 말로만 듣던 비싼 뮤지컬이나 오페라를 감상한다든지, 애인과 근사한 레스토랑에 가보고 싶다든지, 한 번도 가보지 못한 호텔에서 로맨틱한 밤을 보내고 싶다든지, 멋진 당일치기 여행을 해본다든지, 근사한 옷 한 벌을 쫙 빼입고 싶다든지. 그 모든 것이 새롭고 절실하지만 아직은 선뜻 실행할 수 없는 것이 '88만 원 세대'들의 현실이다. 가장 마음 아린 답변은 이런 것들이었다. 살면서 정말 돈이 없어서 친구에게 돈을 빌린 적이 있었는데, 그 친구에게 '원금'만 돌려주고 그 '고마움'은 갚지 못했다고. 그 친구를 위해 멋진 선물을 해주고 싶다고. 또 다른 멋진 대답은 이런 것이었다. 늘 돈에 벌벌 떨기만 했는데, 하루쯤은 돈을 아무런 의미 없이 완전히 탕진해보고 싶다고. 경마장에 가서 눈 딱 감고 배팅을 해본다든지, 카지노에서 한 방에 100만 원을 올인한다든지. 그렇다. 인생에 한 번쯤은 돈을 제대로 탕진해봐야 돈을 멋지게 쓰는 법도 배울 수 있지 않을까.

　　30대 초반에 접어든 내 친구들의 대답은 조금 달랐다. 100만 원의 밀도를 최대한 높이려는 20대들의 실용적 상상력과는 달리, 30대들의 대답은 '너무 많이 고민하지 않고, 너무 합리적으로 평가하지 않으면서 편안한 마음으로 돈을 쓰고 싶다'는 쪽에 가까웠다. 100만 원을 나 자신을 위한 벼락같은 선물의 개념으로 생각하는 20대와는 달리, 30대는 '그동안 너무 나 자신만을 생각해왔으니, 그동안 돌아보지 못한 타인을 향해(타인을 '위해'가 아니라) 100만 원을 쓰고 싶다'는 분위기가 강했다. 멀리 지방에 사는 그리운 친구를 찾아가 상다리가 휘어지도록 푸짐하게 식사를 대접하고 그 지방의 특산품을 사와 주변 사람들에게 돌리고 싶다는 친구도 있었고, 그동안 너무 자신의 생활만을 돌보기에 바빠 주위 사람에게 선물 한번 제대로 하지 못했다며 100만 원어치의 오밀조밀한 선물들을 사고 싶다는 친구도 있었다. 아름다운 그림 한 점을 사고 싶다는 친구도 있었고, 부모님의 여행 경비를 보태고 싶다는 친구도 있었으며, 널찍한 장소를 빌려 아무 목적 없이 왁자지껄한 파티를 열고 싶다는 친구도 있었다.

생각해보니 돈을 '꼭 필요한 곳'에 써야 한다는 강박이 돈에 대한 지나친 실용주의적 관점을 낳는 것 같다. 경제적인 필요는 제로지만 정서적인 필요는 무한대인, '잉여'이며 '여백' 같은 돈의 쓰임새를 우리는 잊고 산 것 같다. 모르긴 해도 내가 돈으로 태어났다면, 돈에게도 휴식 같은 시간이 필요하지 않을까 하는 생각이 비로소 들었다. 꼭 심각하고 의식적인 자선 행위는 아니더라도 예쁜 옷을 잔뜩 사서 고아원 아이들에게 입혀주고 싶다는 친구도 있었다. 마음에 드는 옷을 입는다는 것이 짐작보다 훨씬 행복한 일이라는 점을 강조하는 그 친구의 눈빛이 초롱초롱했다.

40대를 향해 달려가는 선배는 별 고민도 없이 "룸살롱에 가겠다!"고 선언하여 나를 기겁하게 했다. 하긴 100만 원이면 룸살롱에서 하루 '아쌀하게' 놀기에도 빠듯한 돈이다. 조금만 더 진지하게 대답해달라는 나의 무리한 요구에 선배는 이렇게 대답했다. 아무 술집에나 가서

술자리가 한창 물이 올랐을 때, 상큼하게 '골든벨'을 울리겠다고. 굳이 대단한 호연지기가 아니더라도 우리 생에 한 번쯤 전혀 모르는 사람들을 향해 골든벨을 울리고 싶은 욕망도 어여쁜 생각이다. 하지만 40대를 넘어갈수록 나의 질문에 의구심을 나타내는 경향이 강했다. 에그, 요새 100만 원으로 뭘 하나. 핵심은 그것이었다. 20대에게는 로또 같은 100만 원이 윗세대에게는 급격히 교환가치가 떨어졌던 것이다.

그럼 질문을 바꿔서 1,000만 원이 생긴다면 뭘 하겠냐고 물었더니, 더 비싸고 물 좋은 곳에 가서 골든벨을 울리겠단다. 그는 농담처럼 내 질문을 받아들였지만, 그의 대답 역시 돈에 대한 매우 심오한 관점을 품고 있었다. 자신의 노동이 투입되지 않은 벼락같은 돈이 생겼을 때, 진지하게 그 돈의 가장 창조적인 쓰임새를 모색할 사람은 드물 것이라는 이야기였다. 그 순간 이타적으로 돈의 쓰임새를 고민하는 윤리적 태도보다는, 차라리 온전히 자기 자신을 위해 재빨리 그 돈을 날려 없애는 편이 정직하다는 이야기였다. 그 말도 옳다. 타인을 향해 쓰든 자신을 향해 쓰든 결국 인간은 자기 자신을 가장 기쁘게 하는 방향으로 돈을 쓰고자 할 것이다. 문제는 우리가 자선사업가가 아니라는 점이 아니라, 우리 자신을 위하는, 다만 나 자신을 진정으로 배려하는 돈의 쓰임새조차 깊이 고민할 여지가 없었다는 것이다. 정말 타인을 위하는 돈의 쓰임새를 고민하는 사람이라면, 적은 돈이라도 이미 평소에 남을 위해 쓰고 있을 것이며, 갑자기 생긴 돈으로 자선 행위에 불현듯 동참하지는 않을 것이다.

만 원의 기적, 만 원의 축제

내가 〈만 원의 행복〉 기획을 맡는다면, 나는 그 프로그램을 '100만 원의 축제'로 바꾸고 싶다. 갖가지 부대비용과 연예인 섭외비로 들어가는 비용을 확 줄이고, 평범한 출연자들에게 100만 원씩 나눠주면서, "자, 이 돈을 가장 멋지게 쓰는 사람이 챔피언이 됩니다!"라고 귀띔해주고 싶다. 평범한 대학생, 바쁜 직장인, 가난한 고학생, 지친 전업주부, 경로당의 어르신들께 빳빳한 만 원짜리 신권 100장을 또박또박 세어드리며, "이 돈을 가장 아름답게 쓴 사람을 우리 손으로 뽑자!"고 너스레를 떨고 싶다. 그것을 투표나 토너먼트 방식으로 결정하는 것이 아니라, 사람들이 100만 원을 어떻게 멋지게 쓰는가를 요모조모 관찰하고, 그 모습을 모니터링하면서 다함께 수다를 떨다가 1등을 결정하는 데 매번 실패하는 그런 어이없는 프로그램을 만들어보고 싶다. 우리가 돈이 없기에, 아니 돈을 마음껏 쓸 수 있는 여유가 없기에 미뤄왔던 수많은 욕망의 목록을 마음껏 실험해보라고 불온하게 선동하고 싶다. 사람들의 소비의 축제가 너무 기상천외하여 도저히 챔피언을 선정할 수 없는 끝없는 수다전쟁을 치르고 싶다. 대신 100만 원을 단 하루에 써야 한다는 최소한의 규정만을 만들어놓고(시간제한이 없다면 100만 원은 대부분 생활비로 쓰일 것이 아니겠는가) 그 최소한의 규칙 속에서 사람들의 욕망이 마음껏 고삐 풀려 뛰놀게 하고 싶다.

화폐도, 사랑도, 시간도 우리는 수집하고 축적하고 결합하는 데만 관심이 있을 뿐, 그것들을 아름답게 가꿔나갈 수 있는 법을, 그것들을 상실하고 이별하고 소비하는 법을 고민할 여유가 없다. 생활비와 저축을 제외하고 나면, 화폐의 잉여가 전혀 없는 소시민적 삶의 비애. 왜 화폐는 낭비 아니면 저축밖에는 용처가 없는 것일까. 뿌듯한 저축처럼 유쾌한 탕진도 가능하지 않을까. 내가 가진 돈을 초라하게 느끼지 않고, 그것만으로 충분히 행복해질 수 있는 길을 찾을 수는 없을까. 사랑도 시간도 마찬가지다. 잘 만나는 법만 가르쳐줄 뿐, 잘 헤어지는 법을 가르치는 곳은 없다. 이별 이후 깨지는 것은 두 사람의 관계뿐 아니라 주변을 둘러싼 모든 인적 네트워크다. 상대방을 유혹하는 테크닉으로 점철된 '작업의 기술'만이 연애 관련 서적의 주요 메뉴이며, 사랑에 대한 철학적 탐구를 다룬 책들은 외면당하고, 이별을 견디고 극복하는 내공을 배울 수 있는 길은 철저히 개인에게 맡겨져 있다. 금욕을 초인적 인내로 견디는 것보다 욕망을 지혜롭게 실천하는 것이 더 절실한 삶의 기예가 아닐까. 왜 우리는 먼 미래에 행복해지기 위한 재테크 공식을 위해 지금 이 순간 철저히 금욕하는 길을 아무 의심 없이 선택하는 것일까. 10년 후, 20년 후, 노후가 아니라 바로 지금 이 순간 행복해지는 법을 가르치는 욕망의 경제학은 존재하지 않는 것일까.

지금 내 앞에는 빳빳한 만 원권 지폐가 놓여 있다. 어린 시절 만 원권 지폐는 설날 세뱃돈으로 받을 수 있는 어린이들의 황홀한 로또였다. 사실 우리 가슴속에는 저마다 만 원의 유토피아가 있다. 만 원으로 사랑하는 사람을 행복하게 해줄 수 있는 요리를 만들 수 있고, 만 원으로 온몸의 세포가 와글와글 함성을 지르도록 찜질방 데이트를 할 수도 있으며, 만 원으로 멋진 여행 서적을 구입하여 세계를 일주할 수도 있다. 대선정국으로 또다시 세상이 시끌벅적하다. 하지만 저토록 화려하게 난무하는 대선 후보들 중에서 '만 원으로 1,000가지 행복을 만드는 법'

을 알고 실천할 수 있는 후보가 있을까. 고사리 손으로 어버이날 선물을 고르는 일곱 살 소녀에게 만 원이 얼마나 절실한지, 버스에 지갑을 놓고 내려 당장 차비가 없을 때 다행히 주머니에 대충 구겨 넣었던 1,000원이 얼마나 절박한지, 만 원으로 장바구니를 가득 채울 수 있는 알뜰 주부의 지혜가 얼마나 위대한지, 전쟁 같은 야근을 마치고 돌아오는 길 포장마차에서 들이켜는 소주 한 병과 닭똥집의 맛이 얼마나 천국 같은지……. 만 원 한 장으로 이룰 수 있는 행복이, 만 원 한 장으로 웃게 만들 수 있는 얼굴이 얼마나 많은지, 그것을 진심으로 이해하는 후보가 있다면, 나는 그가 누구든 어떤 정당이든 그를 지지할 수 있을 것 같다. 지금 TV에서 저마다 대통령이 되겠다며 울부짖는 저 많은 후보들 중에서는 아직 그런 따스한 눈빛을 지닌 후보를 만나지 못했다.

참고서 신드롬

우리는 엄청 촌스러운 책의 표지를 가리기 위해 멋진 연예인의 화보나 어여쁜 순정만화의 주인공을 그린 그림을 이용해 각자의 총천연색 책 표지를 만들었다. 내용 또한 어찌나 따분하고 골치 아팠는지 공식이 등장할 때마다 암기하는 것은 물론이고, 사건의 연도와 지명을 달달 외우느라 시험 때마다 밤을 지새웠다. 그 책들은 다름 아닌 교과서였다. 우리는 답답한 교복만큼이나 천편일률적인 교과서를 무던히도 싫어했다. 교복을 벗어버리는 날, 우리는 흥미롭고 매력적인 다른 책들을 마음껏 읽을 수 있으리라 기대했다. 우리는 가정 교과서의 내용이 진정으로 실제 살림에 보탬이 되리라는 것을 믿을 수 없었고, 수학 교과서의 공식이 삶의 난제를 풀어나가는 데 도움이 되리라는 것을 믿을 수 없었다.

그러나 교과서의 진가는 모든 중간고사와 기말고사로부터 자유로워진 후 뒤늦게 발휘되었다. 스무 살 새내기 때, 선배들이 가르쳐준 새

로운 역사적 관점들은 '교과서와는 다른 진실'의 얼굴로 다가왔다. 새
내기의 눈과 귀를 매혹시키는 모든 새로운 진실들은 '교과서와 다르다
는 점'에서는 공통분모를 가지고 있었다. 또는 '교과서'라는 단어 자체
의 상징성도 흥미롭게 유통되고 있었다. '저 친구는 완전 교과서네'라
는 말은 그 친구의 단단한 '범생이' 기질을 가리키는 정확한 은유였다.
교과서는 그 내용이 훌륭하고 대단해서가 아니라, 교과서를 통해 배우
는 것들이 우리의 의사소통의 무의식적인 기준이 된다는 점에서, 교과
서야말로 동시대인이 공유하고 있는 상식의 구조를 오롯이 담고 있다
는 점에서 '멋진 책'이 될 수는 없을지라도 '꼭 필요한 책'임을 뒤늦게
깨닫게 되었다.

시대의 매뉴얼

　　요새 중·고등학생들은 교과서로부터 상대적으로 자유로워진 것
같다. 교과서에 나오는 내용이 예전보다 덜 중요해서가 아니라, 교과서
보다 훨씬 깔끔하고 세련된 편집과 다채로운 콘텐츠로 학생들을 유혹
하는 수많은 참고서와 문제집 때문이다. 이제 교과서의 권위를 다양한
참고서와 문제집이 대신하게 되었고, 학교와 선생님보다도 학원과 강
사에 더 의존하는 학생과 학부모들이 늘어나고 있다. 그러나 지금의
중·고등학생들이 과거의 나보다 행복해 보이지는 않는다. 교과서의
지식만으로 충분히 입시의 거센 풍랑을 헤치고 어른이 될 수 있었던 우
리에 비하면, 각종 참고서와 문제집의 늪을 건너야 하는 그들이 훨씬
더 힘들고 지쳐 보인다. 교과서에 얽매이는 교육은 지루하겠지만 교과

서조차 없는 교육의 혼란은 더 끔찍한 것이 아닐까. 어쩐지 교과서의
권위가 사라진 교육 현장은 달콤한 자유로 넘실거리는 것이 아니라, 매
뉴얼 없는 기계처럼 혼란스럽고 허전해 보인다. 새삼 촌스러운 옛 교과
서의 나달나달하게 닳은 책장의 촉감이 그리워진다.

불편하지만 절박한 동거

훌륭한 책 프로그램을 갈망하면서도 가끔 의심스럽다. TV와 책은 근원적으로 상극의 미디어가 아닐까. 비주얼과 사운드로 승부하는 TV 텍스트 vs 자음과 모음으로만 이루어진 활자 텍스트. 둘은 서로 전혀 다른 질료로 세상을 향해 말을 건다. 조용한 묵독, 저자와 독자와의 완전한 일 대 일의 만남을 가정하는 책. 그리고 화려한 스펙터클과 생생한 사운드를 무기로 날이 갈수록 격심한 시청률 경쟁의 전쟁터가 되어가는 TV. 어쩌면 다매체시대의 격렬한 시청률 토너먼트 속에서 책 프로그램을 방영한다는 것 자체가 모험이고 투쟁일 것이다. 〈낭독의 발견〉이나 〈TV, 책을 말하다〉가 심야 시간대로 밀려나면서도 장수 프로그램으로 마니아들을 감싸 안는 모습은 그래서 그 자체로 소중한 의미가 있다. 책 프로그램을 전문적으로 생산하는 독립적인 방송국이 생기지 않는 한, 이런 장수 프로그램들을 매 개편 때마다 지켜내는 것은 일종의 문

화적 DMZ를 사수하는 일일지도 모른다. 수준 높은 독서 프로그램의
존재는 그 나라의 문화적 수준을 점치는 정확한 바로미터 중 하나다.
아직은 멀고 험한 길이 아닐 수 없다.

소리의 질감으로만 만나는 책

최근 방송 중에는 〈보이는 라디오, 책 읽는 사람들〉이라는 라디오
프로그램이 인상적이었다. 특별한 극적 요소 없이 조용히 책의 중요한
대목을 낭송해주는 아나운서의 목소리가 청취자의 소박한 호기심을 자
극한다. 책에 대해 왈가왈부하기보다는 책 자체를 무념무상의 분위기
로 '낭독' 해주는 프로그램은 그 어떤 책 광고보다도 호소력 있었다. 비
주얼을 삭제하고 소리의 질감으로만 만나는 책은 보다 정겹고 보다 따
스한 정서로 다가왔다. 라디오의 장점은 MC의 외모와 표정, 세트의 비
주얼에 일희일비하지 않고 책의 내용에 집중하게 해준다는 점이다. 때
로 비주얼은 사운드를 속이고 사운드는 콘텐츠를 속인다. 화려한 비주
얼로 승부하는 댄스 가수는 립싱크로 허점을 가리고, 〈오페라의 유령〉
에서 유령의 아름다운 목소리는 유령처럼 떠돌던 그의 슬픈 영혼을 위
장했다. 하지만 '낭독' 은 콘텐츠를 위장하기보다는 콘텐츠를 증폭시킨
다. 평범하기 이를 데 없는 이 세상 모든 엄마 아빠들의 목소리는 동화
책을 '듣는' 것이 '읽는' 것보다 훨씬 행복하다는 것을 온 세상 어린이
들에게 증명해준다.

TV에서 방영되는 책 프로그램의 문제점 중 하나는 '요약형 정보'
로서의 책 소개를 지향하는 경우다. 읽기도 전에 책의 정보를 지나치게

'스포일링' 하는 책 프로그램은 독자의 상상력에는 장애물이다. 이 세상 어떤 책도 완벽하게 요약될 수는 없다. 요약은 진정한 독서의 과정을 삭제하는 독서의 '적'일 때가 많다. 행복한 독서는 독자와 저자가 행간의 여백 속에서 정해진 러닝 타임 없이 자유롭게 뛰놀 수 있을 때 가능한 것이 아닐까. 한 책에 대한 장점과 단점을 지나치게 양극화하여 소개하는 책 프로그램도 문제 있다. 책을 읽기도 전에 책에 대한 지나친 선입견을 심어주기 때문이다. 책에 대해 필요 이상으로 '자세하게 (친절하게)' 소개해주는 프로그램도 지양해야 한다. 미처 읽기도 전에 책의 장단점을 속속들이 후벼 파는 프로그램은 책에 대한 '자신만의' 시각을 생성하는 데 방해물이 된다. 베스트셀러 중심의 독서문화를 부추기는 프로그램도 당연히 위험하다. '느낌표 선정 도서'라는 레테르가 그 책의 질을 보장하지는 않지만, 미디어의 권력은 실로 막강했다. 가장 위험한 책 프로그램은 책을 읽기도 전에 그 방송만 봐도 책을 다 읽은 듯한 '착시'를 선물해주는 방송이다. 아무리 훌륭한 책 프로그램이라도 책의 내용을 지나치게 속속들이 '재현'한다면, 독서의 '과정'을 시뮬레이션하여 진정한 독서 체험의 현장성을 반감시키기 쉽다. 책에 '대한' 그 어떤 리뷰도 책을 읽는 과정을 대체할 수는 없다.

세상과 독자의 '맞짱'

서평 원고를 청탁받을 때 가장 곤혹스러운 경우는 리뷰의 방향성을 미리 지시받을 때다. 특히 '책을 비판하라'는 편집자의 요구가 가장 고통스럽다. 아직 책을 읽지 않은 잠재적 독자들에게 책에 대한 냉정한 가치 판단을 주입한다는 것이 독서를 방해하는 일이 아닐까. 볼테르는 "아무리 유익한 책이라도 그 가치의 절반은 독자가 창조한다"고 선언했다. 시간이 흐를수록 독자가 창조하는 책의 가치는 급증하고 있다. 리뷰가 독자와 저자 사이에 다리를 놓는 메신저라면, 험담과 비판으로 얼룩진 다리보다는 되도록 아름답고 튼튼한 다리가 낫지 않을까. 내가 읽었던 좋은 서평들은 모두 책을 '비판'하기보다는 다른 사람들이 미처 발견하지 못한 그 책의 '잠재력'을 최대한 증폭시키는 글이었다. 눈에 불을 켜고 장점을 찾아내려 애를 써도 결코 좋다고 할 수 없는 책도 물론 있다. 그런 책에 대한 가장 강력한 비판은 '침묵'일 것이다.

뭐니 뭐니 해도 책 소개 프로그램에서 가장 중요한 것은 '누가' 프로그램을 진행하는가이다. 그가 대본대로 내용을 줄줄 암기하는 로봇 MC인지, 몇 장만 읽고 완독한 양 뛰어난 연기를 펼치는 구라쟁이 MC인지, 진정 꾸밈없이 책을 완독하고 자신의 생각을 말하는 창조적 MC인지 시청자들은 귀신같이 식별할 수 있다. 그런 면에서 내가 기억하는 가장 유능한 책 소개 프로그램 아나운서는 〈행복한 책읽기〉를 진행했던 고(故) 정은임이었다. 그녀의 재능은 무엇보다도 책에 대한 순정한 '몰입'이었다. 매 방송마다 적어도 6권 이상의 책을 소개하면서도 그녀의 표정은 매번 소개하는 그 책에, 그 순간에 완전히 몰입되어 있었다. 그 순간만은 이 세상에 그 책과 그녀밖에 존재하지 않는 듯 그녀는 책과 일 대 일로 만났고, 시청자 한 사람 한 사람과 일 대 일이고자 했다. 책을 이해하고 해석하는 지성과 감수성은 두 번째 재능이다. 책이라는 매체를 진심으로 사랑하지 않고서는 나올 수 없는 태도였다. 그녀는 책을 미디어로 하여 세상과 독자가 일 대 일로 맞장 뜨는 것이 바로 독서임을 증명해주었다.

일찍이 폴 오스터는 책과 독자 사이의 일 대 일의 관계를 《월드가이드》와의 인터뷰에서 다음과 같이 묘사한 적 있다. "'문학'이 가진 흥미로운 점 하나는, 예를 들어 영화와 비교했을 때, 언제나 단 한 사람이 단 한 권의 책과 조우한다는 것이죠. 즉 항상 일 대 일이라는 것입니다. 내가 그 작가이고, 당신이 그 독자이고. 그렇게 해서 우리는 어느 한 페이지 위에서 만나게 됩니다. 우리가 만나는 그곳이, 내 생각에는 인간의 의식들이 만날 수 있는 가장 친밀하고 은밀한 장소입니다. 자신이 모르는 이방인의 의식 속으로 잠입해 우리 인간의 공통적 휴머니티를 발견하는 순간은 오로지 그때뿐입니다. 그래서 문학은 절대로 죽을 수 없는 것이죠." 폴 오스터가 말하는 '문학'을 '책'으로 바꾸어도 무리는 없을 것이다. 독서는 저자와 독자, 아니 '나'와 '책'이 독대(獨對)하는, 세상에서 가장 은밀한 밀월여행이다.

III. Anti-**Story**

작두 탄 구라의 향연

최근 한국소설의 유머는 심상치 않은 지각변동을 시작하고 있는 것 같다. 눈길을 사로잡은 작가는 이기호였다. 이기호식 유머의 키워드는 친밀성이다. 그의 유머는 흔히 구어체적 현장성에서 발원한다. 그는 '독자와 작가 사이의 거리감'을 '이야기꾼과 듣는 사람의 온기'로 극복한다. 그의 문체는 강한 구어성을 지니고 있기에, 독자는 머릿속에서나마 묵독의 폐쇄성을 지우며 사람들을 한가득 모아놓고 걸쭉한 입담을 늘어놓는 이야기꾼의 과장된 몸짓과 신명난 목소리를 상상하게 된다. 《갈팡질팡하다가 내 이럴 줄 알았지》는 이기호식 유머의 에너지를 명쾌하게 보여준다. 의도와 목적과 진심을 매번 배반하는 시트콤적 상황의 무한 연쇄들. 이기호의 인물들은 우연의 퍼레이드에 온몸을 맡긴 채기꺼이 '하느님의 코미디 채널'이 될 수밖에 없다. 이기호는 작품에서 '독자의 상상력'을 유난히 강조한다. 옛날 옛적 입담 좋은 약장수들은 온갖 구라를 치며 "애들은 저리 가!"라고 외쳤지만, 우리 시대의 새로운 약장수 이기호는 "꼰대들은 저리 가!" 혹은 "애들만 이리 와!"라고 외치는 듯하다. 여기서 어른들과 애들을 가르는 기준은 '상상력'이다. 이 대목에서 상상력을 바쁜 일상에 저당 잡힌 어른들은 주눅 들기 쉽다. 그러나 그 상상력의 울타리가 그리 높지 않다는 것에 이기호식 유머의 '친밀성'이 자리한다. 이기호의 소설을 읽다 보면 좀처럼 걷지 않던 후미진 샛길을 문득 걸어보고, 평소에는 서먹한 사람에게 실없는 농담을 훌쩍 건네는 것만으로도, 우리는 상상력의 코마 상태를 벗어날 수 있을 것만 같다.

우연의 퍼레이드

박민규 소설의 독자는 가끔 자신의 '조로'를 의심하게 된다. 박민규의 주인공들은 아이 어른 할 것 없이 대책 없는 유아적 순수로 물들어 있기 때문이다. 그의 소설 앞에서 우리는 매번 '너무 닳고 닳은 어른들'이 되어버린다. 읽을 때는 키득거리지만 읽고 나면 문득 길들여진 자신의 일상이 부끄러워지는 것. 그것이 박민규식 유머의 빛깔이다. 《핑퐁》의 왕따 소년은 이렇게 말한다. "다음엔 못으로 태어나게 해주세요. 못이라면 일생에 한 번만 맞으면 그만일 테니까." 그의 유머는 동화적 무구함과 아릿한 슬픔에 물들어 있다.

그러나 이 유아적 순수에는 왕따 아닌 모든 인간을 향한 서늘한 저주가 묻어 있다. 핼리혜성이 지구에 충돌해주기를 기다리는 사람들의 모임, 그곳에 드나들며 왕따 소년은 교실에서만 '다수결로 묵인되는 왕따'가 자행되는 것이 아님을 배운다. "인류라는 인스톨을 유지할 것인가, 언인스톨할 것인가. 결정은 승자의 몫이란다." 이 중차대한 인류의 운명을 왕따 소년에게 맡기는 것이야말로 박민규식 유머의 메커니즘이다. 이런 설정은 단순한 유아적 상상력이 아니라 인류가 내팽개친, 인류가 '깜박'한 존재들의 필연적 복수혈전처럼 느껴진다. 박민규의 유머는 정서와 문체 사이, 욕망과 표현 사이의 미묘한 거리감에서 탄생한다. 그의 작품 표면에 드러난 유머가 빙산의 1퍼센트라면, 독자는 보이지 않는 99퍼센트의 빙산, 그 거대한 스케일의 고독과 슬픔의 복화술을 읽어낸다. 그의 유머는 일단 독자를 웃겨놓은 다음 그 웃음을 애도하게 만드는 성찰적 유머다. 상큼한 유머 뒤에 드리운 짙은 비애의 그림자를 상상하게 만드는 것이다.

아마 한국 독자들에게 가장 낯선 유머는 박형서식 유머일 것이다. 《자정의 픽션》에 실린 〈'사랑 손님과 어머니'의 음란성 연구〉는 박형서식 유머의 코드를 유감없이 드러낸다. 엄격한 먹물적 수사학을 노골적으로 조롱하면서도 능란하게 이용히는 이중적 대도가 유쾌, 상쾌, 통쾌하다. 화자는 선행 연구에 대한 분노를 무시무시한 공격적 수사학으로 과격하게 표현하는가 하면("그는 가금류의 뇌를 가진 비평가이며 문장은 흑사병 수준이라 별로 언급하고 싶지 않다"), 리처드 도킨스의 《이기적 유전자》를 리카르도 호킨스의 《못된 유전자》라는 식으로 패러디하기도 한다.

수많은 탁상공론에 맞서는 더 많은 탁상공론을 조롱하는 이 작품은 어디에서도 통과될 수 없는 '논문'이지만 더없이 이지적인 블랙 유머로 가득한 흥미 만점의 '소설'이다. "필자와 같이 잘난 연구자"가

"요새 좀 바쁘긴 하지만" 써낸 이 장대한 스케일의 논문은 기상천외한 아이디어로 범람한다. '닭알'을 '불알'과 동격에 놓은 다음, 〈사랑 손님과 어머니〉에 수십 번 등장하는 달걀의 상징을 해석하기 위해, "남근 중심적 사고에서 벗어나 불알 중심적 사고로 옮겨가야 한다"는 식이다. 이렇듯 천연덕스레 자신의 '독창적' 학설을 읊어대는 능청이 배꼽을 잡는다.

'독창적' 학설을 읊어대는 능청

이 모든 잡설·요설·독설들이 논문의 테마를 요리하는 데 꽤나 '논리적으로' 복무한 나머지, 독자들은 깜빡 혹은 기꺼이 이 '논문'에 자발적으로 속아 넘어가고 싶다. 이 논문의 핵심 가설은 옥희가 여섯 살이 아니라 가임기의 "처녀애"이며, 아저씨와 옥희의 성교로 인해 질투에 눈먼 어머니가 아저씨를 내쫓는다는 것이다. 결국 외할머니-어머니-옥희는 "음란삼각편대"이며, 옥희의 집은 "한 남성을 두고 아귀다툼을 하는 매음굴"이다. 박형서는 우리가 가장 도전하기 어려운 습속과 제도와 상식들을 한낱 유희의 장난감으로 만듦으로써 사소함과 중요함이 서로 전복된 '픽션 언리미티드'의 세계를 창조한다. 모든 진정성의 강박이 사라진 세계, 진실은 몽둥이와 발길질과 전기고문으로 조작되는 세계, 존재와 고통, 사랑 따위는 "시시하기 짝이 없는 것들"이 되어버리는 세계. 여기서 박형서적 그로테스크 유머가 탄생한다.

그의 소설을 읽다 보면 악동적 기괴함이 가득한 문체에 강력한 거부감이 들면서도 이상하게 그 '싹수와 재수가 동시에 외출한', 잘난 척하는 말투를 모방하고 싶어진다. 그의 주인공들은 메피스토펠레스의 이지적인 악마성과 〈사탄의 인형〉의 주인공인 처키의 악동적·요괴적 이미지가 교차하는 캐릭터들이다. 박형서 유머의 핵심은 갈 데까지 간다는 것, 한없이 막 나간다는 것이다. 끝간 데 없는 기괴한 허구의 파노라마가 박형서식 유머를 수놓는다. 그의 소설은 인과성의 제어로부터 완전히 탈주한 작두 탄 구라의 향연이다. 게다가 그는 한없이 투명에 가까운 유머를 구사한다. 자신의 두뇌 속 주름 하나하나까지도 독자들에게 거의 MRI 촬영의 해상도로 보여주는 뻔뻔함이 그의 매력이다.

최근의 단편소설 중에는 김중혁의 〈유리방패〉가 새로운 유머의 경지를 보여준다. 김중혁은 읽는 이를 공격적 웃음의 수혜자로 만들지 않는다. 그는 등장인물의 천진함 앞에 독자를 뼛속 깊이 무장 해제시킨다. 그의 유머는 공격성도 방어성도 없으며, 질긴 생의 링 밖으로 잠시 뛰쳐나와 마음의 모든 매듭을 잠시나마 풀고, 소설 속 주인공들과 소주 한잔 나누고 싶어지는 '비움'의 유머다.

그러나 앞의 작가들의 진정한 공통분모는 '상상력'이지 유머 코드는 아니다. 그들의 발랄한 상상력이 독자의 영혼에 유쾌하게 물들 때, 거기서 유머라는 스파클이 발생하는 것뿐이다. 상상력이 뜻하지 않게 유머를 낳을 수는 있지만, 유머가 상상력을 낳을 수는 없다. 그 어떤 마음의 파문도 일으키지 않는 말초적 유머는 가독성의 도구로 전락할 뿐이다. 유머의 첫맛과 뒷맛이 일치하는 유머는 독자의 상상력을 간질이지 못한다. 복잡 미묘한 뒷맛을 남기는 유머, 짠하고도 애잔한 뒷맛을 남기는 유머는 언제나 감동의 원천기술이다(그래서 나는 아직도 박완서의 걸쭉하고도 새침한 구식 유머가 좋다). 문학의 유머는 〈개그콘서트〉나

〈웃음을 찾는 사람들〉과 경쟁하는 것이 아니라, 세상의 모든 지식과 세상의 모든 역사와 세상의 모든 억압과 경쟁한다. 문학적 유머의 원천기술은 의미를 삭제한 쾌락이 아니라, 의미와 질펀하게 놀아나는 예술과 지성과 상상력의 비빔밥이다.

오르한 파묵의
스토리 파라다이스

작가 하면 곧바로 떠오르는 영상은 어둑한 골방의 이미지다. 독방에 자기만의 세계를 구축한 채 안으로, 안으로 침잠하는 고독한 예술가. 몇년 전 열린 서울국제문학 포럼에서 전 세계 작가들의 다양한 목소리를 직접 들을 수 있었다. 그런데 그들을 한자리에 모아놓고 보니, 그들이 모여 발산하는 이미지의 덩어리는 오히려 '고독한 전사'에 가까웠다. 특히 감동적인 강연을 들려주었던 오에 겐자부로, 응구기 와 시옹오, 조은 등은 더더욱 그랬다. 오에 겐자부로는 조국의 헌법에 새겨진 참혹한 역사의 문신과 싸우고 있었고, 응구기 와 시옹오는 영어를 중심으로 구축된 언어제국주의와, 조은은 가족의 삶에 뿌리박은 기억의 흔적과 투쟁하고 있었다. 그들은 저마다 절실한 싸움의 기억으로 스스로의 몸을 자발적으로 결박한 사람들처럼 보였다. 그렇게 스스로를 싸움의 필연으로 칭칭 휘감아야만 오히려 한껏 자유로울 수 있는 이들. 노벨 문

학상 수상자인 오르한 파묵 역시 그런 문학의 정치성을 작품 깊이 끌어
안는 작가 중 한 사람이었다.

오르한 파묵의 젊은 시절을 압축하는 세 가지 키워드는 미술, 건
축, 저널리즘이다. 그는 1952년 이스탄불에서 태어나 부유한 대가족의
품 안에서 넉넉한 어린 시절을 보냈다. 그는 화가와 동시에 건축가를
지망하여 이스탄불 공과대학에서 건축을 전공했다. 이후 저널리즘으로
전공을 바꾸었지만 저널리스트로 활동한 적은 없다. 젊은 시절의 방황
에서 그는 이미지와 공간의 창조에 대한 열정을 글쓰기의 열정으로 전
환했고, 스물세 살에 전업작가의 길로 접어들었다. 그는 1982년 《제브
데트 씨와 아들들》로 등단했고, 처녀작으로 곧바로 터키의 대표적 문
학상인 오르한 케말 소설상을 수상했다. 이후 《고요한 집》, 《하얀 성》,
《새로운 인생》 등이 잇따라 작품성과 대중성을 동시에 인정받으며 세
계적인 작가의 명성을 쌓게 되었다. 그의 대표작 《내 이름은 빨강》은
40여 개 국어로 번역되었으며, 그는 마다랄르 소설상, 프랑스 최우수
외국문학상, 더블린 문학상 등을 수상하기도 했다.

우리는 유라시안이다

1990년대 중반부터 오르한 파묵은 터키 정부에 대한 비판적 입장
을 투명하게 보여주었다. 그는 아르메니아인과 쿠르드인 대학살을 폭
로하는 발언으로 국가모독죄로 기소되어 6년형을 받을 위기에 처해 있
었다. 곧 그의 일거수일투족은 국내외 언론의 핫이슈가 되었고, 그를
구명하고자 전 세계 문인들이 터키 정부에 항의 서한을 보냈다. 오르한

파묵의 유명세 덕분에 터키의 열악한 인권과 표현의 자유가 전 세계에 알려졌다. 터키는 역사적으로 예술가들에게 가장 위험한 나라로 악명 높았다. 예술가뿐 아니라 언론인, 출판인들은 걸핏하면 기소와 협박, 테러와 암살에 시달려왔다. 오르한 파묵은 복잡한 정치·외교적 갈등의 한복판에서 터키 정부의 압력과 전 세계 문인들의 지지를 동시에 받았다. 터키 정부는 '유럽연합 가입의 욕망'과 '터키적 정체성' 사이의 갈림길에서 갈등했다. 오르한 파묵으로 인해 터키는 일약 세계 인권 지수의 바로미터가 된 셈이다.

그러나 누가 뭐래도 그의 작품세계의 토양은 이스탄불, 그리고 터키였다. 터키인들은 "터키는 유럽인가 아시아인가"라는 질문에 "우리는 유라시안(Eurasian)"이라고 답한다. 이곳에도 저곳에도 완전히 편입될 수 없는 유동성, 동양과 서양, 근대와 반근대, 이 모든 것이 격렬한 비동시성의 동시성으로 충돌하는 곳이 바로 터키였다. 오르한 파묵의 《하얀 성》에서는 서구에 대한 터키인들의 양가감정이 느껴진다. 터키인에게도 동아시아인들이 겪었던 혼돈, 즉 외발적 근대나 모방적 근대에 대한 매혹과 공포가 동시에 느껴진다. 너무나 두려운, 그러나 닮고 싶은 타자, 즉 '서양'에 대한 매혹과 공포의 양가감정. "어쩌면 몰락이란 다른 사람들의 우월성을 보고, 그들을 닮으려고 하는 것을 의미하는지도 모른다." "그곳에서는 다들 그렇게 행복하게 살아?"라고 묻는 터키인의 질문은 옥시덴탈리즘의 핵심을 포착하고 있다. 지금-여기(동양)는 불만족스럽고 저곳(서양)은 샹그리라일 것이라는 달콤한 환상. 사상적으로 서구를 지향하지만 터키의 예술적 전통에 무한한 애정을 보이는 오르한 파묵의 작품세계 또한 이 문화적 카오스 속에서 태어났다. 그는 방문교수로 3년 동안 뉴욕에 체류한 기간을 제외하고는 쭉 이스탄불에서만 살았다. 칸트가 평생 자신의 좁은 동네 속에서 우주를 보았던 것처럼, 오르한 파묵에게는 이스탄불이 집이자 세계이고 우주였던 듯하다. 그는 이스탄불이라는 도시의 중첩성, 유라시안이라는 특수성의 프리즘을 통해 세계 전체를 투시한다.

《하얀 성》에서 서구를 지향하는 지식인 호자는 "매일 아침 떠오르는 태양은 새로운 태양인가, 아니면 간밤에 진 태양이 뒷길을 돌아 아침에 다른 쪽에서 다시 머리를 내미는 것인가"라는 식의 코믹한 테마를 논의하는 터키인들을 한껏 비웃는다. 그러나 이러한 '전근대적' 질문들이 오히려 원시성에 대한 향수를 충동질한다. 비밀과 상징과 은유로 가득한 세계, 문명화된 인류가 잃어버린 동화적 상상력. 오르한 파묵이 그토록 사랑하는 이스탄불의 전통회화는 어쩌면 잃어버린 인간의 상상력의 DMZ, 순수의 DMZ일지도 모른다. 《하얀 성》은 서양인과 동양인의 자리를 맞바꿈으로써 정체성 개념을 교란시킨다. 기독교인의 에고이즘과 나르시시즘이 폭로되는 것만큼 터키인들의 보수성과 종족주의도 섬뜩하게 폭로된다.

《하얀 성》에서 '나(노예)'와 '그(주인)'의 관계는 동양과 서양의 관계를 닮았다. 그들은 서로를 통해서만 자기 자신일 수 있다는 점에서, 양쪽 모두 정신적 노예상태에서 헤어나지 못한다. 이 두 사람이 '오즉여 여즉오(吾則汝 汝則吾)'의 경지에 이르는 파란만장한 과정이 《하얀 성》의 내러티브다. 《내 이름은 빨강》은 오르한 파묵의 회화적·건축적 감수성이 유감없이 드러나는 작품이다. 그는 회화를 문자처럼 읽어내며 문자를 회화처럼 그려내는 재능을 발휘한다. 시체, 살인자, 용의자는 물론 늙은 개, 금화, 나무에게까지도 기꺼이 '이야기꾼'의 마이크를 넘겨주는 입체적 시점은 그의 건축학적 감수성을 구현한다. 그는 시각적 이미지를 문자로 실현함으로써 언어의 한계를 넘어서고, 입체적 시점을 이용하여 신의 시선으로 인간을 내려다보는 전지적 시점의 한계를 돌파한다.

오르한 파묵의 작품세계는 결국 '나는 누구인가'에 대한 다채로운 화답의 콜라주로 압축될 수 있다. 푸코는 어떤 인터뷰에서 난데없이 짜증을 부린 적이 있다고 한다. "당신은 누구인가 등으로 나에게 질문하지 말아주십시오. 언제나 똑같은 채로 있으라는 식으로 질문하지 말아 달란 말입니다." 오르한 파묵 역시 이렇게 호소한다. "부디 내게 서양인이 되라, 동양인이 되라 주문하지 말라." 그것은 "나는, 너는 누구인가"라는 질문으로 '아'와 '적'을 가르지 말라는 말이기도 하며, 'Who are you?'라는 질문 자체에 녹아 있는 정치적인 폭력성을 겨냥하는 말이기도 하다. 《하얀 성》의 주인공 '나'는 나를 나이게 하는 모든 얽매임으로부터 사유를 꿈꾼다. 나를 평생 동안 '나답게'만 살아달라 주문하는 정체성의 그물이야말로 폭력이며, 모두이면서도 그 누구도 아닐 수 있는 자유야말로 작가의 생명일 것이다.

이야기의 힘으로 자본주의를 벌벌 떨게 하라!

오르한 파묵의 30년 작품 활동의 에너지는 이야기꾼의 운명에 대한 사랑인 듯하다. 먼 데서 온 낯선 자의 낮은 목소리, 이야기꾼의 따스한 재담에 귀를 기울일 때, 생의 암흑은 수천 가지 빛깔로 물든다. 오르한 파묵의 의뭉스런 이야기꾼의 재능은 그가 '시간'을 부리는 감각에서 날카롭게 드러난다. 특별한 '사건'이 일어나지 않았는데 5년, 30년이 훌쩍 지나가는 듯한 그의 붓놀림은 시간의 울퉁불퉁한 이음새를 스리슬쩍 땜질하는 마술적 내공을 보여준다. 《하얀 성》에서 주인공은 '살기 위해서 이야기를 꾸며내다' 보니 어느 순간 자기도 모르게 '이야기를 쓰기 위해 살아남았음'을 깨닫는다. 결코 돌아갈 수 없는 추억의 기록은 형벌이기도 하지만, 그는 그렇게 '자신의 이야기'를 터키인에게 들려줌으로써 노예의 시간을 견딘다. 마침내 그 이야기의 기록을 통해 나를 나이게 하는 정체성의 그물들, 타인에게서 영원히 잊힐 것만 같은 망각의 공포에서 벗어난다. '그(터키인)'가 '나(서양인)'가 되어 내 모든 것을 앗아가자 '나'는 그 극한의 상실감으로부터 오히려 무한한 자유를 누린다. 가장 사랑하는 것들에 대한 집착을 묵묵히 놓아줌으로써 그는 노예의 감옥에서 벗어날 수 있었다.

이야기에 대한 오르한 파묵의 무구한 사랑을 엿보다 보면, 스스로는 어떤 구원도 기대하지 않으면서 '이야기'를 통해 세계를 구원하려는 자, 그가 바로 작가가 아닐까 하는 생각이 든다. 그의 소설은 이야기 한 편을 통해 타인의 인생 전체를 다 살아낸 듯한 장쾌하면서도 처연한 랑데부를 선물해준다. 그는 이야기가 주는 무구한 기쁨 앞에 매번 무장해제되는 인간의 본성을 남김없이 이용할 줄 안다. 《하얀 성》에서 터키 함대의 포로로 잡힌 '나'를 수십 년 동안 버틸 수 있게 만든 것, 그리고 좀처럼 곁을 내주지 않는 만만치 않은 제왕 파디샤의 마음을 열게 한 것도 그의 '이야기' 힘이었다. 이야기가 품고 있는 해방의 에너지. 그것은 포획하고 축적하는 힘이 아니라, 모든 것을 세상 밖으로 놓아줌으로써 존재의 사슬을 푸는 '버림'의 에너지다.

《하얀 성》의 주인공이 파디샤에게 바치는 마지막 책은 "자신들에 대해 전혀 생각하지 않고, 자신들이 누구라는 것을 전혀 모르기 때문에 행복한 영양과 참새에 대해 언급하는" 책이었다. 거울을 볼 필요가 없는 세상, 내가 누구인가를 묻지 않아도 되는 삶. '나=그'의 방황의 종착역은 오직 이야기를 창조하고 향유하고 소통하는 일에 모든 에너지를 쏟아 붓는 행복한 '스토리토피아'다. 그는 동서양 할 것 없이 세헤라자데의 달콤한 요설 앞에서는 여지없이 무장 해제당하는 인간의 욕망, 이야기를 향한 무한한 조갈증을 말하고 싶은 것이 아닐까. 《하얀 성》의 주인공은 이야기의 '의미'가 아니라 이야기를 즐기는 삶을 누리며 행복한 말년을 보낸다. 어쩌면 오르한 파묵이 복화술로 보내고 있는 메시지는 이런 것일지도 모른다. 전 세계의 작가들이여! 이야기의 힘 앞에서 전 세계의 민족주의를, 자본주의를, 벌벌 떨게 하라! 오르한 파묵은 오늘도 이야기 '로써' 다른 무엇을 획득하고자 하는 삶이 아니라, 이야기 자체를 살아내며 이야기에 취해 이야기 속으로 저물어가는 삶을 꿈꾸고 있다.

안티 – 신파,
안티 – 이념,
그리하여 안티 – 서사로

21세기에도 신파는 무한 반복된다. 죽은 딸의 휴대전화에 녹음되어 있는 자동응답 인사말을 듣는 아버지가 광고 모델이 되고, 그의 개별적 슬픔은 네티즌의 무한 댓글 릴레이의 대상이 된다. TV 드라마와 영화에서는 1970년대식 멜로물의 무한 변주가 끊이지 않으며, 대중가요도 젖은 감성의 발라드를 무한 리필한다. 신파의 본질은 자기의 서사를 향한 연민이다. 신파는 타인의 삶을 매개로 자신의 삶을 애도하는 의식(儀式)이다. 신파의 효용은 현재의 고통을 회피하는 데 있다. 언뜻 신파는 관객(독자)이 타인(주인공)의 고통을 대신 아파해줌으로써 슬픔을 투명하게 표출하는 듯이 보인다. 그러나 정작 신파는 고통의 형식을 과장하되 고통의 내용을 은폐하는 행위다. 우리는 고통이 할퀴고 간 존재의 폐허를 드러내는 데는 너그러운 반면, 고통의 기원을 더듬거나 고통의 심연을 응시하는 데는 인색하다. 고통의 중핵과 맨얼굴로 독대하기 위해서는 순수한 용기나 순수한 절망이 필요하기 때문이다. 그런 의미에서 신파는 고통을 연기(演技)함으로써 고통의 기원을 감추는 대중의 자기 기만술이다. 신파로 인해 우리는 정직하게 슬퍼하는 법을 망각하는 것이 아닐까. 감정이입이라는 아름다운 자기 기만술은 고통을 제대로 앓는 용기, 철저히 고립되어야 얻을 수 있는 자유를 앗아가는 것은 아닐까.

자기개발, 또 하나의 자폐증

천명관의《유쾌한 하녀 마리사》의 인물들은 고통의 소통 불가능성을 소름끼치도록 투명하게 인지하고 있다. 그들은 신파가 고통을 숙주로 하여 고통의 내용을 타자화시키는 무의식의 전략임을 '몸으로' 안다. 신파는 고통의 이미지를 현시하면서 고통의 기원을 회피한다. 우리는 미디어를 통해 편집된 타인의 고통을 향해 한바탕 시원하게 울고 나면 순간적으로 영혼이 정화되는 듯한 쾌감을 느낀다. 그러나 그것은 순간적 착시다. 타인의 고통을 관음하며 감정이입의 눈물을 흘리더라도 우리 자신의 고통을 분석하는 눈은 전혀 깊어지지 않는다. 신파는 나보다 더 아픈 자의 눈물을 보며 느끼는 소시민적 안도감과 쉽게 연대한다.

천명관의 소설은 우리 시대의 새로운 소시민적 영웅상, 즉 UCC나 블로거 뉴스의 미담을 통해 현장 캡처되는 휴머니즘의 이미지와 절연한다. 그는 가장 순수해 보이는 존재에게서 가장 세속적인 욕망과 충동을 끌어내며, 가장 세속적으로 보이는 존재에게서 영혼의 턱없는 순수를 끌어낸다. 무엇보다도 천명관은 인물을 꼼꼼히 '읽지' 않고 인물을 철저히 방목(放牧)한다. 다만 소설 속 인물을 자신이 만든 텍스트 공간 속에서 '놀게' 한다. 그는 관념 속에서 인물의 행동반경을 그리는 것이 아니다. 그는 텍스트 속에 옴짝달싹할 수 없는 한계 상황을 만들어놓고 인물들을 그 낭떠러지로 슬쩍 밀어 끝내 추락하게 내버려둔다. 그들은 애면글면 절망을 견뎌내지 않고 위대하게 몰락하고 표독스럽게 고통을 떠벌린다. 그는 인간을 움직이는 힘은 낭만적 신파나 계몽적 이념이 아니라 처절한 리비도 그 자체일 뿐임을 신명나게 긍정한다. 그리하여 그의 안티 – 신파는 안티 – 이념을 향해 질주한다.

서정과 계몽을 거부하는 인물들을 바라보는 작가의 시선은 쿠엔틴 타란티노(《펄프 픽션》)의 블랙 유머나 가이 리치(《스내치》)의 슬랩스틱 코미디, 데이비드 핀처(《파이트 클럽》)의 공격적 허무를 연상시킨다. 《유쾌한 하녀 마리사》를 연주하는 작가 천명관은 우리의 규범적 언어가 서사를 지배하게 내버려두지 않는다. 그는 언어적 관습이 서사를 매너리즘에 빠뜨리기 전에 날것의 욕망이 제멋대로 서사를 휘두르도록 내버려둔다. 그에게 언어보다 선험적인 것은 이미지이며, 이미지를 움직이는 힘은 육체 안에 갇힌 욕망이다.

그러나 천명관의 서사는 무개념의 탈이데올로기로 치닫지 않는다. 천명관이 그려낸 우리 시대의 '전혀 불쌍하지 않은 루저들'은 최첨단의 자본주의 사회가 만들어낸 역사의 분비물들이다. "우린 필요도 없는 고급차나 비싼 옷을 사겠다고 개처럼 일한다." "우린 목적을 상실한 역사의 고아다. 제2차 세계대전도 공황도 겪지 않았지만, 대신 정신적 공황에 고통받고 있다. TV를 통해 우리는 누구나 백만장자나 스타가 될 수 있다고 착각했다. 그게 환상임을 깨달았을 때 우린 분노할 수밖에 없었다." "자기 개발은 자위행위에 불과하다. 어쩌면 자기 파괴만이 삶의 해답일지 모르겠다."

(영화 〈파이트 클럽〉 중에서)

생성의 문학

그래서 어쩌란 말인가, 독자는 물을 것이다. 천명관의 에너지는 "답은 이거야"라고 말하지 않는 것, 독자로 하여금 낭만적 감정이입이 아닌 투명한 상황으로의 몰입을 충동질하는 것이다. 그는 독자가 자신의 고통을 길들여 가장 '닮아 보이는' 타인의 고통에 자신의 고통을 끼워 맞추길 원하지 않는다. 그러한 신파적 감정은 타인의 고통을 매개로 자아의 고통을 희석시키는 정신의 마취제이기 때문이다. 다만 우리는 공포에 사로잡히지만 않으면 된다. 그가 보여주는 세계, 신파의 단맛과 이념의 짠맛이 철저히 배제된 날고기의 '피맛'으로 가득한 이 세계에서, 다만 우리는 우리의 육체를 세계의 자극에 온전히 노출시키는 것만으로 충분하지 않을까. 천명관의 안티-신파와 안티-이념이 다다른 안티-서사의 세계는, 그리하여 저자가 차마 공들여 완성할 필요가 없는 정지된 화면이다. 〈델마와 루이스〉에서 자동차가 허공에 멈춘 채로 충분했듯이, 천명관의 소설은 소설이 끝난 순간 비로소 독자의 마음속에서 시작되는 또 하나의 소설을 낳는다. 그의 소설을 읽는 행위는 타인의 지옥이 나의 지옥으로 전염되어 비로소 내가 나일 수 있는 세계의 또 다른 시작이다. 《유쾌한 하녀 마리사》를 통해 우리는 책을 덮고 나서야 비로소 시작되는 또 하나의 섬뜩하고 낯선 이야기 앞에 알몸으로 서 있다.

독기와 허무로 가득 찬 아이들

사랑하는 대상을 아름답지 않게 그리기가 가능할까. 마츠모토 타이요의 만화가 섬뜩한 첫인상으로 다가오는 이유 중 하나는 아름답게 보이기를 혐오하는 듯한 작가의 그림체 탓이다. 아이들을 그릴 때 마츠모토 타이요의 붓질은 더욱 냉혹하다. 아이들 특유의 애완성, 어루만지고 싶고 깨물고 싶은 어른의 욕망을 자극하는 귀여움이 그의 아이들에게는 없다. 아이들의 표정에서 오히려 선연한 희로애락애오욕의 경계가 날카롭게 도드라진다. 아직 에티켓이나 완곡어법에 길들여지지 않은, 그리고 영원히 길들여지지 않을 것 같은 마츠모토 타이요의 아이들. 그들의 표정은 황폐한 도시에서 사랑보다 증오를, 희망보다 절망을 먼저 배운 아이들 특유의 견고한 냉소로 물들어 있다. 《철콘 근크리트》의 주인공, 구로와 시로는 그런 마츠모토 타이요식 아이들의 극단이다. 어른보다 냉철한 현실 감각을 지닌 아이 '구로' 와 불교의 선문답처럼 알 수 없는 문장을 중얼거리는 '시로'. 그 두 아이는 '순수'나 '천진' 등의 어린이적 트레이드마크를 완전히 삭제해버린 듯 독기와 허무로 가득 찬 캐릭터들이다.

그들의 주거지 다카라쵸는 일본의 어느 근미래 도시로 설정되어 있지만, 21세기의 문명화된 도시 그 어느 곳이라 해도 상관없을 것 같다. 어떤 보호기관에서도 감당할 수 없는 고독한 무법자 구로와 시로는 "부모형제도 없이 이 다카라쵸에 기생하는 꼬맹이"들이며 "폭력을 생활수단의 하나로 삼는 놈들"인데다가 "우습게 보고 덤볐다간 3초 만에 골로 가"게 되는 괴물들이다. 열 살도 채 안 된 듯 가녀린 체구의 아이들은 공포를 '느끼는' 아이들이 아니라 공포를 '조성하는' 아이들이다. 그들은 구로의 냉철한 판단력과 시로의 동물적 직관으로 미묘한 균형을 이루며 다카라쵸를 접수하려는 모든 세력들과 유혈이 낭자한 결투를 벌인다. 구로는 아무것도 두려워하지 않는 표정으로 어른들의 견고한 질서를 교란시키는데, 야쿠자나 형사도 그들을 건드리지 못한다. "아무도 우릴 망가뜨리진 못해. 다들 고철들뿐이거든." 우아한 예질을 교육받지 못한 아이들은 그 어떤 어른들의 명령도 거부함으로써 기댈 곳 없는 삶을 견딘다. "난 개가 싫어. 이놈들은 아무한테나 꼬리를 친다구." "우린 누구에게도 꼬리치지 않아."

그러나 아이들을 '무서워'하는 것이 독자의 몫은 아니다. 집도, 부모도, 생존을 위한 그 어떤 안전장치도 없는 구로와 시로를 프리즘으로 다카라쵸라는 미래의 도시가, 일본 전체가, 아니 우리의 미래가 투시된다. 구로와 시로는 우리의 미래를 미리 살게 한다. 컷과 컷 사이의 여백에서 마츠모토 타이요는 이렇게 속삭이는 것 같다. 구로와 시로를 이해하기 위해서는 그 어떤 휴머니즘적 온정이나 이성적 판단도 잠시 내려 놓으라고. 애써 상상하지 말고, 부러 연민하지 말며, 그저 조용히 바라 보라고. 상황 설명에는 불친절하지만, 강력한 시적 아포리즘으로 인물 의 내면을 농밀하게 드러내는 마츠모토 타이요의 화면 구성은 미니멀 하면서도 그로테스크하다.

스스로의 그림자와 싸우는 내면의 전투

구로가 다카라쵸라는 공간에 집착하는 이유는 구로와 시로를 시시 각각 위협하는 야쿠자들의 논리와는 다르다. 그들은 시계나 푼돈을 갈 취는 하지만 소유와 축적을 원하는 것은 아니다. 그들은 '스톡(stock)' 을 모르며 공간 자체를 점유할 생각도 없다. 도시 자체를 자신들의 색 깔로 물들이려는 야쿠자들의 공간 소유욕과는 질적으로 다르다. 철근 콘크리트로 가득한 도시, 그 도시가 그들에겐 부모이고 자연이며 모든 것이기 때문이다. 그들에게는 전사(prehistory)가 없다. 등장인물의 라 이프 스토리를 구구절절 설명하지 않는 것이 마츠모토 타이요의 스타 일이다. 독자는 그들의 배경에 대한 지식이 없어도 그 도시가 곧 그들 에게는 자연이고 철근콘크리트 냄새가 그들의 모유 향기였음을 깨닫게 된다. "콘크리트에도 냄새가 있어. 여름이랑 겨울이랑 낮이랑 밤이랑 냄새가 다 달라. 하지만 시로는 비올 때 냄새가 제일 좋아. 마가린 같은 냄새가 나." 똑같은 콘크리트에서 매일 다른 냄새를, 욕망의 체취를, 삶 이라는 전쟁의 포성을 감지하는 아이들. 그들을 죽이려다 실패한 놈들 에게 기무라는 말한다. "놈들은 이 거리를 자기편으로 삼는다고. 건물

하나, 골목, 가로등. 전부가 놈들 편이야."

그러나 진정한 적은 야쿠자나 청부살인업자들이 아니라 구로의 내부에 있었다. 구로는 자기 내부의 악마적 그림자와 싸우며 비로소 자신의 진정한 적수를 만나게 된다. 구로의 또 다른 자아(alter ego)인 황소얼굴은 어둠의 힘으로 구로를 유혹한다. "어둠에야말로 진실이 있어. 모든 것을 초월하는 힘. 악마의 영역." 구로가 한사코 외면하려 했던 시로의 어리석음, 아스팔트에 사과 씨를 심고 '시로 나무'라는 팻말을 세워 사과나무가 자라기를 바라는 천진무식함이야말로 구로의 위악이 몰아낸 마지막 구원의 희망이었다. 세상의 모든 빛을, 세상의 모든 따뜻함을 증오했던 구로에게 '기적'은 타인의 도움을 통해서가 아니라 스스로의 그림자와 싸우는 내면의 전투를 통해 쟁취된다. 이미 받은 사랑을 복제하여 타인에게 반사하는 사랑이 아니라, 한 번도 사랑받지 못한 존재의 내부에서 자발적으로 탄생하는 사랑을 우리는 구로와 시로의 목숨을 건 도약을 통해 발견한다.

제국의 야만이 훑고 간
폭력의 자리

드라마 〈연애시대〉의 주인공 동진과 은호는 해마다 죽은 아이의 기일에 무덤을 찾는다. 두 사람은 죽은 아이에 대한 기억만큼이나 그들이 사랑했던 과거의 기억으로부터 자유롭지 못하다. 그들이 사랑했던 과거를 연상시키는 모든 제의적 상징물들(결혼반지, 결혼식 비디오테이프, 함께 사용한 물건들, 카페를 비롯한 데이트 장소들, 무엇보다도 그들의 사랑을 기억하는 주변 사람들)의 만유인력 때문에 새로운 관계를 시작하려 할 때마다 그들은 더 많이 망설이고 더 많이 휘청거린다. 이제 그만 '기억의 감옥'으로부터 벗어나게 해주고 싶은 동진은 죽은 아기의 무덤 앞에서 은호에게 제안한다. 우리의 결혼반지를 아기의 무덤 앞에 묻어두자고. "어차피 일 년에 한 번씩은 여기서 볼 테구, 우리 두 사람 묶어두는 건 여기뿐이니까. 여기다 묻어두자구." 은호는 농담처럼 말한다. "나중에 우리도 죽고, 우리를 알던 사람들도 다 죽고, 아주 나중에 한

백 년쯤 후에 여기가 개발된다면, 이 반지 발견한 사람은 땡 잡았다 싶
겠다. 그치?" 동진은 대꾸한다. "더 나중에 천 년쯤 후에 발견되면 박물
관에 전시될지도 모르구." 은호는 한 술 더 뜬다. "새로운 학설이 생기
는 거 아냐? 21세기에는 아기 무덤 앞에 반지를 묻는 게 풍습이었더라
든가……."

우리는 단지 반지를 어찌해야 할지 몰라 땅속에 파묻었을 뿐인데,
수천 년 후 누군가는 우리의 이 '하찮은' 흔적을 '위대한' 21세기 인류
의 집단적 풍습으로 해석할지도 모른다. 이렇듯 오늘 우리가 우리도 모
르게 만들고 있는 기억의 카탈로그들은 미래인에게 어떻게 해석될지
결정할 수 없다. 기억될지, 기억되지 못할지를 결정할 수도 없다. 어쩌
면 현대인이 내리는 그 모든 역사적 해석들은 과거인들이 보기에 '얼
토당토않은 침소봉대'이거나 '못 말리는 연목구어'일지도 모른다. 그
러나 과거의 기억을 향한 인류의 호기심은 멈추지 않고, 기록되지 않은
진실을 찾아 헤매는 역사가의 여정 또한 멈추지 않는다. 때로는 '폭력
적인 진실'보다 '아름다운 오해'가 과거인과 미래인의 진정한 소통을
가능하게 해줄지도 모른다. 기억의 유통 방식을 통제할 수 없다는 것이
야말로 기억의 본질이다. 때로는 자기 자신의 기억조차 마음대로 리플
레이할 수 없을 때가 있다. 분명히 자신이 경험한 사실이 올올이 기억
나지 않을 때, 기억은 주체의 힘으로는 어찌할 수 없는 거대한 괴물이
되어 악몽의 심연 속에 잠복해 있다가 불쑥불쑥 의식의 지표면 위로 튀
어나와 뒤통수를 가격한다.

기억의 본질

　존 쿳시의 《야만인을 기다리며》는 바로 그곳, 스스로의 기억을 자신의 의지대로 재생할 수 없는 고통의 자리에서, 재생 불가능한 기억 때문에 자신의 삶이 송두리째 흔들리는 시점에서 시작된다. 그는 30년 동안 '제국인'의 문화와 '야만인'의 문화가 교차하는 익명의 변경에서 근무해온 치안판사다. 그는 제국의 일부지만 제국의 야만 외부에 존재하고 싶다. 어느 날 자신이 스치듯 지나간 야만인 가족 중의 한 명이었던 여자가 제국인의 고문으로 시력을 잃은 채 구걸하고 있는 모습을 발견한다. 그녀의 아버지는 고문 도중 목숨을 잃었다. 그는 자신이 익숙한 행정적 시선으로 처리했던 그 야만인의 가족, 그 속에서 도저히 그녀의 얼굴만은 기억해낼 수 없다. 그는 자신도 모를 기묘한 인력에 이끌려 그녀를 자신의 거처로 데려오고, 이해할 수 없는 욕망에 이끌려 그녀의 발을 씻겨준다. 참혹한 고문을 당해 원래의 온전한 형체를 알아볼 수 없는 그녀의 발은 제국의 야만이 훑고 간 폭력의 자리이며, 그의 잃어버린 기억과 그녀가 잃어버리고 싶은 기억이 만나는 제의적 공간이다. 그들은 남자와 여자로 옷을 벗고 누워 있을 때조차 남자와 여자일 수 없다. 그는 그녀의 고문당한 몸의 흔적을 통해 자신의 잃어버린 기억과 만나려 하지만, 그녀에게는 매순간 자신을 통해 어떤 '언어'를 찾아내려는 남자의 질문이 또 하나의 고문이다.

　매일 그녀의 발을 씻겨주며 잃어버린 기억을 찾으려던 그는 마침내 깨닫는다. 아무리 자신이 제국의 '외부'에 존재하는 개인적 양심을 찾으려 할지라도, 평생 동안 그녀의 상처를 쓰다듬고 씻어낼지라도, 이미 그녀의 가족을 앗아가고 그녀의 눈과 발을 앗아간 제국의 '죄악' 까지 씻어낼 수는 없음을. 그는 알고 있다. 야만인의 삶의 터전을 아무리 오랫동안 폭력과 고문으로 점령해도 야만인의 몸과 마음에 깃든 과거의 '기억'을 점령할 수는 없다고. "우리는 백년도 넘게 이곳에 있었소. 우리는 사막으로부터 농토를 보호하고 관개시설을 만들고 들에 곡물을 심었으며, 탄탄한 집을 짓고 도시 주변에 벽을 쌓았소. 하지만 그들은 아직도 우리를 이곳에 일시적으로 체류하는 방문객으로 생각하고 있소. 아직 살아 있는 노인네들 중에는 그들의 부모가 이 오아시스가 전에 어떠한 형태의 것이었는지 그들에게 얘기해줬던 걸 기억하는 사람들도 있다오." 제국인들은 야만인들에게 새로운 '문명의 기억'을 주입하려 하지만, 야만인들은 그들만의 오아시스에서 행복했던 과거의 '기억'을 결코 순순히 지우지 않는다.

지울 수 없는 과거의 기억

그는 그녀를 자유롭게 해주기로 결심하고 야만인들의 거처로 그녀를 데려다준다. 그녀를 되돌려 보내는 길 위에서야 비로소 둘은 서로에 대한 무구한 열정을 확인하지만, 그녀는 문명의 도시에서 살아가는 것을 거부한다. 이제 그녀마저 잃은 그는 그녀에 대한 사랑을 통해 구원받을 수도 없고, '착한' 제국인으로서 예외적 대우를 받을 수도 없다. 그는 자신이 아무리 역사의 집합적 굴레 속에서 벗어나려 해도 "일종의 중개인! 양의 탈을 쓴 제국의 자칼!" 이상이 될 수 없음을 깨닫는다. 그럼에도 불구하고 그는 제국의 자칼로 죽는 달콤하고 아늑한 길을 버리고, '제국의 반역자'가 되어 끔찍한 형벌을 견디는 길을 택한다. 그는 명예롭게 죽을 수도 없고 야만인의 전사가 되어 활극을 벌일 수도 없다. 시시각각 조여오는 죽음의 공포는 그를 한 마리 단순한 밥벌레로 전락시킨다. "당신에겐 미래가 없어. 당신은 역사에 순교자로 기록되기를 원하는 것 같군. 하지만 누가 당신을 역사책에 기록해줄까?"

역사의 열쇠는 본래 연약한 개인의 손에 넘겨진 적이 없다. 그러나 그는 사랑도 구원도 불가능한 불모지에서 마지막 나날을 기다리며 끝내 그 허무의 늪을 홀로 건너려 한다. 사람은 자기가 기억하는 일에만 충실해질 수 있고, 자기가 아는 일밖에는 기억하지 못한다. 하지만 그는 자신이 기억할 수 없는 일에 목숨을 바치려는 것은 물론, 자신이 모르는 일마저 기억하려 한다. 자신의 저항에 아무런 영웅적인 찬사도 깃들 수 없음을 알면서도, 전 우주에 홀로 맞서는 듯한 승산 없는 싸움의 자리를 선택한다. 이 소설의 또 다른 주인공은 제국인 남자나 야만인 여자가 아닌 '자연'이다. 자연은 인간의 모든 행동을 낱낱이 자신의 몸에 각인시킨다. 사건의 주체가 소멸할지라도 자연은 '흔적'으로서, 불가해한 상형문자로서, 미래를 향해 무한히 노출되어 있다. 먼 훗날 인간의 역사책은 그를 기억하지 못할지도 모른다. 그러나 더욱더 먼 훗날 자연에 아로새겨진 작은 흔적은 이 승산 없는 싸움의 자리를 아름다운 폐허로 드러낼지도 모른다. 그가 제국인이 훑고 간 흔적을 파낼 때마다 끊임없이 발굴되는 것은 '위대한 문명'의 흔적이 아니라, 제국인에게 고문당해 제대로 매장도 되지 못한 야만인의 훼손된 시체들이었다.

낭비의 기술, 탕진의 지혜

감정을 억제하라. 화폐를 저축하라. 육체를 억압하라. 근대사회의 대표적인 명령은 아마도 이 세 가지로 압축되지 않을까. 왜 우리는 감정을 잘 표출하는 기술, 화폐를 신명나게 쓰는 전술, 육체를 멋지게 사용하는 기예를 배우지 못한 것일까. 제도 교육은 끊임없이 쓸모 있는 것과 쓸모없는 것을 철저히 나누는 법을 훈련시킨다. 그리하여 우리는 쓸모 없어 보이는 것들이 끝내 쓸모 있어지는 나눔과 사랑과 연대의 기적을 좀처럼 맛보지 못한다.

　중국의 작가 쑤퉁은 《눈물》을 통해 근대사회가 망각한 가치들, 혹은 근대 교육이 통제하는 욕망의 밑그림을 펼쳐 보인다. 이 작품은 때로는 신화적 판타지로, 때로는 역사적 리얼리티로 살아 숨쉬는 춥고 헐벗은 백성의 눈물 박물관이다. 그 중심에 눈물을 억제하는 기술을 제대로 연마하지 못한 아낙네, 비누의 인생 역정이 자리한다. 애면글면한 가난하지만 평화롭게 살고 있었던 도촌의 백성에게 어느 날 갑자기 닥친 재난의 회오리. 그것은 그들이 가장 존경하는 인물이었던 신도군의 죽음을 애도했다는 이유로 황제의 칼바람이 몰아친 것이었다. 황위 암투의 희생양이 되었던 신도군의 정치적 숙청을 이해할 리 없었던 순진한 백성은 그의 죽음을 애도했고, 황제는 자신이 아닌 신도군에 대한 백성의 사랑을 용서하지 않는다. 수백 명의 백성이 한꺼번에 몰살되자 그때부터 시작된 대대적인 눈물과의 전쟁. 단지 눈물을 흘렸다는 이유로 몰살된 조상들의 비극을 생각하며 후손들은 철저히 눈물을 억제하는 기술을 연마함으로써 생존을 도모한다.

눈물의 박물관

쑤퉁의 소설 속에서 과거는 현실을 도피하기 위한 무기가 아니다. 현재에 녹아 있는 과거의 마그마가 어느 순간 활화산이 되어 현재의 잠재된 갈등의 지표면을 폭발시킨다. 우리는 소설 《눈물》을 통해 '중국의 과거'를 회상하는 것이 아니라 '우리의 현재'를, 우리가 잃어버린 것들을 되비추어본다. 황제의 권력을 통해 통제당한 눈물의 마그마는 곧 우리가 억압하는 모든 욕망의 숨죽인 함성을 일깨운다. 만리장성을 쌓기 위해 장정이라면 누구나 노역에 끌려갔던 시대. 남편에 대한 사랑만이 유일한 '지식'이었던 비누는 남편에게 따스한 겨울옷을 가져다주겠다는 일념 하나로 모두가 '미쳤다'고 비난하는 역경의 화살을 뚫고, 창녀나 부랑자로 오해받는 시선의 감옥을 헤쳐 나오며 모두가 '불가능하다'고 비웃는 눈물의 여정을 떠난다. 모두가 생존을 위해 눈물을 억압

할 때, 미처 눈물을 감추는 법을 배우지 못한 비누는 차라리 온몸의 모
공으로 우는 길을 택한다.

때로는 요절복통의 해학으로, 때로는 애간장을 끊어내는 슬픔으로
비누의 '남편 찾아 삼만 리'는 거대한 중국사의 아름다운 축소판으로
거듭난다. 이 작품은 눈물을 흘릴 줄 아는 능력, 슬픔을 표현하는 능력
이 극도로 퇴화된 현대인의 메마른 감성을 질펀하게 적셔놓는다. 눈물
이 억압되는 순간 웃음 또한 멈춘다. 어느 한 곳의 감정의 물꼬가 막히
면 그 어떤 감정도 배설구를 찾지 못한다. 눈으로 우는 대신 귀로, 입술
로, 심지어 유방으로 우는 비법을 터득하는 여성들의 지혜야말로 인생
의 산전수전 공중전의 슬픔을 정화하는 위대한 '지식'이 아니었을까.
비누의 눈물은 중국 땅 전역에서 저마다 자신의 몸속에 그토록 많은 눈
물이 고여 있음을 알지 못했던 서글픈 백성의 잠재된 눈물의 비밀 창고
를 끝내 폭발시킨다. 눈물을 감추는 법을 배우지 못해 차라리 모든 세
포로, 모든 땀구멍으로 울어 젖히는 비누의 오디세이아. 그것은 서구적
영웅서사와는 전혀 다른 새로운 '비(非)근대'의 세계를, 신화와 주술의
세계가 지닌 훼손될 수 없는 아름다움을 증거한다.

김훈을 넘어선 김훈을 꿈꾸며

그를 키운 8할의 에너지는 세상과의 불화였다. 나머지 2할은 고독일 것이다. 제도와 불화하고 무리 속에서 고독했던 그이기에, 어쩌면 그를 소설가로 다시 태어나게 한 힘은 제도의 횡포와 군중의 호들갑이었을 것이다. 김훈의 작품에 깔린 '고독'은 누군가와 살을 맞댐으로써 치유될 수 있는 '외로움'이 아니다. 그의 고독은 '홀로 있음'으로써 세계의 불합리를 견디며 스스로의 생을 기꺼이 연소시키는 능동적 행위에 가깝다. 《칼의 노래》에서 도드라진 것은 이순신이라는 역사적 인물이 아니라, 관객도 아군도 없이 세계 전체와 맨몸으로 독대하는 한 인간의 준엄한 내면의 무늬였다. 《칼의 노래》는 한 문장 한 문장 속에 한 세계를 오롯이 건축하려는 작가의 집요한 의지를 담고 있다. 수사학적 탐미주의를 넘어 문장의 건축술을 극단으로 밀어붙임으로써 문체 자체가 세계관이 될 수 있음을 보여준 열정이야말로 김훈적 영역이었을 것이다.

《칼의 노래》의 장엄한 스케일과 고해의 치열성에 매료되었던 독자에게 《강산무진》은 싱겁거나 무료할 것이다. 무사로서 최후의 존엄을 간직한 채 장렬하게 죽어가는 전사의 독백에 비한다면, 《강산무진》의 세계는 세상의 오물을 묵묵히 뒤집어쓴 자들의 비애 어린 독백에 가깝다. 《강산무진》은 살아남기 위해 필연적으로 자신을 더럽힌 인간들을 향한 치밀한 관찰자의 기록이다. 《칼의 노래》가 화살로 몸을 뚫고 칼로 살을 베는 치열한 직접성의 세계였다면, 《강산무진》은 인간의 모든 욕망이 철저히 화폐나 언어로 매개되는 간접성의 세계다. 〈배웅〉의 택시 기사, 〈항로표지〉의 등대장과 전직 전자회사 직원, 〈화장〉·〈언니의 폐경〉·〈강산무진〉의 대기업 임원 등, 그들의 생활의 피로와 내면의 갈등을 어김없이 가로지르는 빗장은 '화폐' 다. 칼과 방패가 사라진 자리에 화폐와 언어가 들어앉는 순간, 김훈 소설의 정서는 '삼엄한 숭고미' 에서 '지리멸렬한 권태' 로 탈바꿈한다.

《강산무진》의 주인공들은 아내가 죽거나 자신의 죽음이 닥쳐오는 순간에도 은행 잔고와 회사 부재를 꼼꼼히 세산해야 하는 자신의 '책임' 을 어김없이 실천한다. 그들에게는 죽음을 애도할 여유도, 너무 늦게 찾아온 사랑을 읊조릴 낭만도 없다. 종잡을 수 없는 내면의 물컹물컹한 출렁임을 반드시 '언어' 의 형식을 통해 표현해야 하는 세계에서 개인의 진심은 "말이 아니라 말로 환생하기를 갈구하는 기갈이나 허기" 로 스러져갈 뿐이다. 《강산무진》의 인물들은 "뛰고 또 뛰어서 뛴 만큼만 벌어먹고 산다" 는 생존의 잔혹성을 온몸으로 증거한다. 생로병사에 대한 모든 낭만적 허영을 단칼에 베어버리는 건조한 문장의 여백 사이로 애잔한 현대인의 삶 자체에 대한 연민이 서린다. 자본의 검은 혀가 일상의 곳곳을 핥고 지나간 자리에서 《칼의 노래》에서는 찾아볼 수 없었던 새로운 캐릭터들이 탄생한다. 예컨대 〈뼈〉의 오문수는 기존의 김훈 소설에서 발견하기 어려웠던 코믹한 세속성의 극단을 보여준다.

개별성 vs 순정성

그러나 여전히 김훈적인 요소는 《강산무진》의 중저음으로 깔려 있다. 어떤 거대담론이나 통계적 수치로도 환원될 수 없는 인간의 '개별성'을 파고드는 김훈의 붓끝은 여전히 집요하다. 다만 인간의 개별성을 짓밟는 요소가 하나같이 화폐와 연루된다는 점, 훨씬 더 비열하고 잔혹한 방식으로 개별성의 살육이 벌어지고 있다는 점이 다르다. 〈화장〉에서 주인공의 회사는 여성의 질 세척제를 개발하여 자본의 활로를 개척하려 하지만, "수많은 질들의 개별성을 극복하기가 어렵다." 논리나 물증을 통해 밝혀질 수 없는 시간의 심연, 제도나 유행으로는 캐낼 수 없는 존재의 개별성이야말로 김훈의 특허 모티프임은 여전하다. 구원 없는 세계의 삭막함을 있는 그대로 받아들이는 개인의 침묵은 김훈이 '편애'하는 인간의 소중한 개별성이다. 그들은 모욕과 배신으로 점철된 세속의 한복판에서 패배도 승리도 없는 일상을 묵묵히 견디고 있으며, 그것이야말로 칼조차 쥘 수 없는 이 시대의 정신적 무사들의 처연한 생존 방식이다.

한편 《강산무진》에서 묘사되는 젊은이들은 모두 육체적 싱그러움으로 인한 매혹의 대상이거나 세계에 대한 무지몽매함으로 인해 사물화된 존재로 묘사된다. 김훈 소설의 젊은이들은 어미와 아비의 죽음 앞에서도 좀처럼 일상의 리듬을 허물지 않으며, '고뇌하여, 그리하여 살아 있는' 주체로 묘사되지 않는다. 김훈은 그가 이해할 수 없는 디지털 미디어 세대의 감각을 '계통 없는' 것으로 치부함으로써 그들을 향한 소통의 몸짓 자체를 차단하는 것은 아닌지. 그는 변화무쌍한, 그래서 '계통 없어 보이는' 당대성에 등을 돌리는 것은 아닌지. 위엄과 격조를 갖춘 과거의 인물, 비밀과 신성을 갖춘 사물에만 매료되는 작가적 시선이라면, 과거의 존재를 다룰 때 빛나던 언어가 당대적 일상으로 옮겨오면 빛을 잃는 것은 당연하지 않을까. 김훈이 혐오하는 '계통 없는 존재'들은 차라리 계통의 '복잡성'으로 이해되어야 하는 것은 아닐까. 계통 없음에 대한 증오는 계보를 추적하기 어려운 '하이브리드'적 존재들에 대한 혐오, 나아가 정신적 귀족주의나 순혈주의는 아닌가. 《강산무진》의 화자는 이제 이 세상 그 무엇에도 놀라지 않는 자의, 삶 자체에 대한 거대한 조감도의 시점으로 세계를 바라본다. 이 시점은 이미 '세상을 다 읽은 자'의 눈길, 세상 모든 것을 굽어보는 자의 초월적 시선은 아닌가.

불화를 불화인 채로 견디는 의지, 그것은 김훈 소설의 힘이다. 그러나 《강산무진》의 주인공들은 예전만큼 강렬하게 불화와 불화하지 않는다. 독자가 꿈꾸는 김훈은 '다른 작가와 구별되는 김훈'을 넘어, '김훈을 넘어선 김훈'이다. 나는 그가 다시 순연한 아마추어의 무구함으로 프로페셔널의 격자화된 세계를 가격하는 망치로서의 소설을 쓰길 원한다. 그는 또다시 "내가 혼자서 가야 할 가없는 세상과 시간의 풍경" 앞에 홀로 서 있어야 한다. 그의 작품에서 또 다른 칼의 절규가, 타인이 아닌 자신을 찌르는 칼의 순정성이 뿜어 나오기를.

팩션의 매혹과 중독

역사소설의 허구성을 극대화시킨 팩션(faction) 열풍이 불었다. 댄 브라운의 《다빈치 코드》로 팩션 열풍의 서막을 엿본 한국 독자들은 김별아의 《미실》, 김훈의 《칼의 노래》를 통해 한국형 팩션의 새로운 차원을 접하게 되었다. 출판가를 사로잡은 키워드 역시 팩션이었다. 사실(fact)과 허구(fiction)의 창조적 합성을 꿈꾸는 팩션의 마력은 《남한산성》(김훈), 《리진》(신경숙), 《논개》(김별아)를 비롯한 한국문단을 '역사＋소설'의 축제 분위기로 달구어놓았다. 가히 팩션의 전성기다. 일찍이 역사소설은 무협이나 판타지, SF 같은 장르소설로 분류되었지만, 이렇게 전문작가들의 관심이 팩션으로 기울게 된 것은 매우 이례적이다. 역사소설은 순수문학과 대중문학의 경계를 가로지르는 새로운 문학의 출구로 급부상하고 있다. 김훈, 김별아, 신경숙뿐만 아니라 김탁환(《나, 황진이》, 《리심》 등), 김경욱(《천년의 왕국》), 김홍신(《대발해》) 등도 역사소설의 르네상스를 열어가고 있다.

일본소설 열풍에 비틀거리던 한국소설은 역사소설로 인해 잠정적 출구를 찾은 듯하다. 비누거품처럼 가볍고 투명한 일본소설의 감수성에 매료되었던 한국 독자들은 역사적 지식과 문학적 감수성의 교집합을 추구하는 팩션에 매혹되기 시작했다. 그런데 왜 하필 '역사+소설'일까. 김별아는 이렇게 말한다. 《미실》 이후 현재를 그리는 소설을 쓰고 싶었지만, 임진왜란이나 논개 같은 과거의 사건과 인물에게 자꾸만 발길을 돌리는 자신을 발견한다고. "현대는 하품(下品)의 인간으로밖에 살아갈 수 없는 곳이다"라고. 우리의 역사 교육은 지금까지 고조선보다는 삼국이, 삼국보다는 조선이, 조선보다는 대한민국이 '진보'된 것처럼 가르쳐왔다. 문명의 무한 전진은 인류의 장밋빛 미래를 약속했지만, 우리는 과연 미실, 리진, 이순신, 논개보다 행복한 것일까.

운명을 거스르는 '하찮은' 개인의 이야기

약속이라도 한 듯 최근 역사소설의 공통점은 목숨을 걸고 주어진 운명을 거스르는 '하찮은' 개인의 이야기라는 점이다. 논개는 자신의 사랑과 생명을 걸고 신분의 장벽을 넘어서며 웬만한 대장부나 위인들도 하지 못한 일을 해냈다. 100년 전 미천한 신분으로 태어난 리진은 그 어떤 외교관보다 일찍 프랑스로 날아가 자신의 예술적 재능을 펼친 인물로 그려진다. 나아가 《남한산성》은 이러한 운명의 역설을 더욱 대담하게 역전시킨다. 한 나라의 임금이지만 아무것도 할 수 없는 임금의 무력함과, 그 어떤 벼슬도 꿰차지 못했지만 그들보다 훨씬 행복하게 자신의 인생과 가족을 책임지는 대장장이 서날쇠가 선연히 대비된다. 그 사이로 주어진 운명을 거스를 수 없는 수많은 대신들의 치욕의 제로섬 게임이 면면히 진행된다. 운명의 장벽은 어떤 거대한 집단보다 견고하지만, 물컹한 인간의 육체를 그 단단한 장벽에 내던져 냉혹한 운명의 여신마저 감동시키는 것은 언제나 작고 무력한 '개인'들이다.

인터넷은 지금 - 여기의 우리를 지구상 모든 곳으로, 역사상 모든 시간으로 옮겨놓을 수 있는 위력을 선보였다. 유비쿼터스의 환상으로 인해 현대인은 시간과 공간의 한계를 넘나드는 마법의 지팡이를 선물받은 듯했다. 하지만 인터넷으로 인해 현실공간과 가상공간의 차이는 더욱 확연히 도드라졌다. 우리는 인터넷을 통해 매일 비슷비슷한 정보와 볼거리를 공유하지만 우리가 사는 공간은 천차만별이다. 아이들은 3D 게임을 통해 우주의 광활한 공간을 여행하지만, 정작 컴퓨터 모니터에 시선을 빼앗겨 한 발짝도 움직이지 않는다. 우리는 진정 예전보다 자유로운 삶을 누리게 된 것일까. 현란한 인터넷과 복잡한 재테크는 우리를 정말 풍요롭게 해준 것일까. 현대인은 철저히 '네티즌'이나 '개미투자자'로 획일화된 미미한 존재인지도 모른다. 그러나 분명한 것은 우주 속의 작디작은 지구에서, 그 지구 속의 작디작은 한국 사람들 역시 역사라는 거대한 네트워크를 구성하는 소중한 매듭들이라는 점이다. 현대인은 역사 밖으로 툭 떨어져 나온 고립된 개인이 아님을, 우리는 이 황량한 운명의 사막 앞에 버려진 존재만은 아님을 이토록 흥미진진한 역사소설들을 통해 다시 확인한다는 점이다.

'기억'의 중력과 싸우는 '서사'의 투쟁

시점 1

〈라이언 일병 구하기〉는 리얼리즘에 대한 흔들림 없는 확신으로 무장한 영화다. 스티븐 스필버그는 스크린 뒤편에서 이렇게 속삭이는 것 같다. 기술 문제만 해결된다면 그 어떤 사건도 재현할 수 있다구! 많은 관객들은 박진감 넘치는 전투 장면에 홀려 이것이야말로 '리얼한' 전쟁터라 믿었다. 자신이 경험하지도 않은, 그래서 결국 알 수 없는 일을 '진짜'라고 느끼는 것은 왜일까. 아무도 공룡을 보지 못했지만 〈쥐라기 공원〉의 공룡을 '리얼'하다고 느끼는 감각의 정체는 무엇일까. 전장의 체험을 전체적 서사로 구성할 수 있는 시점은 오직 전쟁 바깥의 관찰자들에게만 가능한 것은 아닐까. 《기억 서사》라는 책을 쓰며 나는 타자가 경험한 사건의 기억을 공유한다는 것은 무엇인가라는 화두에 매달렸다. 사건이란 이 세계의 시공간에 새겨 넣어진 상처다. 이 상처의 틈새로 들어가기 위해 나는 '인간이 사건을 기록하고 소유하고 재현할 수 있다'는 믿음과 결별해야 했다.

일본인으로 태어나 아랍문학을 전공한 나. 문헌의 기억이 실제의 기억을 배반하는 장면과 맞닥뜨릴 때마다 진실의 리얼한 기록이라는 거대한 신기루에 균열이 가기 시작했다. 사건을 전달하기 위해선 인물과 배경과 플롯을 지닌 이야기를 만들어야 한다는 확신. 그것은 어쩌면 이해할 수도, 해석할 수도, 감당할 수도 없는 사건의 넝마를 '견딜 만한 자극'으로 날조하기 위한 존재의 방어 본능이 아닐까. 아무도 기꺼이 공유하려 하지 않은 기억의 아수라, 팔레스타인 난민의 감당할 수 없는 기억의 흔적을 더듬으며, 나는 기억을 이야기로 마름질할 수 있다는 믿음을 버림으로써만 기억과 만날 수 있다는 아이러니와 조우한다.

시점 2

나폴레옹 전쟁이 끝난 후, 그녀를 다시 만났다. "아듀(안녕)"라는 말만 주문처럼 반복하는 미친 여자를 나는 알아볼 수 없었다. 슈테파니, 그녀는 나의 연인이자 방티에르 백작의 아내였다. 프랑스군이 후퇴할 무렵, 우리는 러시아군에 포위당했고 나룻배에는 두 사람 자리밖에 없었다. 나는 그녀와 그녀의 남편을 배에 태워 떠나보냈다. 그녀가 주술처럼 반복하는 '아듀'라는 단어는 그녀의 마지막 인사였다. 도대체 그녀에게 무슨 일이 일어났는가. 사교계의 꽃이던 그녀가 왜 반짐승이 되어 내 얼굴조차 알아보지 못하는가. 나중에 안 일이지만 탈출 도중에 남편을 잃은 그녀는 적군에게 붙잡혀 2년 동안 적군 부대의 위안부로 끌려다녔다고 한다. 나는 그녀의 기억을 되찾아주기 위해 무슨 짓이든 했다. 내가 마지막으로 택한 수단은 러시아 평원을 모방한 장대한 세트를 만들어 이별의 정경을 그대로 재현하는 일이었다.

그녀는 비로소 기억을 되찾았다. 그리고 그녀를 떠나보내는 내 모습을 확인하자마자 "아듀"를 외친 바로 그 순간 죽어버리고 말았다. 그녀는 전쟁과 폭력에서 살아남기 위해 자신의 몸에 일어난 일 모두를 망각해버린 것일까. 의식이 사건을 거부함으로써 육체는 가까스로 살아남았지만 사건의 폭력이 다시 의식으로 회귀했을 때 이번에는 육체가 그것을 단호히 거부했던 것일까. 나는 정말 그녀의 기억만을 되찾고 싶었던 걸까. 아름답고 고결한 그녀의 모습을 억지로 되살려냄으로써 그녀를 사랑했던 내 기억의 존엄을, 내 잃어버린 시간을 되찾으려 한 것은 아닐까. 나는 기억의 복원자인 동시에 연인의 살인범이 되었다. 그녀의 기억을 되살리는 대가로 나는 그녀를 잃었다 이제 그녀의 지옥은 나에게로 옮겨왔다._[1]

시점 3

나는 아랍문학 수업 시간에 〈하이파로 돌아와서〉라는 작품을 읽었

1_이 부분은 오노레 드 발자크의 소설 〈아듀〉의 남자 주인공 필리프의 입장에서 사건을 상상적으로 복원한 것이다. 소설 속에서 필립 역시 그녀의 죽음을 감당하지 못한 채 자살한다.

다. 작품 속에서 한 팔레스타인 부부는 1948년 이스라엘 건국으로 인해 고향 하이파에서 쫓겨나 난민이 되었다. 혼란한 와중에 그들은 갓난아이를 남기고 떠나왔다. 이스라엘 영토가 된 고향은 새로운 국경에 의해 분단되고, 부부는 20년간 고향에 돌아가지 못했다. 20년 후 마침내 그들은 아들과 재회했다. 아들은 이스라엘 병사로 나타났다. 홀로코스트에서 살아남은 하르둔은 유대인 부부에게 입양되어 듀브라는 이름의 유대인으로 성장했다. 그의 유전자를 물려준 사람은 팔레스타인 난민이었고, 그를 키운 또 다른 부모는 유대인이었으며, 그는 이스라엘 병사가 되어 팔레스타인 부모 앞에 나타난 것이다. 나는 이 작품을 머나먼 팔레스타인의 이야기로 읽을 수 없었다.

일본인인 줄로만 알았던 내가 한국인이라는 것을 안 것은 스무 살이후였다. 이스라엘인으로 살아온 하르둔이 이스라엘인이 아니었듯이 일본인으로 살아온 나는 일본인이 아니었다. 내가 누군지 더 이상 알 수 없게 되었을 때, 역사나 국적 따위는 허상일 뿐이었다. 역사를 이해한다는 것, 서사를 이해한다는 것, 그것은 자신이 어떤 사람인지를 자명하게 알고 있는 자들의 특권이 아닌가. 나는 하루아침에 국적을 잃어버린 난민이 되었고, 그렇게 난민이 됨으로써 듀브이자 하르둔인 그의 고통을 교감할 수 있었다. 내가 일본인이 아니라는 '사건'은 나의 통제 아래 있지 않았다. 그 사건이 나의 존재를 옭아맸다. 사건이 인간에게 귀속되는 것이 아니라 인간이 사건에 귀속되어 있다.

시점 4

2003년 이라크 전쟁이 일어났을 때 나는 한 후배와 격렬한 언쟁을 벌였다. 내가 전쟁을 일으키지는 않았지만, 나는 전쟁에서 죽어가는 아이들에 대한 책임이 있고, 미래에 태어날 아이들에게 이런 세상을 물려주는 것에 대한 책임이 있다고 더듬더듬 읊조렸던 기억. 후배는 의심스런 눈초리로 날 바라보며 자신이 노무현 정권의 책임자가 아니며 아이도 낳아보지 않았는데 자신이 살아보지 않은 세상과 자신이 경험하지 않은 일에 대해 책임을 느끼는 것은 한마디로 '오버'가 아니냐고 항변했다. 나는 정말 그 후배에게 분노했던 것일까. 폭력으로 점철된 세계에서 단지 우연의 힘으로 살아남은 나 자신에 대한 부끄러움의 불똥이 엉뚱한 존재에게 튄 것은 아닐까. 세계에 대한 개인의 책임이 어디까지인가를 알 수 없었던 스스로의 무력함을 견디기 위해 내가 짓지 않은 나의 죄를 고해한 것일까.

한때 기억만이 내가 소유할 수 있는 유일한 재산임을 믿었다. 화폐도 관계도 영원하지 않지만, 기억은 언제든 리플레이와 리와인드가 가능하기에. 그러나 《기억 서사》는 주체가 모든 기억을 조절하는 것이 아니라 잠재된 기억이 어떤 자극과 만나 주체를 불현듯 습격하는 것임을 깨우친다. 말할 수 없는 사건에 대해 말하는 것, 그것은 무엇보다도 사건의 말할 수 없음 자체를 증언하는 일로부터 시작되어야 한다는 것도. 지식 검색창에 '이라크 전쟁'을 입력해본다. 칼로 도려낸 듯 명료하게 정리되어 있다. "2003년 3월 20일부터 4월 14일까지 미국과 영국이 이라크를 상대로 벌인 전쟁." 시간의 한계도, 사건의 주체도 자명하다. 사건의 주체와 과정을 전체로 꿰뚫을 수 있는 시점이란 신이나 국가의 시점이었다. 그러나 신과 국가만이 기억을 함부로 가위질하는가. 우리 사회는 TV를 가족으로 삼고 인터넷을 자연으로 삼은 거대한 취향의 제국이 된 것은 아닐까. 우리는 취향에 따라 기억할 만한 것과 기억하고 싶지 않은 것을 구분하지 않는가. "이건(이 사람은) 내 취향이 아니야"라고 말하는 순간, 취향 바깥의 존재는 타인이 되어버리고, 취향의 울타리는 거대한 바리케이드가 되어 경험의 한계를 규정한다. 취향은 좋아하는 것의 강조보다는 싫어하는 것의 경계를 긋는 데 복무한다. 기억을 편집하고 삭제하고 검열하는 권력은 우리의 '취향'이 아닐까. '타인의 취향'과 동거할 수 없는 '나의 취향'이야말로 누군가의 기억에 돌이킬 수 없는 상처를 내리긋는 날카로운 메스가 아닐까.

IV. Cross-**Book**

사랑 '이' 변하니? 사랑 '마저' 변하니?

영화 〈봄날은 간다〉에서 유지태의 명대사는 사랑을 향한 현대인의 지독한 불안을 명징하게 압축한다. 세상을 통째로 달굴 듯이 후끈거렸던 이영애의 사랑이 권태로 물들어가자, 그녀는 젖 달라는 아이의 표정으로 사랑을 길구하는 유지태에게 '라면이나 끓이라'고 핀잔을 준다. 그러자 유지태는 실망한 얼굴로 투정을 부린다. "내가 라면으로 보이니?" 이윽고 유지태의 기다림마저 스토킹의 초기 증상쯤으로 여겨지자 그는 절망적으로 뇌까린다. "사랑이 변하니?" 이 대사는 관객의 실소를 자아냈지만, 영화의 엔딩 크레디트가 올라가고 나서 가슴 뻐근하게 다가온 대사는 이상하게 그 두 문장이었다. 브래드 피트나 안젤리나 졸리 뺨치게 아름답고 섹시하기 그지없었던 상대방의 얼굴이 '라면'으로 보이는 순간, 그 순간이야말로 사랑의 상승 곡선이 정점을 기록한 후 추락을 시작하는 지점이기에. 나아가 "사랑 '이' 변하니?"라는 말 속에는 사랑

'마저' 변해야 하는 것이냐는 세상 전체에 대한, 그러나 그 어디서도 분명한 과녁을 찾을 수 없는 뼈아픈 항변이 녹아 있기 때문이다.

　모든 것이 너무나 빨리 변해만 가는데 사랑만은 그 자리에 있어주 었으면 하는 기대. 우리는 지상의 모든 고통을 보상받는 마지막 출구로 서 사랑에 고착되지만, 사랑이라는 누에고치 속에 영원히 웅크리고 싶 지만, 사랑이야말로 가장 빠르게 '변태'하여 또 다른 빛깔의 나비로 탈 바꿈하여 날아가는, 세상에서 가장 붙들어두기 어려운 팜므 파탈이다. 이것이 현대 사회의 치명적인 비극임을 《사랑은 지독한, 그러나 너무 나 정상적인 혼란》은 꿰뚫어보고 있다. 현대인들은 연애의 '자유'라는 선물을 얻는 순간 존재의 '불안'을 결코 떠맡기 싫은 부록으로 얻은 셈 이다. 여자 주인공만 실컷 울리던 TV 드라마에서도 걸핏하면 눈물을 줄줄 흘리는 남자가 흔해졌고, 자신의 은밀한 성적 욕망을 공공연히 고 백하는 여성도 많아졌다. 하지만 그 자유의 현란한 이미지들조차도 사 랑을 지키는 것이 예전보다 더 어렵고 복잡한 일이 되어버렸다는 사실 의 징후로 비치는 것은 왜일까.

사랑하지 않기에 외로운 것이 아니라 사랑하기 때문에 더더욱 외로운

　지독한 사랑에 빠졌을 때야말로 우리가 스스로의 상처와 가장 내 밀하게 조우하는 때다. 사랑이라는 거대한 블랙홀에 빠졌을 때에서야 우리는 그 사람과 함께하지 못하는 시간이 얼마나 지옥의 권태로 물들 어 있는지 깨닫게 된다. 내 심리적 시간표의 중심에 사랑이 놓이자마자 그토록 아등바등했던 모든 일상적 노동의 시간은 잉여적 시간으로 전락해버린다. 우리는 연인의 마음을 확인하고 시험하기 위해 기상천외한 잔머리를 동원하지만, 사랑을 잃을까 두려워하기 시작하는 순간 사랑은 이미 부패하기 시작한다. 사랑을 하지 못해서가 아니라 사랑하기 때문에 비로소 깨닫는 처절한 고독과 상처. 사랑에 체포되는 순간 우리는 모든 방어 장비를 스스로 헌납한 비자발적 무장 해제 상태로 돌입한다. 우여곡절 끝에 영원한 사랑의 근원적 불가능성을 깨닫는 순간, 우리는 차라리 사랑을 불완전한 채로 내버려두는 지혜를 배우게 된다. 10여 년 전 이문세의 '옛사랑'이라는 노래는 이 순간의 비애를 무척이나 처연하게 읊조렸다. "사랑이라는 게 지겨울 때가 있지…… 내 맘에 고독이 너무 흘러넘쳐……."

《사랑은 지독한, 그러나 너무나 정상적인 혼란》은 근대성이 심화될수록 가장 위험해지는 것이 사랑이며, 근대성이 격화될수록 현대인이 가장 집착하는 것도 사랑이라는 전제에서 출발한다. 이 책은 사랑하지 않기 때문에 생기는 고독, 상처, 불안이 아니라 바로 사랑하기 때문에(혹은 사랑을 갈망하기에) 생기는 고독, 상처, 불안에 대한 탐구다. 그 어느 것도 단단하게 붙박여 있지 않기에, 안정성과 확실성으로부터 우리는 점점 멀어져가고 있기에, 직장도 국적도 계급도 전통도 모두 시한폭탄처럼 해체의 시간을 기약하기에, 이 책의 지은이들은 사랑을 통해 그 모든 불안을 보상받으려는 현대인의 심리를 굴착한다.

낭만은 짧고 생활은 길다?

일상의 시스템이 점점 세속화되어갈수록 사랑에 대한 판타지는 더욱 성스러워진다. 즉 삶 자체가 포르노그래피처럼 관음증적으로 노출되고 광고 이미지처럼 세속화, 물질화가 되어갈수록 사랑의 신성성은 극대화된다. 사랑은 '속(俗)'에서 분리된 '성(聖)'으로 순결하게 정화된다. 즉 사랑 자체가 종교화된다. 그래서 현대인의 행복에 대한 강박은 점점 극심해진다. 우리는 이제 생활의 피로에서 오는 아주 미세한 균열에도 극심한 불안을 느낀다. 예전보다 사랑의 붕괴 위험에 취약해지는 가정이 늘어난다. '미운 정'으로 살아가는 부부는 점점 없어지고, 미운 정이 탄생하는 순간 바로 결별해버리는 부부가 늘고 있다. 사랑이 종교화될수록 사랑은 더더욱 깨지기 쉬운 연약한 실체가 되어간다. "낭만은 짧고 생활은 길다"는 보험 광고 카피가 담고 있는 삶의 진실을 감당할 여유가 점점 없어진다. 그러나 그 광고 카피가 간과하고 있는 것이 있다. 낭만의 달콤함과 생활의 고통 사이의 간극을 견디는 것은 '보험'이 아니라 관계 자체를 유지하기 위한 끊임없는 '노력'이라는 점이다. 《사랑은 지독한, 그러나 너무나 정상적인 혼란》은 바로 그 끝날 수도 없고 끝낼 수도 없는 노력의 다채로운 카탈로그를 성실하게 보여준다.

그러나 우리는 먼저 사랑에 대한 보편적 환상 자체를 조금은 삐딱하게 바라볼 필요가 있다. 사랑을 인류의 마지막 희망으로 채색하는 모든 미디어의 영상(영화 〈제5원소〉가 그 신학적 결정판일 것이다. 인류에게 마지막으로 필요한 '제5원소'는 바로 사랑이라는 다소 김빠지지만 부정할 수 없는 결말을 떠올린다면)은 혹시 현재의 상황을 냉철하게 분석하여 해결책을 찾으려는 인류의 혜안 자체를 불가능하게 하는 요사스런 눈가리개는 아닌가. 어차피 '너희'를 위한 행복의 몫은 준비되어 있지 않으니

불쌍한 너희끼리 알아서 짝을 지어 서로에게 피난처를 제공하며 살아가라는. 매스미디어가 변함없이 확산시키는 일상의 간난신고에서 격리된 '순정한' 사랑의 판타지는 행복에 대한 강박관념을 양산한다. '그냥, 원래부터, 무릇, 자고로 그러하였다'는 세계가 사라진다. 우리는 매 순간 "나는 행복한가, 나는 사랑하고 있는가, 나는 혹시 부적응자가 아닐까" 하는 질문을 계속한다. 속도에 대한, 행복에 대한, 스위트홈에 대한 강박은 사랑이 지닌 지독한 혼란을 더욱 날카롭게 증폭시킨다.

왜 현대인들은 전통사회보다 훨씬 계급적·경제적으로 자유로워졌는데도 이토록 사랑에 더더욱 집착하게 된 것일까. 지은이들의 진단은 이렇다. "남자와 여자들은 전통적인 역할 규범에서 풀려나 '나 자신의 인생'을 찾으려고 하지만, 다른 한편으로는 다른 사회적 결속 상태가 빈약하고 신뢰할 수 없는 것으로 보이기 때문에, 어떤 아주 가까운 관계 속에서 행복을 찾도록 내몰리게 된다." 초기 산업사회의 갈등이 총파업과 같은 공적인 투쟁의 격화로 나타났다면, 후기 산업사회의 갈등은 사적인 투쟁의 격화, 즉 가정 내부의 불화나 해체로 드러나고 있다. 모든 사회적 모순의 지우개 혹은 눈가리개로서의 사랑은 바로 여기서 탄생한다. 그것이 우리가 산업화, 개인화, 자유화될수록 더더욱 낭만적 사랑의 밀실에 집착하게 되는 이유다.

'사랑학 개론'의 역사

사랑에 관련된 수많은 책들의 역사를 살펴보면서 느꼈던 놀라운 점 하나는 여성이 자신의 목소리를 찾기 시작한 후부터 사랑에 대한 온갖 총천연색 담론이 범람하기 시작했다는 것이다. 여성이 숨죽이고 있었을 때는 '자연스러운' 것으로 여겨졌던 그 모든 게임의 규칙들은 여성이 자신의 목소리를 내기 시작하는 순간, 마치 수천 년 동안 지표면 아래서 잠자고 있던 무시무시한 마그마가 한꺼번에 폭발하듯 끓어넘치기 시작했다. 근대사회에서 그 기원을 찾자면 시몬 드 보부아르의 《제2의 성》이 첫 신호탄일 것이다. "여자는 태어나는 것이 아니라 만들어진다"라는, 이제는 전혀 놀랍지 않은 저 닳고 닳은 명제가 당시에는 얼마나 도발적이고 혁명적인 캐치프레이즈였을까. 제1의 성이자 유일한 성이었던 남성의 시선에 가려 숨죽이고 있었던 제2의 성의 폭발은 당시의 모든 생물학, 문학, 역사학, 철학, 심리학, 인류학적 지식의 전복 그 자체였다.

그 후 "여성이 픽션을 쓰고자 한다면 돈과 자기만의 방이 있어야 한다"는 선언으로 인류의 뒤통수를 후려친 버지니아 울프의 《자기만의 방》이 사랑과 가족에 대한 근대인의 편견을 또 한 번 전복시킨다. '자기만의 방'을 가꾸고 지키기 위해 평생을 고통 속에 살아야 했던 버지니아 울프의 비극적인 삶은 그녀의 저 당찬 선언 때문에 더더욱 선연한 핏빛으로 우리의 가슴에 각인되어 있다. 이어 1963년 출간된 베티 프리던의 《여성의 신비》는 세계적으로 260만 부 넘게 팔렸다. "내가 한 일은 그대로 역사가 됐다"는 베티 프리던의 선언은 결코 과장이 아니다. 1990년대 이후에는 모든 분야에서 사랑과 가족에 대한 학술적·예술적·대중문화적 담론이 춘추전국시대를 일군다. 그 신호탄은 단연 남성과 여성의 성역할이 완전히 뒤바뀐 가상의 세계를 그린 《이갈리아의 딸들》이다. 이어 앤서니 기든스의 《현대사회의 성, 사랑, 에로티시즘》, 뤼스 이리가레이의 《하나이지 않은 성》, 리타 펠스키의 《근대성과 페미니즘》 등 수많은 인류학적·정신분석적·사회학적 이론서들이 사랑과 성, 여성과 남성, 가족과 결혼에 대한 다채로운 담론의 카니발을 벌이게 된다.

집을 뛰쳐나간 노라들은 지금 어디에서 무엇을 하고 있는가

《사랑은 지독한, 그러나 너무나 정상적인 혼란》의 지은이 울리히 벡과 엘리자베트 벡-게른샤임은 듀엣 형식으로 이 책을 엮어냈다. 실제로 부부이기도 한 그들은 같은 문제를 바라보는 두 사람의 의견 차를 애써 조정하지 않은 채 이 책을 세상 속으로 내보냈다. 서로의 차이로 인해 벌어지려는 틈새를 억지스레 막지 않고 그 자체로 미완성의 콜라주로 내버려둔 것이 이 책의 어여쁨이다. 아직은 너와 내가, 여자와 남자가, 한 침대에서 자는 그녀와 그조차도 그토록 어처구니없이 서로 다르다는 점에 대해 조용히 끄덕일 수 있을 때, 우리는 목청을 높이고 삿대질을 하고 멱살을 잡지 않고도 너와 나의 다름에 대해, 너와 내가 영원할 수 없는 이유에 대해 밤새도록 구성진 만담을 나눌 수 있을 것이다. 이 책은 대중성과 학술성, 보편성과 특수성을 동시에 갖추고 있기에 평이하면서도 결코 가볍게 책장을 넘길 수 없다. 무엇보다도 독일로 표상되는 자본주의 '성공' 국가의 사랑과 가족의 '실패'를 그리고 있다는 점에서 문제적이다. 성공이 아닌 실패를 통해 배우려는 눈물겨운 노력이야말로 우리가 신뢰할 수 있는 목소리이기 때문이다.

이 책은 뉴 밀레니엄판 사랑학 개론이자 사랑의 역사이며 사랑의 에피소드 모음집이다. 그러나 이 책은 아기자기한 사랑을 더욱더 잘 가꾸라고 속삭이는 단순한 사랑학 개론서가 아니다. 우리의 사랑을 하루에도 몇 번씩 들었다 놨다 하는 이 모든 거대한 사회적 메커니즘의 근원을 밝히는 책이기 때문이다. 내게는 이 책이 사랑의 유형을 밝히는 백과사전이라기보다는 21세기판 대중 보급형 《자본론》으로 읽힌다. 우리가 자본의 근원적 메커니즘을 꿰뚫어보지 못하는 한 사랑의 원천적 불안의 메커니즘 또한 알아낼 수 없을 것이다. 두 사람 사이에서 탄생하는 좁디좁은 소우주가 거대한 70억 인구를 움직이는 전 지구적 역학의 구조적 효과임을 인정할 수 있을 때, 나와 그대 사이에 가로놓인 건널 수 없는 강을 건너기 위한, 의외로 쉽지만 너무도 빠뜨리기 쉬운 워밍업은 시작될 수 있을 것이다.

　"노라는 집을 떠난 뒤 어떻게 되었나"라는 루쉰의 질문은 이제 더이상 추측의 대상이 아니다. 이제 이 질문에 대한 구체적인 대답들이 속속 현실화되고 있다. 집을 떠난 여자들이 세상의 주인이 되기 시작했다. 문제는 그 현실화가 몇 개의 전형적인 그룹들로 유형화가 가능하다는 혹은 가능한 것처럼 보인다는 것이다. 그러나 우리는 이제 사랑과 가족에 대한 문제가 해결되기는커녕 점점 다변화되고 복잡하게 진화해가고 있음을 폭로하는 생생한 구체성의 현장으로 나아가야 한다. 제도적·이론적 접근만으로는 결코 재단할 수 없는 개개인의 삶에 웅크린 후미진 욕망과 고통에 대한 철저한 분석이 더욱 절실한 때다. 핍박받는 여성의 전형적 스토리가 아니라, 한 '인간'이 역사나 사회나 제도의 보호 없이도 어떻게 진정한 개별자가 되는가를 보여주는 이야기가 그립다. 모든 여자와 남자들이 당당하게 사랑과 성과 결혼과 가족에 대한 다채로운 자서전을 저마다의 미니홈피에 기록할 수 있다면. 우리가 더 이상 스스로의 상처를 골방에 유폐시킨 채 자학하지 않기를. 대단한 사람들의 시시콜콜한 이야기가 아닌, 평범한 사람들의 위대한 이야기가 흘러넘치기를. 사소한 일상에 숨겨진 거대한 광기가, 하찮은 에피소드 속에 담긴 위대한 진실이 이제 진정 '자기만의 방'을 찾기를.

전쟁의 은유로 범람하는 대중문화

언젠가부터 전쟁은 실제 전투보다는 은유나 상징으로 더 친숙한 단어
가 되었다. 입시전쟁, 취업전쟁은 물론이고 인간의 거의 모든 행위에
'전쟁'의 메타포를 덧붙여도 별로 어색하지 않게 되었다. 전쟁의 이미
지를 가장 전투적으로 활용하고 전파하는 것은 단연 각종 광고들이다.
광고는 특별히 전쟁 이미지를 채택하지 않더라도 그 장르 자체가 전쟁
이다. 광고 자체가 인간의 오감을 미혹하기 위해 기업들 사이에 벌어지
는 치열한 전투이기 때문이다. 때로는 광고나 영화가 만들어내는 전쟁
의 스펙터클이 진짜 전쟁의 참혹함을 은폐하기도 한다. 전쟁 이미지에
무의식적으로 길들여진 현대인은 이라크 전쟁을 비롯한 진짜 전쟁의
참혹함을 게임 속의 가상 이미지처럼 멀찌감치 떨어져 바라보게 된다.
오히려 전쟁의 이미지는 각종 게임이나 광고, 영화 등을 통해 능동적으
로 소비된다. 소비자 자신이 전쟁의 이미지를 향유하기 위해 스스로 지

갑을 열게 하는 사회 속에서, 우리는 점점 전쟁에 둔감해지고 있는지도 모른다.

《21세기 대중문화 속의 전쟁》은 영화, 광고, 드라마, 뉴스를 비롯한 대중문화 전 영역에 걸쳐 일어나는 전쟁 이미지의 '과소비' 현상을 입체적으로 보여주고 있다. 테러와의 전쟁, 마약과의 전쟁, 범죄와의 전쟁으로 응축되는 미국의 대정책들은 신자유주의의 가속화와 함께 현대인의 일상 자체를 전쟁의 은유로 빼곡하게 물들이는 데 성공했다. 이제 평화는 '전쟁 없는 유토피아'가 아니라 '전쟁 없는 권태'의 시간을 표현하는 싱거운 단어가 된 듯하다. "평화는 삶을 아주 진하게 농축시킬 수 있는 뭔가의 부재로 느껴진다. 삶이 극도로 고양되는 순간들이 부족하기 때문에 전쟁을 겪지 못한 세대의 대표주자들은 전쟁을 대신할 수 있는 것으로 빠져든다." 어른들은 '요새 애들은 전쟁을 모른다'고 하지만 아이들은 정작 전쟁을 방불케 하는 일상을 경험하고 있다. 입시전쟁의 공포는 유아기로까지 확장되어 이제 더 이상 '아이들은 맘껏 놀아야 잘 큰다'는 자유방목형 교육관은 설 자리를 잃었다. 태교 사체가 스파르타식 훈육이 되어가고 있다는 소문은 이제 우스갯소리로 들리지 않는다.

게임화된 전쟁

전쟁의 대상은 이미 고전적인 타깃, 즉 적국의 영토나 식량, 자원 등을 벗어났다. 전쟁은 더 이상 평화를 지키기 위한 몸부림이 아니라 전쟁의 타깃이 인간 본성 그 자체로 변해간다. 두 번의 세계대전 이후,

전쟁으로 인해 변한 것은 '적국의 개과천선'이나 '평화의 증대'가 아니라 보편적으로 더더욱 난폭하고 잔혹해진 인류의 성정이 아니었던가. 교전 자체보다 미디어를 통해 '보이기 위한' 전시적 측면이 극대화된 최초의 전쟁이 걸프 전쟁이었다면, 전쟁 자체가 마치 컴퓨터 게임처럼 디지털화된 화면으로 전 세계인에게 전달된 전쟁은 이라크 전쟁이었다. 이라크 전체를 영화 세트장으로 만들고, 주연은 부시와 후세인, 조연은 미군과 이라크군이었으며, 나아가 이라크의 백성은 처참한 엑스트라로 요리되어 전 세계를 대상으로 상연되지 않았던가. 이라크 전쟁은 '헤이, 전 세계의 관객들이여! 미국에게 까불면 이렇게 돼!'를 보여준 저급한, 그러나 엄청난 실효를 거둔 '성공적인' 영화였다. 전쟁 자체의 게임화, 일상 자체의 전쟁화. 이것이 현대전의 새로운 양상이다.

대중문화 콘텐츠로서의 전쟁

이제 현대전은 직접적 공격이 아니라 잠재적 공격 가능성으로 적을 교란시켜 일상적 공포를 생산하는 새로운 폭력의 향연이 되었다. 영상 미디어를 통한 전쟁의 소비는 전쟁을 쇼윈도의 상품처럼 무심하게 멀리서 바라보게 한다. 이 '거리감'의 감각이야말로 전쟁을 미학화시키는 '전쟁=게임'의 정신적 메커니즘이다. 현대전의 목적은 이제 모호한 타자성의 날조를 통해 집단의 정체성을 정당화하는 데 더 큰 비중을 두게 되었다. "집을 불태우거나 사람을 죽이고 성폭행하는 것이 당하는 입장에서는 자신이 '우리'나 '여기'에 속하지 않는다는 사실을 분명히 깨닫게 되는 계기가 된다." "폭력은 사람들로 하여금 어느 편에 붙어서든 피난처를 찾게 만든다." 정체성 구별을 통해 아와 적을 가르는 행위 자체가 전쟁의 궁극적인 목표가 된 것이다.

일상의 세포 곳곳이 전쟁으로 물든다. 이것은 바로 대중문화라는 매개를 통해 이루어진다. 대중문화를 통해 유포되는 전쟁에 대한 막연한 공포는 막연한 불안을 구체적인 공포로 일상화시킨다. 이렇듯 '전쟁의 엔터테인먼트화'의 효시는 단연 베트남 전쟁의 영화화로부터 시작되었다. 〈지옥의 묵시록〉에서 전사들은 베트남이라는 전쟁의 공간을 '디즈니랜드보다 훨씬 나은' 테마파크처럼 여긴다. 스릴과 서스펜스, 시각적 스펙터클의 환상적 결합이 전쟁이 된 것이다. '전쟁=여행=엔터테인먼트'의 등식이 성립되기 시작한 셈이다. 전쟁영화의 스펙터클을 통해 전쟁국가 베트남은 역사적 공간이 아니라 사이비 통과제의의 공간으로서 소환된다. '단조롭고 권태로운 일상 vs 자극과 스펙터클로 가득한 전쟁'이라는 이항 대립. 베트남 전쟁의 영화화가 봇물처럼 쏟아지면서 전쟁의 콘텐츠는 오락산업으로 소비되기 시작한다. 일상은 전쟁처럼, 그리고 전쟁은 영화처럼. 이것은 난순히 전사들의 쇼맨십이 아니라 전쟁의 폭력 자체에서 거리를 두고 싶어하는 인간의 심리와도 관련 있다. "미군들은 자신들과 자신들이 저지른 잔학한 행위 사이에 거리를 만들려고 했다." 이것이 바로 전쟁 체험 자체가 시뮬레이션화되는 심리적인 원인이었던 것이다.

이제 모든 민간인이, 대중문화의 소비자가 전쟁의 잠재적 참여자혹은 정신적 전사가 된다. "서구는 이제 보이지는 않지만 점점 전 세계의 적을 상대로 한계도 없고 국제법도 적용되지 않은 끝없는 장기전에 돌입해 있는 상태다. 이렇게 일반화된 전쟁은 대중문화적 전쟁이다."

"이제 영토의 획득이나 이데올로기의 우월성 획득이 아닌 거창하게 정의된 삶의 방식, 즉 '국가의 정체성', 우리의 '삶의 방식(Way of Life)', 혹은 '문명'을 방어하는 것이 목표가 되었다." 대중문화에서 전쟁을 소비하는 방식은 관객이나 게이머에게 가상의 불안과 공포를 '생생한 현장성'으로 체험하게 만드는 것이다. 전쟁은 사람들의 재산이나 신체뿐 아니라 영혼을 점령한다. "대중문화적 전쟁은 군인과 민간인 간의 구별을 없앤다." 이것은 공교롭게도 전쟁영화의 1980년대적 변형인 〈람보〉의 선언과 무척이나 닮았다. "위험하지 않은 민간인은 없다."

　우리는 여전히 전쟁국가의 상징인 스파르타로부터 배울 것이 많다. 스파르타는 전쟁을 통해 국민 개개인을 무적의 용사들로 무장시키는 데는 성공했지만 정작 평화시에 국민은 할 일이 없었다. 삶이 사라진 자리에 생존만이 남았기에 전쟁을 위한 도구 이상의 의미를 지니지 못하게 된 스파르타의 백성. 삶 자체의 지루함이야말로 폭력의 도화선이 된다. 일상의 권태가 전쟁 욕망이 탄생하는 지점이기도 하다. 유년기와 사춘기에는 입시전쟁, 성인이 된 후에는 취업전쟁과 결혼전쟁, 장년기에는 노후의 편안함을 쟁취하기 위한 퓨처 인베스트먼트로서의 전쟁. 그 속에서 삶은 시작도 끝도 없는 인정투쟁의 장이 된다. 우리의 진짜 적은 삶 그 자체를 향유하지 못하는 사유의 불모성, 황폐한 일상을 채울 길 없는 진정한 '게임=놀이'의 부재가 아닐까.

길들여지지 않은 회색의 다성성

회색은 명도 0의 검은색과 명도 10의 흰색 사이에 존재하는 무수히 다채로운 스펙트럼이다. 회색의 매혹은 완전히 똑같은 회색이란 이 세상 어디에도 존재할 수 없다는 점이다. 검은색은 회색을 보며 내가 네 아비라 윽박지르고, 흰색은 회색을 보며 내가 네 어미라 부르짖을지 모른다. 그러나 정작 회색은 검은색이나 흰색에게 종속될 수 없다. 회색이야말로 검은색, 흰색으로도 환원될 수 없는 존재의 '차이'를 드러내는 징후다.

《근대를 다시 읽는다》(이하 《근대》)와 《한국의 식민지 근대성》(이하 《한국》)은 민족주의와 근대성이라는 흑백논리 사이에 존재하는 수많은 회색의 가능성을 살리려는 몸짓으로 읽힌다. 여기 실린 수많은 텍스트들은 이 회색의 차이들이 연주하는 다채로운 변주곡들이다. 분과학문의 경계를 넘어 연대한 이들의 텍스트는 민족주의와 근대성의 회색지

대를 발견하여 민족국가 중심으로 일원화된 역사의 견고성을 넘어서고
자 한다. "식민지 인식에서의 회색지대란 저항과 협력 사이를 항상적
으로 동요하는 식민지민의 '일상'을 가리킨다. 회색지대는 '일상적 저
항'이라는 범주를 설정하여 식민지배에 대한 저항의 의미를 확대하고,
'친일' 개념을 '협력' 개념으로 전환함으로써 이를 파악할 수 있을 것
이라는 기대를 표시한다. 곧 식민지민의 일상은 저항과 협력이라는 선
명한 양극단의 어느 지점이 아니라, '협력적 저항'과 '저항적 협력' 사
이의 넓은 프리즘 위에 존재한다."《근대》)

식민지의 회색지대

'식민지의 회색지대'를 이해하기 위해서는 우리의 인식 속에 오랫
동안 둥지를 튼 견고한 개념, '친일'이라는 가치 편향적 단어를 내려놓
아야 한다. 《근대》는 '친일' 대신 '식민지 협력'이라는 개념을 제안한
다. 그리하여 '친일'이라는 감정적 단죄에 담긴 무거운 담론의 갑옷 속
에 숨겨진 협력 담론 내부에 있는 속살의 다양한 차이들이 드러난다.
'친일'이라는 감정적 언사를 '식민지 협력'이라는 보편적 개념으로 이
동시킬 때 우리는 식민지를 살았던 사람들의 다양한 고뇌와 다채로운
일상의 '머뭇거림'을 이해할 수 있을 것이다. '식민지의 회색지대'의
존재는 식민주의의 '청사진'이 100퍼센트 완벽하게 관철되지 못했음
을 누설하는 결정적 증거다. 《근대》와 《한국》은 계급, 성별, 나이, 직업
은 물론 개개인의 다양한 차이를 '민족주의'와 '식민주의'의 그물로 포
획하는 근대성의 악령과 결별하고자 한다. 《근대》는 '1차적으로' 한국

인을 대상으로 한다. 그러나 이 책은 한국인에게 가장 강력한 반발을 불러일으킬 소지가 크므로, 이 책의 진입 장벽은 매우 높다. 우선 '친일'이라는 개념 대신 '식민지 근대'라는 말을 인정해야 이 책의 전반적 논리를 수용할 수 있다. 독자가 이 두 개의 개념 중 하나를 선택하는 행위는 단순한 단어 선택이 아니라 첨예한 이데올로기적 투쟁을 내포한 정치적 선택이다.

이타가키 류타의 〈식민지의 우울 – 한 농촌 청년이 다시 발견한 세계〉는 한 청년의 일기를 통해 식민지 조선인의 정신세계를 탐색한다. 강한 개별성의 기록인 일기를 통해 식민지의 우울 전체를 징후적으로 읽어내는 발상이 흥미롭다. 발신자(식민 당국)의 의도보다는 그 효과(개인의 일상)를, 식민지 기획의 콘텐츠보다는 그 기획의 영향력을 분석하는 작업이기도 하다. 고학력 실업자인 셈이었던("농촌에서 고등유민으로 지내고 있었던") 경상북도 상주군 20대 청년 S씨의 고뇌를 통해 우리는 문학이나 사료를 통해서 간접적으로만 접해오던 식민지 조선인의 일상을 생생하게 너듬어볼 수 있다.

이런 작업은 '기억된 식민지'(역사 서술)의 한계를 넘어 '경험된 식민지'(개개인이 경험한 날것의 사실)를 복원하는 글쓰기를 보여준다. 이 일기에는 식민지나 근대성이라는 단어는 등장하지 않지만, 식민지의 규율 권력이 일상의 미시적 영역에 얼마나 촘촘히 침투하고 있었는지를 보여준다. 주재원이 S씨의 자전거에 전등이 없다는 이유로 과태료를 물리는 바람에 "한없이 마음이 불유쾌"했는가 하면, 보통학교에서 시국 관련 활동사진이 상영되어 전 부락민이 총출동당하며, 면사무소에서 S씨의 집을 '부락민 의복 염색일'로 지정해 S씨 집이 졸지에 염색

공장으로 돌변해버리기도 한다. "대분잡! 종일! 오후 6시까지 마을 사람들이 의복을 가져와서 염색! 나는 종일 실내에서 공상, 그리고 잡지를 탐독!"(《근대》)

어느 날 갑자기 '집'이라는 사적 공간이 염색공장으로 '차출' 당하고, 이 '룸펜 지식인'은 방 안에 틀어박혀 잡지를 탐독하며 고학력 백수의 비애를 되새김질한다. 그는 농촌의 일상에도 완전히 편입될 수 없고 식민 당국의 온전한 협력자가 될 수도 없는 경계인의 비애를 실감했던 것 같다. 그는 급기야 원인 모를 갑갑함과 소화불량에 시달려 양의와 한의를 전전하며 수십 개의 생소한 병명을 '선고' 받지만, 그 어떤 병명도 그의 증상을 정확히 설명할 수 없다. 결국 1936년 대구도립병원에서 그는 '신경쇠약'이라는 매우 근대적인 질병을 선고받는다. 그러나 양방과 한방의 '동서 협진' 속에서도 S씨의 증상은 호전되지 않고 그는 수시로 우울증, 음울증, 울울증, 침울, 울환, 권태증, 답답증 등의 단어로 자신의 '치료 불가능한 증세'를 호소한다. 이렇듯 익명의 청년의 '식민지 체험기'를 통해 우리는 식민지 전체에 드리워진 우울의 진원지를 '징후적으로' 독해할 수 있다.

《한국》은 해외의 한국학 연구자들이 한국(인)의 외부에서 한국의 내부를 탐사하는 텍스트다. 한국인들은 이 '외부자'의 시점을 시뮬레이션함으로써 일종의 유체이탈적 체험을 할 수 있다. 헨리 임은 한국에서 민족의 발견을 논하기 위해서는 경상도 농민들이 과연 언제부터 어떻게 '한국인'이 되었는가 하는 식의 질문부터 시작해야 한다고 주장한다. 카터 에커트는 한반도 거주민들이 '한민족'으로 포섭되기 이전, 그 다채로운 정체성의 혼재를 묘사한다. "민족국가로서의 '한국'이라는 추상적 개념에 대한, 또는 '한국인'으로서 같은 반도에 살아가는 동료 주민에 대한 충성심은 거의 없었다. 왕에 대한 충성심에 더하여 그 당시 훨씬 더 의미 있었던 것은 자기 마을이나 지역, 그리고 무엇보다도 자기 씨족, 혈통, 직계 가족과 대가족 구성원에 대한 애착이었다." 《《한국》》

신채호의 아나키스트적 저작에서는 '민족'이라는 정체성 대신 '민중'이라는 범주가 사용된다. 신채호의 '민중'은 민족 담론을 내파하는 해체적 범주이기도 하다. "상하이와 베이징으로부터 온 지적인 자극(특히 5 · 4운동의 결과로서)에 심취한 신채호는 헤겔의 변증법을 전유하여 (승리한 이성적 주체를 기반으로 한) 쇼비니스트적 역사 서술이 아니라 가변적이고 개방적인 역사 서술을 탄생시킬 수 있었다. 신채호가 이러한 역사를 쓴 후 아나키스트가 되었다는 사실을 모르고 보더라도, 텍스트 자체는 민족을 의미화하는 데 양가성의 순간들, 즉 아/타의 대립이 미끄러지는 순간들을 보여준다." 《《한국》》 이렇듯 '아/타'의 대립이 미끄러지는 순간, '아(我)'의 모호성과 양가성에 대한 입체적 접근이 이루어질 때, 신채호의 탈민족주의적 가능성뿐 아니라 민족주의 담론의 내파 또한 가능할 것이다.

'흑/백'이 아닌 '회색'을 선택할 수 있는 자유

헨리 임은 신채호를 민족주의의 팬옵티콘 안에 가두려는 역사 의식에 반기를 든다. "오늘날 남한 내 대부분의 보수적 학자들은 신채호가 말한 혁명의 역사적 주체는 '민족'이 아니라, 억압받고 착취당하는

'무산대중'의 광범위한 정치적 집합체, 즉 '민중'이었다는 사실을 적당히 얼버무린다."《한국》) "신채호가 아나키즘으로 선회한 것은 '민족' 그 자체가 민주적인 전망으로 더 이상 쓸모없게 되었음을 의미한다." 《한국》) 민족주의가 단순히 '쓸모' 없기 때문이라기보다는, 민족주의운동의 심장부에 있었던 그가 민족주의 자체에 내재된 이념적 맹점을 깨달았다는 것이 중요하다. 민족 담론의 핵심에서 민족주의 투쟁을 선도했으며, 언론계와 학계를 통틀어 최고의 민족주의 이론가였던 신채호가 이런 결정을 한 이유는 무엇일까. 민족주의 자체가 지닌 이데올로기적 모순을 깨달았기 때문이 아닐까.

그런 의미에서 한국인이 '민족성'과 '근대성'이라는 '흑'과 '백'의 논리를 넘어서기 위해 거쳐야 할 또 다른 관문은 '박정희 체제'다. 박정희의 통치체계야말로 민족사를 넘어 민중사를 상상하게 한 '반어적' 원동력이었다. 치자-피치자의 동등성에 근거한 근대 대중정치를 구사하며 근대화 담론과 민족주의 담론의 장엄한 혼연일체를 가능케 했던 장본인, 박정희. 1인 독재라는 용어의 감정적 뉘앙스와, 박정희라는 개인의 아우라를 최대한 걷어낸 채 유신 독재체제를 거대하고 조밀한 시스템으로서 철저하게 해부할 필요가 있다. 우리는 집단적 무의식의 차원에서 박정희에 대한 '사랑과 증오의 도착(倒錯, perversion)'을, 그 집단적 분열증의 장기 지속을 해부할 필요가 있다. 정치학자 전인권의 《박정희 평전》(이학사, 2006)이 중요한 참고가 될 것이다.

민족뿐만 아니라 그에 대한 대안적 담론으로 부상했던 '민중'도 새롭게 재해석될 필요가 있다. "변혁의 주체로 상정되었던 민중은 어느덧 우리의 시야에서 멀어졌다. 도대체 그 많던 민중은 어디로 갔을까?" "'민중과 지식인'의 열정적인 만남이 어느덧 싸늘하게 식어버린 것은 세상이 변해서가 아니라 처음부터 그것이 '잘못된 만남'이었기 때문이 아닐까."(《근대》) 바로 이 지점에서 "하위 주체는 말할 수 있는가?"라는 가야트리 스피박의 질문이 접속된다. "즉 이 질문은 '민중과 지식인'의 만남은 처음부터 지식인의 일방적인 짝사랑이었던 것이 아닌가, 그래서 민중은 '역사의 주체'로 칭송되면서도 실제로는 자신의 목소리를 내지 못하고 있었던 것이 아닌가. 더 나아가면 '민중'은 지식인이 만들어낸 상상의 가공물이 아닌가 하는 물음을 던지고 있는 것이다."(《근대》)

이런 관점에서 보면 제주도 민중이 가장 늦게 '한국인'으로 호명된 듯하다. 어쩌면 제주도민은 여전히 한국인/비한국인이라는 흑과 백 사이에 존재하는 무수한 회색지대에 노출되어 있는지도 모른다. '육지것들'과의 결혼을 극도로 꺼리는 제주도 어머니들의 심리는 대한민국의 내셔널리티에 완전히 소속될 수 없는, '제주도민'이 미묘한 정체성의 은유는 아닐까. '민족'을 둘러싼 정체성 투쟁의 비극적 결과가 바로 4·3항쟁은 아닌가. 김성례는 명쾌한 언어로 표현될 수 없는 4·3항쟁의 고통은 '조각난 기억'의 형태로밖에 표상될 수 없기에 역사적 현실을 날것 그대로 드러내는 무속적 재현(굿)에 주목한다. 김성례는 죽은 자가 영매를 통해 산 자에게 보내는 메시지 속에서 민중의 복화술을 읽어낼 것을 제안한다.

"민족국가가 유일한 합법적 정치 형태라는 가정은 서구 헤게모니의 중심적인 측면이다. 그러나 우리는 아직까지 이것을 대체할 만한 정치 형태를 상상할 수 없다."(《한국》) 이것은 탈민족주의의 장벽이기도 하고 민족주의의 무소불위의 전횡을 여전히 정당화하는 근거이기도 하다. 지식과 문화 자체가 국적 없이는 상상될 수 없다는 점도 중요한 인식의 장벽이다. 우리는 지식의 인종화, 문화의 국적화를 넘어설 수 있을까. 한류는 본래 뿌리 없이 유동하는 문화의 혼종성을 은폐하고 문화의 주체를 민족으로 특권화하는 또 하나의 권력으로 군림하고 있다. 박진영의 한류 해체 선언은 이런 문화의 국적화에 저항하는 대중문화 '내부'의 역동성을 보여준다. 그가 한류 최대 스타 중 한 명인 '비'를 키운 장본인이라는 점에서 이 발언은 더욱 논쟁적이다. "민족국가 없이는 자유도 역사도 없다"는 헤겔주의의 망령을 몰아내는 것이 가능할까. 민족주의라는 원형 감옥으로부터 탈주하는 방법은 무엇일까. 영화 〈스쿠프〉에서 우디 앨런은 자신의 정체성을 이렇게 표현한다. "유대교 가정에서 태어났죠. 그런데 크면서 나르시시즘으로 개종했어요." 이 고도의 지적 농담을 조금 진지하게 해석하면, 어떤 거대 담론에도 자신의 개별성을 훼손당하지 않으려는 의지가 엿보인다. 나는 우디 앨런의 나르시시즘 선언에서, '유대인으로 태어나도 유대교를 믿지 않을 수 있는 자유'가 여전히 보장되지 못하는 민족주의의 보편적 한계를 본다.

타인의 고통을 앓는다는 것

미국 드라마 〈CSI〉를 보며 섬뜩했던 경험은 매회 어김없이 등장하는 시체들이 어쩌면 그렇게 세련되고 멋지게(?) 느껴질까 하는 것이었다. 우리의 머릿속에 각인된 시체는 무릇 끔찍하거나 무섭거나 냄새나는 그무엇, 거부감이나 공포 없이는 바라보기 어려운 무엇이었다. 하지만 〈CSI〉 속의 과학수사대가 다루는 시체는 완벽한 분장과 조명으로 가끔은 아름답기까지 하다. 흉기에 찔리고 총기에 구멍난 끔찍한 시체들은 언제나 찬란한 과학수사의 출발점이다. 시체에 남겨진 범인의 흔적을 완벽하게 복원하여 반드시 범인을 잡아내고야 마는 신출귀몰한 CSI 대원들. 과학수사물로 점철된 미국 드라마는 그렇게 타인의 고통을 일종의 화려한 스펙터클로 '전시' 한 후, 그 고통을 해결할 수 있는 것은 '과학' 이라는 무기와 '미국' 이라는 위대한 주체임을 확인하는 데 복무한다. 슈퍼맨이나 스파이더맨이 지켜냈던 인류의 정의는 이제 CSI나 FBI,

CIA의 전유물이 되었다.

내 것으로 느끼지 못하는 고통

　미국은 정말로 인류의 고통을 어루만지는 데 관심이 있는 것일까. 그런데 그들이 타인의 고통에 개입하는 방식은 미국 드라마에 끊임없이 등장하는 과학수사대처럼 왜 늘 '사후적'인 것일까. 그들은 왜 모든 사건이 일어난 후에, 범죄나 재난이 이미 일상을 파괴한 후에 나타나 화려한 액션을 선보이는 것일까. 진정 훌륭한 경찰이라면 '일상'에서 더 이상 끔찍한 일이 일어나지 않도록 '사전'에 개입하고 예방하는 프로그램을 실천해야 하지 않을까. 미국 드라마의 경찰들은 위대한 해결사의 역할을 자임하지만, 그들의 모든 대단한 개입은 항상 '사후'에 이루어진다. 〈CSI〉의 모든 첫 장면은 '이미' 살해된 시체에서 시작한다. 그들은 사건이 일어난 후 현장에 나타나 그들의 권력을 행사하고 확인하는 퍼포먼스를 실현한다. 진정한 권력은 자신의 권력을 재확인할 필요가 없다. 진정한 권력이 있다면 범죄를 해결함으로써, 아니 범인을 색출해냄으로써 자신의 권력이 건재함을 과시하는 것이 아니라 범죄 자체가 일어나지 않을 수 있는 노력을 시작할 것이다. 그것은 빈곤과의 싸움이고 질병과의 싸움이며 모든 차별과 고통과의 싸움일 것이다.

　수잔 손택은 《타인의 고통》에서 '왜 현대인은 타인의 고통에 개입하는 능력을 잃어버렸는가'에 대해 집요하게 질문한다. 현대인은 언제부턴가 다른 사람들의 아픔을 보며 울 수 있는 감각을 '촌스럽다'고 생각하기 시작했으며, 타인의 아픔에 공감하고 그와 함께 고통과 싸울 수 있는 힘을 불신하게 되었다. 신문 속의 사진이나 TV의 동영상을 통해 '요리' 되고 '편집' 된 이 세상 저편의 머나먼 타인의 고통, 그 '이미지' 에 익숙해져버린 현대인. 우리는 미디어가 매개해준 고통의 영상을 사실로 착각하기 때문에 진짜 고통 앞에서는 어떻게 대처해야 할지 모르게 된다. "사람들이 사진을 통해서 뭔가를 기억한다는 데에는 아무 문제 없다. 정작 문제가 되는 것은 사진만을 기억한다는 데 있다." 미디어를 통해 끊임없이 '여과' 되고 '반복' 되는 타인의 고통을 재현하는 '이미지' 들은 고통을 바라보는 감각 자체를 둔화시킨다.

굶주림의 대명사가 되어버린 에티오피아 난민 어린이의 사진, 분쟁의 대명사인 팔레스타인 난민 사진, 테러의 대명사인 9·11 사진 등은 미디어가 고통을 '전형화' 시키고 '박제화' 시키는 일종의 매너리즘으로서 대중의 감각을 둔화시킨다. 우리는 ARS 모금 등의 '소극적인' 관심으로 타인의 고통에 대한 대처법을 나름대로 개발했지만, 그것은 진정 타인의 고통 곁으로 다가갈 수 없는 현대인의 크고 작은 면죄부로 기능하기 쉽다. 점점 '그들' 과 '우리' 의 삶 사이에는 건널 수 없는 심연이 자리잡게 된다. 우리는 그렇게 서로에게서 멀어져간다.

감정이입이 사라져가는 시대의 우울

타인의 고통이 단순히 '타인의' 고통으로 끝나게 되는 또 하나의 이유는 '적' 과 '아' 를 구분하는 이분법적인 사고 때문이다. 수잔 손택이 처해 있던 가장 근접한 현실, 미국의 정치는 이런 '적' 과 '아' 의 이분법을 가장 선명하게 보여준다. 테러와의 전쟁, 범죄와의 전쟁, 마약과의 전쟁 등 모든 사회 문제를 적대적 대상으로 정해놓고, 그 문제들에 접근해 있는 '사람들' 자체를 '공적'이자 '악의 축'으로 지목하는 미국식 전쟁관은 모든 사회 문제를 극도로 단순화시킨다. 그들의 논리에 따르면 범죄는 '범인', 테러는 '테러리스트', 질병은 '환자'의 것일 수밖에 없다. 그들은 '문제'를 대상화함으로써 '고통'을 타자화하고 고통의 당사자들을 이 사회의 울타리 바깥으로 추방한다. 수잔 손택은 9·11테러 이후 '테러와의 전쟁'이라는 미국사회의 캐치프레이즈가 얼마나 위험한 논리를 품고 있는지를 날카롭게 지적한다.

사실 테러리스트는 공산주의자보다 훨씬 신축적인 단어입니다. 이 단어를 쓰면 갖가지 상이한 갈등과 이해관계를 모두 포괄할 수 있죠. 이 단어가 뜻하는 바는 언제까지나 전쟁이 끝나지 않으리라는 겁니다. 테러리즘은 늘 존재하기 마련이니까. 빈곤과 암이 늘 존재할 것처럼 말입니다. 즉 오히려 아주 약한 쪽이 민간인들을 공격 목표로 삼아 폭력을 행사하는 그리 어울릴 법하지 않는 분쟁이 늘 존재하리라는 겁니다. 미국에 만연된 분위기, 그도 아니면 미국의 수사학은 정의를 위한 투쟁은 결코 끝나지 않으리라는 이 불행하기 짝이 없는 전망을 부추기고 있습니다.

수잔 손택은 미국의 반(反)테러주의가 실제로는 테러와 관련된 수많은 사회적 마이너리티를 향한 심리전임을 간파한다. '미국의 이익에 반대하는' 모든 세력과의 투쟁, 팍스아메리카나를 위협하는 모든 세력과의 전쟁. 그것이 '테러와의 전쟁'의 본색이며, 미국의 이익에 위협이 되는 세력들을 언제든지 '악의 축'으로 만들 수 있는 '귀에 걸면 귀걸이, 코에 걸면 코걸이' 식의 담론이다. 그럼으로써 미국은 정작 미국의 이익을 위해 희생되는 수많은 타인들의 고통을 외면한다. 수잔 손택이 비판하는 자신의 '조국', 미국의 현실은 특정한 '한 국가'를 표상하는 것이 아니며, 타인의 고통을 외면하는(또는 재생산하는) 모든 주체를 겨냥한다.

세계적인 비평가였으며 작가이자 운동가이기도 했던 그녀는 "해석은 지식인이 예술과 세계에 대해 가하는 복수다"라는 도발적인 선언으로 유명했다. 그러나 그 문구보다 더욱 중요한 것은 "예술에 대한 해석학 대신 우리에게 필요한 것은 예술의 성애학(erotics)이다"라는 마지막 문장이었다. 예술은 분석이나 비판보다는 '사랑의 창문'을 향해 열려 있다는 것이다. 그녀의 글이 칼이 되고 화살이 되어 우리의 심장에 박히는 이유는, 그 문장 하나하나가 오랫동안 우리의 마음을 아프게 하는 이유는, 그것이 우리를 향한 단순한 '공격'이기보다는 '사랑'의 언어이기 때문이다. 타인의 고통을 분석하고 그 원인을 비판하는 것보다 중요한 것은 다만 조용히 그의 옆자리로 가 앉는 것, 우리가 가진 저마다의 크고 작은 힘을 타인의 눈물을 닦는 데 쓰는 것, 마침내 그 눈물이 '타인'만의 것이 아닌 '우리'의 것임을 깨닫는 것이 아닐까.

우리 안의 예술가를 발굴하는 법

유럽의 미술관에 처음 갔을 때 가장 놀라웠던 것은 건축이나 그림 자체가 아니었다. 바로 아무렇게나 배를 깔고 누워 그림을 베끼는 아이들의 모습, 그림 앞에 몇 시간이고 주저앉아 그림을 모사하는 남녀노소들의 모습이었다. 미술관의 허락을 받고 몇 달에 걸쳐 한 그림만 모사하는 사람들도 많았다. 게다가 유모차를 탄 한 살배기 아이들과 휠체어를 탄 노약자나 장애인들까지도 거리낌 없이 작품을 감상하는 모습이 어찌나 행복하고 아름다워 보이는지. 영국의 내셔널 갤러리에서는 아예 스케치를 위한 방을 따로 만들어놓아 의자를 배치하고 펜과 스케치북을 나눠주며 사람들에게 마음껏 그림을 그릴 수 있도록 배려하기까지 했다. 만원버스처럼 복작거리며 그림을 보려고 해도 앞사람의 뒤통수를 원망해야 하는 한국의 관람문화를 생각하면 마음이 쓰려왔다. 화려한 컬렉션과 건축물보다도 더욱 부러웠던 건 바로 '타자를 향한 상상력'이었다. 그림을 감상하다 보면 한번쯤 베껴보고 싶은 그림도 있을 것이고, 그 앞에 앉아 몇 시간이고 그림과 대화하고 싶을 수도 있으며, 불편한 몸을 이끌고라도 반드시 그 그림을 보고 싶은 경우도 있을 것이다. 수많은 타인의 '경우의 수'를 상상하고 배려하는 그 문화적 인프라야말로 창조성의 원천이 아닐까.

엘런 랭어의 《예술가가 되려면》은 예술가가 되기 위한 조건이 '타고난 재능' 이전에 '그 누구의 눈치도 보지 않고' 예술 그 자체에 몰입할 수 있는 순수한 용기임을 강조하고 있다. 내가 유럽의 미술관에서 한껏 부러워했던 모습도 바로 그 투명한 '눈치 없음'이었다. 누군가 나의 스케치를 볼까 봐 전전긍긍하지 않고, 아이든 어른이든 내 마음대로 그림을 스케치할 수 있는 분위기야말로 개인에게 무의식적으로 용기를 북돋우는 요소였다. 엘런 랭어는 예술가가 되기 위해 가장 필요한 것은 체계적 교육이나 엄청난 재능, 불굴의 의지 이전에 예술 그 자체를 '시작'하는 행위임을 강조한다. 타인의 시선이나 비평을 두려워하는 것이야말로 창작의 가장 큰 방해물임을 그녀는 도처에서 상소한다.

재능과의 숨바꼭질

르네상스는 역사 속에만 존재하는 것이 아니라 개개인의 마음속에도 존재할 수 있다. 엘런 랭어는 자기 안의 르네상스를 일으키기 위해서는 차일피일 미루지 않고, 타인의 만류나 비평을 의식하지 않으며, 캔버스 위에 그림을 그리기 시작하는 것뿐이라고 설파한다. 심리학 교수인 엘런 랭어는 어느 날 갑자기 그림이 그리고 싶어졌다. 그녀의 어린아이 같은 그림은 과학적인 원근법이나 실제 사물의 이미지와는 맞지 않았지만 주위 사람들로부터 좋은 반응을 얻었다. 누구의 시선도 의식하지 않고 그림을 그리는 과정 자체에 몰입하다 보니 전문적인 미술 교육을 받지 않았어도 화가가 될 수 있었다는 이야기를 다양한 심리학적 실험과 함께 경쾌하게 풀어내고 있다.

문예창작학과 학생들이 가장 많이 토로하는 고민 중 하나가 '과연 나에게 재능이 있을까' 라는 의혹이다. 우리의 예술 교육은 군계일학의 천재를 지향하면서 동시에 알록달록한 재능을 가진 수많은 아이들의 기를 죽여온 것은 아닐까. 나 또한 예술은 '아주 특별한 사람들'의 배타적 영역이라는 선입견에서 오랫동안 벗어나기 어려웠다. 문학을 사랑했지만 '감히' 작가의 꿈을 꿔보지 못한 이유도 '내게는 재능이 없다' 는 절망 때문이었다. 그러나 지금은 내 수업을 함께하는 학생들에게 '감히' 말할 수 있을 것 같다. 재능은 광에서 곶감 꺼내먹듯 정해진 분량을 소진하는 것이 아니라고. 재능은 뜻밖의 타인과의 부딪힘을 통해, 알 수 없는 세계와의 충돌을 통해, 감당할 수 없는 사건과의 조우를 통해 매일매일 우리가 모르는 사이에 제련되고 폭발하고 잉태되는 것이라고. 재능은 꿈을 포기하지 않는 무구한 집중에서, 낯설고 어이없는 타인을 만나 그를 미치게 사랑하는 시간 속에서, 끊임없이 '나 아닌 나' 를 향해 질주하는 과정 속에서 발견되는 것이라고. 그러므로 우리의 문제는 재능을 발견하지 않으려는 아집과 태만에 있는 것이지 재능의 유무 자체가 아니라고. 누구도 자신의 재능을 스스로 발견하는 재능을 가질 순 없는 것이 아닐까.

마음 챙김

사실 나는 예술가의 작품보다 그의 삶을 다룬 에피소드집이나 편지 모음, 일대기나 자서전을 더 좋아한다. 어떤 예술가는 작품보다 사람이 더 매력적인 경우가 있다. 그런 경우 나는 예술이 작가를 '따라가지' 못하는 것이라기보다는 그의 인생이 예술이라고 믿고 싶다. 예술이라는 명명이나 구별 자체가 폭력인 경우도 많다. 동굴벽화를 그린 원시인들이 자신들의 그림을 '예술'이라 명명하지 않았듯이, '직업으로서의 예술'이 '만들어진' 전통이라는 점을 우리는 자주 잊는다. 그렇다면 예술가가 되기 위해서, 아니 예술을 시작하기 위해 진정으로 필요한 것은 무엇일까. 엘런 랭어는 그것이 '마음 챙김'(이 책에서는 유연한 마인드mindfulness라는 용어로 풀이되어 있지만, '마음 챙김'이라는 표현이 더욱 '유연하게' 다양한 상황을 변주할 수 있을 것 같다)이라고 조언한다. 이 '마음 챙김'은 기계적 마인드로부터 벗어나는 길이며, 사물의 규칙을 넘어 불확실성을 긍정하는 행위다. "우리는 사물을 파악하고 이해하기 위해 불확실성을 줄이거나 없앤다. 하지만 이렇게 불확실성을 없애기보다는 불확실성의 힘을 이용할 수 있어야 한다."

타인의 시선을 의식하는 습관을 버리고, 나의 한계를 가늠하는 계산법을 팽개치며, 이것이 돈이나 직업이 될까를 걱정하는 소심함을 떨치고, 오직 그림을 그리거나 음악을 연주하거나 글을 쓰는 과정에 아이처럼 몰입하는 것. 그것이야말로 예술에 우리의 마음을 온전히 빼앗기는 비법 아닌 비법이 아닐까. 우리는 어쩌면 어떤 지식을 알지 못해서가 아니라 어린아이였을 적에 이미 몸으로 알고 있었던 본능을 잃어버림으로써 예술로부터 멀어진 것은 아닐까.

엘런 랭어의 친절하고 따스한 조언을 읽다 보면 이 책이 단지 예술가 지망생을 향한 가이드북이 아니라는 점에 더욱 큰 매력을 느낀다. 그녀는 직업이나 경력에 상관없이 모든 사람들의 마음 깊은 곳에 웅크리고 있는 본능, 한 번쯤은 모든 일손을 놓고 그림을 그려보고 싶은 욕망, 악기를 멋지게 연주해보고 싶은 욕망, 영혼을 뒤흔드는 글을 쓰고 싶은 욕망에 호소한다. 엘런 랭어의 핵심 용어인 '마음 챙김'은 타인의 시선을 무시하는 태도가 아니라, 타인의 비난으로 인해 마음을 다치지 않으면서도 바로 그 타인의 비난을 나 자신의 창조성으로 변환시키는 진정한 용기를 일컫는다. 그러므로 그것은 예술가들에게만 필요한 능력이 아니라 요리할 때도, 공부할 때도, 노동할 때도, 연애할 때도 누구에게나 필요한, 세상과 타자와 자신을 향한 '사랑의 능력'일 것이다. 발리에는 '예술'이라는 말이 따로 없다고 한다. 그것은 발리 사회가 원시적이어서가 아니라 발리인들이 하는 행동 하나하나가 이미 예술이기 때문이 아닐까. 이 책과 함께 예술의 숲을 여행하며 우리의 방황도, 우리의 슬픔도, 우리의 고통도, 언젠가는 예술이 되기를 꿈꾸어본다.

'동굴 속 황제'로 커가는 한국 남성의 역사

예전부터 '착하다'라는 단어의 역사가 궁금했다. '착하다'라는 말에 대한 정확한 번역어가 있을까. '착하다'는 'nice'보다는 얌전한 뉘앙스를 가졌고 'good'보다는 정치적이고 인격적인 분위기를 지닌다. '착하다'는 '정든다', '한스럽다', '밍밍하다'처럼 정확한 서구적 번역어가 없는 한국적 특수성을 지닌 어휘인지도 모르겠다.

'착하다'는 한국인들이 사람의 성격을 평가하는 가장 보편적인 형용사다. 이 말은 자본주의가 가속화될수록 점점 사람들의 냉대를 받게 될 듯하다. 착한 사윗감, 착한 며느릿감은 한때 최고의 결혼 상대였으나 이제는 '유능한' 배우자가 최고의 대우를 받게 되었다. 사람들은 이제 착함을 진심으로 추구하기보다는 '착해 보이기'를 가르치고 배우며 자라는 것 같다. 타인에게는 착하기를 요구하지만 정작 자신이 '착하다'는 평가를 받으면 내심 손해 보는 듯한 억울함을 느낀다. 우리는 어린 시절 "착한 사람이 되어라"라는 말을 듣고 자랐다. 하지만 착한 사람은 진정한 자아를 잃어버린 사람과 동의어라는 것을 어른들은 미리 가르쳐주지 않았다.

착한 남자＝반사회적 · 반가족적 인간

전인권의《남자의 탄생》은 '착하게' 길러지는 한국 남자들의 일상적 도덕의식의 뿌리를 파헤치는 책이다. 정치학자 전인권은 자기를 배려할 줄 모르고 가족, 학교, 군대, 직장의 역할 모델에 가려 진정한 자아를 잃어버리는 한국식 남자의 성장 과정을 보여준다. '나는 무엇을 해야 하는가', '나는 남들에게 어떻게 보여야 하는가'라는 화두에 가려 '나는 어떤 사람인가', '내가 진정 원하는 것은 무엇인가'를 묻는 법을 잃어버린 한국 남자들의 보편적 성장 과정을 그는 스스로의 연대기를 통해 속속들이 보여준다. 내밀한 자아를 곱씹을 여유를 처음부터 허락받지 못했기에 정신적으로 매우 수동적이고 불건강한 상태가 바로 한국적 '착함'의 숨은 얼굴이 아닐까. 착하다는 것은 만성적인 피해 의식과 항상적인 욕망의 결핍 상태를 의미하는 것은 아닐까. 착해서 뭘 하냐, 이 세상에 안 착한 사람이 어디 있냐, 착하기만 해서는 못 쓴다 등등 착함에 대한 클리셰는 착함에 대한 무의식적 거부감에 대한 완곡어법인 셈이다.

착한 사람의 진정한 일상적 의미를 재구성한다면 이렇게 도식화되지 않을까. 착한 사람＝등쳐먹기 좋은 사람＝남의 말에 잘 속는 사람＝최소한의 자기 잇속조차 챙기지 못하는 사람＝자신의 손해나 불편을 묵묵히 견디는 사람=조직의 논리에 충성하는 사람=자신이 원하는 것을 억누르고 타인이 원하는 것에 눈치를 보는 사람. 《남자의 탄생》은 그런 의미에서 착한 사람, 특히 착한 남자라는 사회적 표본이 어떻게 사회학적·인류학적·정치학적으로 한국사회의 전형적 모델로 자리잡게 되었는가를 흥미롭게 보여주는 책이다. 그것은 곧 전인권 스스로가 고백하는 '나의 착함의 근원 밝히기' 작업이기도 하다. 그는 책의 서두에서 고백한다. 나는 착해짐으로써 진정한 나로부터 소외되었으며, 이 사회가 원하는 착한 사람이 됨으로써 결과적으로 사회적으로 실패한 인간이 되었다는 것.

더 큰 문제는 이토록 착하고 온순하며 복종적으로 길들여지는 '한국적 남자'의 내면이 진정으로 착하지 않다는 데 있다. 그들은 사회나 조직 속에서는 착하지만, 진정 자신의 내면이 가장 잘 드러나는 공간, 진정 자신의 착함을 가장 필요로 하는 가정에서는 착하지 않게 길러진다. 바로 여기서, 한국사회의 가부장제는 가족적·사회적 인간을 길러내기 위해 개인의 욕망을 희생하도록 작동되지만, 결과적으로는 타인뿐 아니라 자신의 욕망에도 무지해진 나머지 반사회적·반가족적 인간을 양산시킨다는 역설이 탄생한다. 한국사회의 아버지는 가장의 권위를 얻는 대신, 집안의 대소사와 각종 노동에 참여하지 않는 대신, 정신적으로 가족 구성원으로부터 소외되는 것이다. 아버지는 가족의 질서를 유지하는 대신 소통을 가로막고, 권위를 얻는 대신 친밀성을 잃어버리며, 끝내 아무리 좋은 가장이라도 말년에는 가족에 대해 무지하고 가족의 대화에 끼어들지 못하는 왕따가 된다. 《남자의 탄생》은 이 과정을 때로는 마음의 해부도까지도 세세히 나타낼 듯한 엑스레이적 시선으로, 때로는 창공을 가르는 비행기의 조감도적 시선으로 낱낱이 파헤친다.

'동굴 속 황제'의 본성을 버리고 얻은 자유

《남자의 탄생》은 한국 남성의 표준적 성격이 어떻게 탄생하는가를 분석하는 책을 넘어 모성의 탄생, 부성의 탄생, 아들과 딸의 탄생 과정을 돌아보게 한다. 한 남자가 어른이 되기 위해 거치는 모든 통과의례는 일상과 전통의 이름으로 진부하게 각인되지만, 실상 이 진부한 일상성의 메커니즘은 권위와 신비의 커튼 뒤에 숨어 있다. 독자는 이 책을 통해 일상의 상투성이 다채로운 신비로 물드는 순간을 체험하게 된다. 우리는 인생에 가장 큰 영향을 준 책은 무엇인지, 가장 존경하는 인물은 누구인지에 대해서는 수없이 질문하지만, 나의 성격을 구성하는 일상적 조건에 대한 물음은 거의 던지지 않는다. 그 하찮은 일상 하나하나가 정신의 세포가 되어 이토록 복잡한 나를 구성하는 것이었구나 하는 깨달음은 아프지만 통쾌하다.

이 책의 건강한 도발성은 내용보다는 형식에서 우러나온다. 전인권은 자신이 아무리 애를 써도 권위적이고 비민주적이며 이기적인 '동굴 속 황제'의 본성을 숨길 수 없다고 고백한다. 하지만 이 책의 형식이 그가 '동굴 속 황제'의 권위로부터 이미 탈주했음을 증명하는 것 같다. 한국 남자가 만천하에 자신의 '실패한 성장 과정'을 까발린다는 것, 자신의 부모와 자신의 성장 과정의 부정적인 측면과 은밀한 작동 원리를 낱낱이 고백한다는 것 자체가 신기한 일이기 때문이다. 자신의 실패를 해부하여 벌건 대낮에 책이라는 공적인 텍스트로 고백한다는 것, 게다가 자신의 부모를 속속들이 해부한다는 것은 이들 세대에게는 '금지된 장난'이었을 것이다. 나는 《남자의 탄생》을 통해 가장 내밀한 자전적 기록이 가장 공적인 정치적 탐구가 될 수 있다는 희망을 본다.

"이렇게 하면 성공한다"는 성숙한 어른의 충고보다는 "이렇게 했더니 실패했다"는 솔직한 어른의 고백이 그리웠다. 성공한 어른은 많지만 정직한 어른은 흔치 않다. '나'에 대해 이야기하되 '나'를 넘어서는 책 또한 그렇게 많지 않다. '나'의 수직적 깊이를 파고들면서도 '나'를 둘러싼 수평적 연대의 확장을 동시에 꿈꾸게 하는 책, 내게 《남자의 탄생》은 그렇게 읽혔다. 처절한 고백을 통해 얻을 수 있는 것은 쪽팔림이 아니라 자신을 길들여왔던 모든 존재 조건으로부터의 '자유'임을 그를 통해 배운다.

p.s. 살아가면서 아주 가끔 유명인을 실제로 봤을 때 한 번도 제대로 눈을 마주치지 못했다. 꼭 유명인이 아니더라도 멀리 있어어 더욱 아름답게 보이는 사람들 앞에서 나는 꿀 먹은 벙어리가 되기 일쑤였다. 그런 사람들은 TV 화면이나 지면을 통해서만 보는 것이 훨씬 더 좋을 것만 같았다. 동경하는 것은 멀리 있어야 제 맛이라 생각했다. 하지만 예외가 생겼다. 정은임과 전인권, 그들은 살면서 꼭 한 번은 향기로운 술잔을 앞에 놓고 한담을 나누고 싶은 사람들이었다. 이별에는 두 가지가 있다. 다시 만날 수 있는 희망이 있는 이별과 절대로 다시 만날 수 없는 이별. 해마다 8월이 되면 다시는 돌아올 수 없는 두 사람을 막막하게 기다려야 할 것 같다. 내 마음속에서는 아직 보내지 못한 사람들

이기에 돌아오지 못할 것을 알면서도 그저 기다리는 수밖에 없을 것 같다. 정은임을 향한 동경보다도 전인권을 향한 동경이 내게는 더 아리다. 그가 세상을 떠나고 나서야 그의 아름다움을 뒤늦게 발견했기에.

위대한 작문 교재는 없다

텔레비전 드라마에 내레이션이 늘어간다. 내레이션의 남발은 서사의 실패라는 것이 서사 창작의 기초라지만, 내레이션으로 처리했을 때 오히려 효과적인 순간들도 많다. 누군가에게 감정을 전달할 기회가 없을 때, 그 자체가 ㄱ 사람의 캐릭터이자 환경일 때, 내레이션은 표현된 감정의 내용에 앞서 감정 표현 불가능성 자체를 강조하는 촉매가 된다. 말하려던 내용과 내뱉은 내용이 다를 때도 내레이션은 효과적이다. 마음대로 자신의 마음을 보일 수 없는 상황에서 현대인들은 완곡어법으로 자신의 욕망을 포장하고 여과하며 은폐한다. 회사, 학교, 군대, 병원, 감옥 등 모든 조직사회에서 사람들은 자신의 마음을 용의주도에게 감추는 감정의 분장술을 배운다. 그렇게 우리는 발화자와 수신자의 행복한 소통보다는 발화자의 욕망과 실제가 끊임없이 충돌하는 환경에 적응(?)하는 훈련에 길들여져 있다. TV 드라마에서 내레이션이 점점 늘어만 가는 것은 일상 속에서 점점 혼잣말이 늘어나는 우리의 삶을 닮은 것이 아닐까. 세상 밖으로 뛰쳐나가지 못한 혼잣말은 속절없이 쌓여 마음의 빗장을 굳게 지르게 된다.

그러나 내레이션은 반드시 '표현의 억압'의 대용품은 아니다. 내레이션은 말을 충분히 하면서도 글도 쓰고 싶은 인간의 욕망과 영상 이미지만으로는 부족한 서사 공간의 잉여 혹은 여백을 드러낸다. 나의 가슴을 가장 아프게 흔들고 간 드라마 내레이션의 여왕은 〈인순이는 예쁘다〉의 인순이였다. 고교 시절 우발적인 실수로 살인을 저질러 교도소를 가야 했던 인순이는 "여기만 나가면 뭐든지 하겠어요. 여기만 나가면 뭐든지 감사하겠습니다"라고 기도하며 인생에서 가장 빛나야 할 시절을 감옥에서 숨죽인 채 살았다. 그러나 교도소를 나와서야 비로소 깨닫는다. 교도소를 나왔지만, 그녀가 자유의 공간이라 믿었던 사회야말로 또 다른 시선의 교도소임을. 인순이는 말하고 글을 쓸 데가 없어 피멍 든 자신의 마음 위에 문자 없는 글을 쓴다. 사랑받는 법에도, 외로움을 달래는 법에도 젬병인 인순이는 가장 친한 친구에게도, 자신을 버리고 떠난 엄마에게도 차마 말하지 못하는 살인범의 기막힌 사연을 독백으로밖에 표현할 수 없다.

글쓰기의 묘미

내레이션은 영상 위의 글쓰기다. 내레이션은 시각적 이미지와 배우들의 대화만으로는 표출할 수 없는, 말로 표현할 수 없는 말들의 구슬픈 피난처다. 나는 'beyond description(형언할 수 없는)'이라는 숙어와 'read between the lines(행간을 읽다)' 라는 숙어를 애지중지한다. 'beyond description'의 상황을 독자로 하여금 'read between the lines' 하도록 만드는 것, 문자로 표현할 수 없는 언어를 행간의 여백에 꼭꼭 눌러 담는 법이 바로 글쓰기가 아닐까. 그런 면에서 윌리엄 진서의 《글쓰기 생각쓰기》는 '어떻게 글을 쓸 것인가' 라는 실천의 문제에 앞서 '어떻게 행간에서 방황할 것인가' 라는 '태도' 의 문제를 제기한다. 글쓰기의 중요성과 유용성을 저마다 소리 높여 떠드는 분위기에서 정작 실종되어가는 것은 바로 글쓰기의 '과정' 이다. 글쓰기의 결과(논술시험 합격, 취직시험 합격을 비롯한 각종 사회적 미션 완수)를 강제하는 분위기에 떠밀려 정작 글쓰기의 태도는 '가르칠 수 없는 영역' 으로 밀려났다. 그러나 1976년에 출간되어 공전의 스테디셀러로 남은 《글쓰기 생각쓰기》의 저자는 그렇게 '가르칠 수도 배울 수도 없는 영역' 으로 밀려난 글쓰기의 태도야말로 자신이 수십 년간 언론인이자 작가이자 교육자의 자리에서 독자와 학생들을 만나는 이유였음을 강조한다.

이 책을 통해 우리는 '글을 전혀 쓰지 않는 글쓰기 수업' 의 묘미를 터득한다. 그는 각종 실용문의 '완성' 을 목표로 하며 성마르게 글쓰기에 달려드는 학생들에게 글을 쓰기에 앞서 무엇을 왜 쓰고 싶고 어떻게 쓸 것인지에 대해 말해달라고 주문한다. 글쓰기라는 본 게임에 앞서 우선 글쓰기에 대한 글쓰기를 해보라는 것이다. 컴퓨터 화면을 보며 자판을 두들기는 글쓰기에 익숙해진 현대인은 점점 더 '낙서의 기쁨' 을 잃어간다. 이 책을 읽다 보면 낙서와 세련되게 다듬어지지 않는 야생의 생각을 거칠게 메모하는 행위가 글쓰기의 출발점임을 환기하게 된다. 글쓰기는 생짜로 없는 것을 창조해내는 것이 아니라 이미 마음속에 저장되어 있는 비언어적 정보를 언어적 기호로 번역하는 행위다. 윌리엄 진서는 이 언어적 기호로서의 글쓰기의 완성을 향해 급행열차를 타기 보다는, 아직 언어화되지 않은 자신의 비언어적 정보를 차분히 투시하라고 속삭이는 것 같다. 말할 수 없는 말들의 아우성을 글이라는 매체로 번역하는 것이 곧 글쓰기 아닐까. 그런 의미에서 글쓰기의 핵심은 수사학적 세련미가 아니라 독자에게 투명하게 까발릴 수 없는, 오직 자기 자신이라는 1차 독자에게만 노출된 '글쓰기 이전'의 상태를 어떻게 견디느냐에 달린 것 같다. 글쓰기의 묘미는 글쓰기라는 본 게임에 있는 것이 아니라 글쓰기 이전의 낙서와 브레인스토밍에 있다는 것, 나아가 우리가 가장 소홀히 하는 퇴고와 교정교열의 과정이야말로 글쓰기의 은밀한 기쁨이자 치명적 뇌관이라는 것을 우리는 이 책을 통해 기쁘게 재확인할 수 있을 것이다.

행복한 글쓰기

김치 중에서도 묵은지가 최고의 김치찌개 맛을 내듯이, 와인의 숙성 기간과 저장 방법이 와인의 가치를 높이듯이, 글쓰기 또한 아이디어가 떠오르는 순간 일필휘지로 써내려가는 것보다는 오랜 시간 '발효와 숙성' 기간을 거친 글쓰기가 우리 자신을 더 많이 변화시킬 수 있다. 사실 내가 가장 견디기 어려웠던 글쓰기 과정도 이 '발효와 숙성'의 단계였다. 발효 및 숙성 단계를 가장 잘 버티는 방법은 책상 앞에 앉아 있는 것이 아니라 밖에 나가 마음껏 노는 것이다. 집필 과정에만 매달리다 보면 점점 자폐적 우울로 치닫게 마련이다. 노는 것은 '나'라는 존재를 타자의 공간 속으로 밀어 넣는 것이며, 타인의 언어가 내 몸으로 들어와 살 수 있도록 마음의 빈 공간을 만드는 행위다. 그렇게 '놀이'(여기서 놀이는 음주가무를 비롯해 글쓰기가 '아닌' 모든 활동이 포함될 수 있다. 내가 주로 쓰는 처방은 수다와 산책이다)를 통해 자꾸만 컴퓨터 화면 앞으로 달려가려는 나의 욕망을 지연시키다 보면 표현의 욕망으로 똘똘 뭉쳐 있던 글쓰기의 근육이 조금씩 풀리기 시작한다.

　　말들의 포화상태에서 글쓰기가 시작되는 것이 아니라 말들의 아우성이 조금씩 잦아들며 '자존'으로 똘똘 뭉쳐 있던 '자아'가 점점 자잘한 여백으로 물들기 시작할 때, 내가 채워질 때가 아니라 내가 비워질 수 있을 때 행복한 글쓰기는 시작된다. 글쓰기를 떠올리면 어둑한 골방의 이미지가 생각나거나, 대단한 예술성이나 논리성이 글쓰기의 '기술'인 것처럼 규정된 글쓰기 교육에 지친 사람들에게 이 책은 '우리가 가진 것 이상이 아니라 우리 자신이 가진 것을 딱 그만큼 보여주는 글쓰기'가 얼마나 어렵고 소중한 것인지를 진솔하게 깨우쳐준다. 그런 면에서 글쓰기 훈련의 가장 멋진 일상적 데뷔 무대는 일기와 연애편지가 아닐까. 나 자신을 나에게만 꺼내 보이는 영혼의 내레이션, 일기. 그리고 영혼의 단짝 소울 메이트를 만나기 위한 절박한 몸부림으로서의 연애편지만큼 우리를 '숙성'시키고 '극기훈련' 시키는 매체는 흔치 않으니.

역사를 전복하는 역사의 향연

〈이산〉, 〈세종대왕〉, 〈왕과 나〉. 공중파 3사의 대표 드라마가 모두 사극으로 도배되는 현상이 2000년대의 트렌드로 자리잡은 지 오래다. 월화수목금토일, 하루도 빠짐없이 공중파뿐 아니라 케이블 방송에서도 오래된 사극(〈허준〉, 〈왕과 비〉 등)과 오늘의 사극을 방송하고 있다. 역사의 홍수는 현실의 불안이라는 거대한 제방을 무너뜨리는 듯한 착시를 선물한다. 역사의 재해석은 창조와 날조 사이의 위태로운 줄타기 속에서 대중과 매번 새로운 대화를 시도한다. 때때로 기록의 틈새에 현대적 상상력을 메워 넣는 팩션의 매력은 달콤한 만큼이나 위험하다. 아무리 "이것은 드라마일 뿐이다"라고 강변해도 대중은 그것을 한사코 '역사' 그 자체로 소비하기 쉽다. TV로 보는 역사의 매력은 강력한 서사성이지만, 그 위험 또한 그 서사성에 존재한다. 서사와 영상이 결합됨으로써 '후대인이 바라는 역사'는 '당대인이 겪었을 만한 역사'로 슬쩍 전이된다. 영상화되는 역사 서술의 매력이자 위험은 그것이 너무 강렬하고 결정적인 이미지로 각인된다는 점이다. 이제 우리는 주몽을 발음하는 순간 배우 송일국을 떠올리고 이순신을 떠올리는 순간 배우 김명민을 기억하게 되었다.

문자로 서술된 역사보다 훨씬 생생하면서도 제한적인 영상 이미지로서의 역사는 '에듀테인먼트' 혹은 '인포테인먼트'의 이름으로 정당화되기도 한다. 단순한 엔터테인먼트가 아니라 무언가 배울 수 있는 정보가 있다는 점이 사극의 커다란 매혹이기 때문이다. 그러나 정보와 오락을 섞는다고 해서 과연 에듀테인먼트 혹은 인포테인먼트의 진정한 목적이 달성될까. 게다가 그 혼합 비율이 지극히 엔터테인먼트 위주로 되어 있어 교육이나 정보는 들러리나 양념에 지나지 않는 경우도 많다. TV 사극은 시청률 전쟁의 선두에 서 있기에 시대적 트렌드에 민감하게 반응할 수밖에 없다. 창조적인 역사 해석을 통해 새로운 역사의 주체를 만들어가는 팩션의 유토피아, 그것은 거대 자본과 대중적 시선의 전쟁 속에서 섬섬 벌어져가는 꿈인지노 모른다. 더욱이 드라마나 영화로 제작된 퓨전 사극에 대한 학계의 묵묵부답은 강단의 역사와 대중의 역사 사이의 소통 불능을 더욱 심화시킨다.

가능성의 지대

《탐史》는 그런 의미에서 역사서보다 사극이 오히려 역사 담론을 자유자재로 주무르는 오늘날의 한국사회를 향해 다양한 조언을 제공할 수 있는 책이다. 역사에 관해 발화하는 모든 매체나 장르가 스스로의 권리를 주장하게 된 지금, 과연 역사를 공부한다는 것은 어떤 의미를 지닐까. 브라질의 역사가 마리아 루시아 G. 팔라레스-버크가 만난 아홉 명의 역사가는 이런 질문에 저마다 다른 빛깔의 해답을 내놓을 것이다. 20세기 후반 이후 이른바 '새로운 역사학'을 선도한 이 역사가들은 역사를 해답이 정해진 모자이크가 아닌 다양한 '가능성의 지대'로 열어놓음으로써 역사의 재해석이 곧 역사의 '창조'일 수 있음을 저마다의 목소리로 증명했다. 미시사나 풍속사를 비롯한 다채로운 역사 연구 방법론의 유행이 확산된 것 또한 그들의 영향이 크다.

홍미로운 것은 그들이 자신의 역사적 고민의 출발점으로 지적하는 공통적 인물들이 마르크스나 부르크하르트 등의 19세기 역사가들로 모아진다는 것이다. 특히 마르크스를 바라보는 이 아홉 명의 역사가들의 시선은 하나같이 달라 마치 그들의 역사관 하나하나가 마르크스로부터 비롯된 돌연변이들로 느껴질 정도다. 어쩌면 역사는 계급의 서사로부터 자유로울 수 없다는 점에서, 개인과 사회가 서로를 침투하여 만들어내는 욕망의 드라마라는 점에서, 역사가는 마르크스의 문제의식을 어떤 방식으로든 필생의 화두로 삼아야 하는 것은 아닐까. 그들은 마르크스를 넘어선 마르크스를 꿈꾸고, 부르크하르트를 넘어선 부르크하르트를 꿈꾸며, 그렇게 자신의 새로운 역사적 드라마를 해체하고 재구성한다. 그들은 각각 루시아 G. 팔라레스-버크와 인터뷰하는 형식으로 자신의 역사관을 제각각 속삭이지만, 때로는 도저히 한자리에 모으기 힘든 이 아홉 명의 역사가들이 따로 또 같이 아름다운 불협화음을 연주하는 듯한 행복한 착시가 일어나곤 한다. 그것은 아마도 그들이 역사를 분석의 대상이 아니라 사랑의 대상 혹은 주체로 바라보기 때문일 것이다. 그들의 꿈은 역사를 해석하는 것이 아니라 역사를 해방시키는 것이며, 역사를 성역에 모시는 것이 아니라 역사를 카니발적 열정으로 춤추게 하는 것이다.

역사의 본질

특히 《탐史》는 미시사나 풍속사에 대한 세간의 오해를 푸는 데 결정적 힌트를 준다. 난해하고 경직된 역사 서술을 재미있고 경쾌하게 바꾸는 것, 혹은 지배계급 중심의 거대 서사로 점철된 역사를 작은 주체들의 역사로 바꾸는 것이 미시사나 풍속사의 중심 과제는 아니라는 것이다. 《치즈와 구더기》의 저자로 유명한 카를로 긴즈부르그의 목표는 미시사와 거시사를 대립시키는 것이 아니라 미시사와 거시사, 사건과 구조를 상호보완하는 역사 서술이다. 즉 미시사와 거시사는 단순한 대립물이 아닌, 서로의 결여를 보충하며, 서로가 서로의 존재를 규정하는 이란성 쌍생아에 가깝다. 거시사의 무겁고 엄격한 이미시, 미시사의 유연하고 흥미로운 이미지는 그리하여 허구적이다. 미시사의 지향은 역사를 분해하는 것이 아니라 역사를 해체하여 다시 새로운 관점으로 재구성하는 역사의 새로운 건축학일 것이다.

마리아 루시아 G. 팔라레스-버크가 만난 아홉 명의 역사가들의 핵심적 감수성은 역사를 작은 패치워크의 조각들로 분해시키자는 것이 아니다. 역사를 불확정성의 세계로, 아무리 파고들어도 여전히 알 수 없는 세계로 낯설게 만드는 것이야말로 이 '새로운 역사가들'의 창조성의 원천이 아닐까. 그런 의미에서 이탈리아의 작은 교회들을 돌아다니며 작고 하찮은 역사의 현장을 찾아 헤매는 카를로 긴즈부르그의 고백은 사뭇 감동적이다. "나는 새로운 장소, 작은 마을과 교회들을 찾아 이탈리아 이곳저곳을 돌아다니고 있었지요. 그때 난 죽을 때까지도 이탈리아 대부분을 여전히 알지 못할 것이라는 이상한 기분이 들었어요. 그 모든 것을 다 보려면 아마 서른 번 정도를 살아야 될 겁니다. 하물며 이탈리아 바깥 세계는 또 어떻겠어요." 우리는 역사를 모른다는 것을 다양한 방법으로 확인하기 위해서 역사책을 읽는 것이 아닐까. 확정적 역사, 규정된 역사, 정전으로 완성된 역사가 아니라, 끊임없이 새로워지는 해석 자체가 역사로 다시 태어나는 무수한 부활의 접점이 새로운 역사학의 얼굴일 것이다.

　무엇보다도 이 '새로운 역사가들'의 힘은 '새로운 글쓰기'에서 번져나온다. 역사도 단순한 팩트의 합리적 구성물이 아니라 창작의 산물이 될 수 있음을 그들의 글쓰기는 보여준다. 픽션과 다큐, 픽션과 연구논문의 세계가 그리 멀지만은 않음을 보여주는 창조적 글쓰기가 '새로운 역사'를 가능케 한 원동력이었다. 문학적 상상력을 배제하지 않고 역사 서술에 픽션적 에너지를 도입하는 것이 그들의 용기였다. 나아가 역사와 역사가 아닌 것을 날카롭게 구분할 수 없음을 깨닫는 과정, 역사 외부의 타자뿐 아니라 역사라는 분과학문 속으로 포괄될 수 없는 분야들과 충돌함으로써 역사학의 접면을 더욱 유연하게 만드는 것이야말로 새로운 역사가들의 열정이었다. 역사를 담은 포장지가 나달나달해질수록 역사는 먹음직스러울 것이다. 역사의 담벼락이 더 많고 많은 귀여운 개구멍으로 숭숭 뚫려 있을 때, 더 많은 역사의 나그네들이 역사의 울타리를 제 집처럼 드나들 수 있지 않을까.

쿠바, 지속 가능한 행복의 탐험기

최근 2, 30대 여성의 행복 코드는 〈섹스 앤드 더 시티〉에 집약되어 있는 듯하다. 우선 세계의 중심 뉴욕이라는 공간성, '뉴요커' 라는 사실만으로 그들의 정체성, 아니 출신 성분은 확실히 보장된다. 게다가 그들의 계급은 그들의 소비 성향으로 측정된다. 다양한 냉품을 언밸런스 기법으로 센스 있게 매치한 주인공 캐리의 패션 감각은 소비(화폐)의 자유와 코디(취향)의 자유를 결합한 현대 여성의 욕망의 비빔밥이다. 게다가 사랑과 섹스의 자유분방함, 백화점에서 물건을 선택하듯 남성을 점수 매기는 이들의 질펀한 수다는 〈섹스 앤드 더 시티〉의 빼놓을 수 없는 볼거리다. 그런데 정작 오랫동안 뉴욕 생활을 했던 사람들의 말을 들어보면, 〈섹스 앤드 더 시티〉에서 전시되는 뉴욕의 이미지는 달콤한 허상이라는 평가가 지배적이다. 우선 뉴요커들은 돈을 많이 벌긴 하지만 아침식사와 점심식사 시간에 그토록 거리낌 없는 수다를 떨 정도로 시간적 여유가 없다는 것이다. 게다가 AIDS에 대한 공포가 워낙 일반화되어 있어 자유분방한 성생활이 불가능하다는 지적도 들었다. 한마디로 〈섹스 앤드 더 시티〉는 전 세계를 향해 미국이 외치는 '아메리칸 라이프스타일의 광고 카탈로그'라는 이야기다. "우리는 의식주는 물론 성생활과 소비생활에서도 이토록 풍요롭다. 그러니 만국의 여성들이여, 우리가 부럽지 않은가?"라고 외치는 듯한.

그러나 정작 눈에 띄는 것은 〈섹스 앤드 더 시티〉식의 '행복관'이 이미 오래전부터 우리 사회에 만연해 있었다는 점이다. 이 드라마를 관통하고 있는 행복의 원리는 간단하다. 즉 업그레이드의 욕망이다. 행복의 기준은 정해져 있는 것이 아니라 언제든지 지금의 상황을 업그레이드할 수 있는 능력이야말로 행복으로 가는 만능열쇠라는 것. 그러나 여기서 '쾌락주의의 역설'이 발생한다. 즉 우리가 쾌락을 추구하면 할수록 쾌락을 얻을 기회는 더욱 줄어든다. 쾌락을 추구할수록, 행복에 집착할수록 인간은 그 추구와 집착 자체에 강박되기 마련이다. 행복이라는 단어에 대한 집착이 시작되는 순간, "행복하게 해줄게"라는 약속이 시작되는 순간, 우리는 언제나 행복 조갈증, 만족 기갈증에 걸리는 것이 아닐까.

Let it be!

소설가 유재현의 《느린 희망》은 발전이나 개발의 환상과 결별할 때만 인간은 '지속 가능한' 행복을 꿈꿀 수 있다는 소박한 테마를 쿠바 여행기라는 형식으로 연주해내고 있다. 후퇴하는 경제=발전하지 않는

사회=지속 가능한 행복이라는 역설. 쿠바라는 나라는 찢어지게 가난
할지라도 세계 최고 수준의 교육과 의료 서비스를 국민에게 제공한다.
그들은 더 많은 소비재를 국민에게 제공함으로써 행복을 늘리는 것이
아니라, 행복을 느끼는 감각의 촉수를 최대한 '미니멀'하게 만듦으로
써 소박한 의식주만으로도 행복할 수 있는 길을 모색한다. 이 느려 터
진 희망의 향기는 때아닌 헝그리즘으로 오해될 수도 있지만, 내게는 이
여행기 자체가 멋진 행복의 철학론으로 느껴진다. 쾌락 자체의 총량을
바꾸는 것이 아니라 쾌락을 느끼는 감각을 스스로 훈련하여 그 어떤 상
황에서도 고통에 짓눌리지 않고 소박한 쾌락의 출구를 찾을 수 있는 용
기. 그리하여 행복에 대한 기갈증과 고통에 대한 중독으로부터 인간의
신체를 해방시키는 것. 그것이 체 게바라가 불씨를 일구고 카스트로가
여전히 지켜내고 있는 쿠바혁명의 온기의 진원지가 아닐까.

행복을 위해 어떤 치료의 도구나 혁명의 무기가 필요한 것만은 아
니다. 단순히 '렛잇비(Let it be!)' 그 자체가 행복의 출구일 수도 있다.
쿠바에는 정부가 원하는 방식의 삶을 거부하고 오직 소금이 필요할 때
만 산을 내려가는 부족이 있다고 한다. "그들의 목덜미를 틀어쥐어 산
아래로 끌어내리지 않은 혁명에 대해서 나는 그것이 옳다고 생각한
다." 기존의 삶에 만족해하는 이들의 삶을 굳이 혁명의 빛깔로 채색할
필요는 없다. 혁명은 기존의 삶을 무조건 깡그리 부수는 것이 아니라
행복 혹은 평화를 위한 다양한 루트를 고민하는 것일 터이다. 1980년 6
개월 동안 12만 5,000명이 쿠바를 떠나던 순간에도 피델 카스트로는
이렇게 말했다. "떠날 자는 모두 떠나라." 우리는 관용의 미소와 혁명
의 피바람이 공존하는 장면에 익숙하지 않다.

모든 길이 끊긴 곳에서 비로소 시작되는 영혼의 자유

혁명의 관건은 '한판승'의 추진력이 아니라 '시간'과 싸우는 일 같다. 시시각각 혁명의 지속성을 위협하는 시간과 싸우는 일. 피델 카스트로와 그의 친구들(모든 쿠바인)의 놀라운 점은 이 시간과의 싸움을 여전히 지속하고 있다는 것이 아닐까. 그들이 지속 가능한 행복을 추구할 수 있었던 또 하나의 출구는 위기 혹은 부재를 창조와 풍요의 계기로 역전시키는 노력이었다. 구소련과 동구권의 몰락은 오히려 새로운 농경문화의 혁명을 가져왔다. 코메콘(COMECON)의 붕괴로 일시적으로 경제 붕괴가 찾아왔지만, "비상 시기가 선포된 후 농업 개혁 등의 결과 에너지와 화학에 의존하지 않는 지속 가능한 농업이 탄생했으며, 이는 생태와 환경에 있어서 축복과 같았다." 게다가 경제 봉쇄로 인해 자동차 부품도 수입되지 않았기에 쿠바의 자동차 정비기술은 세계 최고의 수준이다. "견인이란 개념이 부재한 아바나에서는 차가 퍼지면 출장 서비스가 기본이다. 어디선가 삽시간에 등장한 기술자들은 멈춘 차를 반드시 굴러가게 해주곤 사라진다. 휴대장비라야 배터리 하나에 휘발유 한 통, 스패너 몇 개와 해머가 고작이다." 그들은 고물 트레일러를 개조하여 두 대를 이은 '낙타 버스'를 만들기도 한다. 더 나은 상품이 없는 탓에 '보잘것없는' 상황을 딛고 일어서기 위하여 그들은 간단한 (거의 초라한) 도구만으로도 모든 것을 대체할 수 있는 브리콜라주를 만든다. 부재를 빈곤이나 남루가 아닌 독창성과 풍요, 유희와 예술의 공간으로 만드는 사람들.

이중 경제와 암시장은 쿠바 사회주의의 시험장이 되고 있지만, 그들은 여전히 느린 희망의 쟁기질을 멈추지 않고 있다. 체 게바라는 영웅이 아니라 친구이며 피델 카스트로의 생일은 아무도 모르는 것. 이것이야말로 쿠바인들의 '영웅 사랑법'이다. 그들에게 진정한 영웅은 쿠바 전역의 어린이들이기에. "모든 쿠바의 어린이는 열다섯 살이 될 때까지 생일 케이크를 배급받을 수 있다. 제과 배급소를 기웃거릴 때 보니까 아이의 생일을 앞둔 어머니는 케이크의 모양을 설명하고 배급소 노동자는 수첩에 받아 적고 있었다. 공장에서 꾹꾹 찍은 케이크를 주지 않는 모양이었다. 아이의 생일날 케이크를 주는 쿠바지만 우리의 위대한 피델 카스트로 동지의 생일에는 아무것도 주지 않는다." 아무도 영웅이 아니기에 모두가 영웅일 수 있는 이곳에서, 한국의 한 소설가는 돈 없이 모르는 세계를 떠도는 배짱 하나로 혁명의 거리를 질주한다. "시에라 마에스트라의 어느 산중에선가 길을 잃었다. 새벽 3시쯤에는 그나마 비포장이던 길도 끊기고 어두운 숲만이 아가리를 벌리고 있었다. 길이 끊기자 나는 마음속의 불안이 사라지는 것을 느낄 수 있었다. 이제 더 이상 앞으로 갈 수 없구나. 차에서 내려 어두운 숲 속을 보고 있자니 숲 사이로 오솔길 하나가 보였다. 다시 불안이 요동을 쳤다." 모든 길이 끊긴 곳에서 비로소 시작되는 영혼의 자유.《느린 희망》은 아무런 희망이 없는 곳이야말로 진정한 출구가 시작되는 지점임을 나직한 복화술로 속삭인다.

이별의 고통과 애도의 기술

김광석의 노래 '서른 즈음에'는 인연의 무상성과 기억의 덧없음을 처연하게 읊조린다. 서른 즈음이 시작되면 늘 알뜰하게 채워오기만 했던 20대까지의 하루하루는 점점 뭔가를 비워가는 아픈 과정으로 변모한다. 내뿜은 담배 연기에서 멀어져가는 또 하루를 발견하는 서른 즈음은 사랑보다는 이별을, 열정보다는 추억을 곱씹기 시작하는, 진정 빼도 박도 못할 '성인'의 출발을 수락할 수밖에 없는 나이일까. 머물러 있는 줄로만 알았던 청춘도, 늘 그 자리에 있을 것만 같은 연인도, "내가 떠나보낸 것도 아닌데, 내가 떠나온 것도 아닌데" 조금씩 잊혀만 간다. 그리고 깨닫는다. 하룻밤 달게 자고 나면 밝아오는 하루는 희망찬 미래만이 아님을. 또 하루가 밝아오는 동안 또 다른 하루는 멀어져가고 있음을. 하루하루 살아가며 어른으로 커가는 20대까지는 살아온 날보다 서너 곱절은 더 이어질 것만 같은 내일이 한없이 벅찰 수도, 지겹도록 막

막할 수도 있지만, 서른 즈음을 넘어가면 우리는 어딘가에서 기다리고 있을 끝을 향해 치달아가는 시간의 뒷모습을 바라보는 법을 배우기 시작한다.

축제의 이별 제식

하지만 가끔은 "또 하루 멀어져간다, 매일 이별하며 살고 있구나"라는 가사가 단지 이별의 어둠을 그려내는 가사로만 들리지 않는다. 우리는 한 번도 이별을 배우지 않은 채 덜컥 이별에 맞닥뜨리지만, 사실은 매일 조금씩 이별의 시뮬레이션 게임을 하고 있는지도 모른다. 매일한 이불을 덮고 자는 금슬 좋은 부부조차도 매일 밤 잠들기 직전에는 이별하지 않는가. 우리는 어쩌면 매일매일 이별을 실습하고 있다. 잠들기 전에 우리는 다음 날 가족이나 연인을 다시 만날 수 있다는 아무런 증거도 보증수표도 가지고 있지 않지만 잠이 들어야 하고 출근을 해야한다. 이별은 우리의 일상 속에 이미 깊숙이 파고들어 있다. "매일 이별하고 있구나"라는 아픈 가사는 어쩌면 매일 이별해야만 깨달을 수 있는 인연의 소중함을 말하고 있는지도 모른다. 이별은 사랑의 파국이 아니라 사랑 자체에 내재한 사랑의 이면일지도 모른다. 오늘 나는 그저 만남 자체에 깃든 이별의 암호로 인해 오히려 넉넉해지는 인연의 여백을 생각해본다.

《이별의 기술》은 단지 이별의 슬픔을 극복하기 위한 지침서는 아니다. 이별에 대한 역사적·이론적 접근에 그치지도 않는다. 이 책의 저자 프랑코 라 세클라는 우선 독자로 하여금 각자의 이별 경험, 그 총천연색 슬픔과 우여곡절의 그림자 속에 푹 빠져들게 한 후, 자기 자신의 숱한 이별조차도 당신들처럼 미치게 아프고 지독하게 어이없었음을 고백한다. 이 책은 이별을 애도하기보다는 차라리 이 세상 모든 이별의 피해자들과 함께 '이별의 고통'이라는 제물을 한 상 버젓이 차려놓고 이별의 축제를 벌인다.

이별은 심판이 없는 유일한 게임이다. 이별에는 승자도 패자도 없지만 너나없이 두 선수 모두 생의 모든 게임 중 가장 처절하고 필사적으로 매달린다. "이별의 순간에 우리는 가장 악랄한 적에게도 하지 않을 짓을 서슴지 않고 상대에게 저지른다. 사랑은 이해의 수준을 뛰어넘는 힘과 권능을 발휘한다." 이해 너머, 관성 너머, 생 자체의 중력 너머 존재하는 강력한 실체, 이별. 사람 안에, 삶 안에 일부로 존재하지만 사랑보다도 삶보다도 더 거대하고 육중하게 우리를 짓누르는 이별. 이별은 사랑이라는, 혹은 삶이라는 전체집합보다 훨씬 큰 부분집합은 아닐까.

이른바 '문명화된 사회'에서 이별은 다른 모든 인간사에 비해 철저한 타자로 전락한다. "서구에서는 이별을 위한 어떤 제식이나 절차도 존재하지 않는다. 두 사람 사이의 친밀감이 사라졌을 때 그것은 메울 수 없는 공백으로 남을 뿐, 잔인할 정도로 분명하게 사적인 사건으로 간주된다. 서구인들에게 이별은 일상적인 공간과는 무관한 전혀 '다른 세상의 일'이고 사회가 이해하거나 통제할 대상이 아니다." 그러나 이른바 '원시적인 사회'에서 이별은 일종의 공동체적 향유의 체험이다. 나이지리아 부족 이리그위의 경우는 부부가 이별할 때 부족 전체가 참여하여 가족 구성원들과 부모자식 간의 단절이 초래하는 피해를 막기 위해 애쓴다고 한다. 공동체 전체가 단 한 쌍의 커플을 위한 이별 제식을 준비하는 동안 이별은 제식에 흡수되며, 결국 이별로 인해 스스로를 파괴하거나 슬퍼할 겨를은 없게 된다. 어떤 부족에는 '이혼 축제'까지 있다고 한다. "여성이 버림을 받으면 그동안 남자에게 제공해온 자신 소유의 천막은 물론 모든 짐을 꾸려서 즉시 떠난다. 그리고 다음 날, 남편을 포함한 부족민 모두가 참가하는 이혼 축제가 열린다." 그리고 떠난 여성이 새로운 짝을 만나면 '재혼 축제'도 열린다. "헤어진 시점에서 아내가 남편의 아이를 임신한 것이 아닌지를 확인하는 데 필요한 3개월이 지나면 여자에게 청혼하는 구혼자들과 함께 또 한 번의 축제가 열린다." 이혼 축제나 재혼 축제는 슬픔을 씻어버릴 수 있는 기회이며, 이별의 당사자나 자녀가 그로 인해 치명상을 입지 않도록 공동체 전체가 참여하는 제의적 행위다.

이별 문화

이렇게 본다면 '문명인'의 이별 문화는 이혼을 비롯한 각종 이별에 대한 자책과 자기 파괴의 문화일지도 모른다. 이별을 철저히 개인적 경험으로 밀실에서 혼자 아파해야 할 부끄러운 경험으로 유폐시키는 것이야말로 이별을 타자화시키는 근대적 습속일 것이다. 이별은 나만의 일이며, 나 혼자 겪어야 하는 일이라는 고립감이 이별의 당사자를 죄인으로 만드는 문화는 아닌지. 이별에 관한 한 우리는 언제나 브레이크는커녕 시동도 걸 수 없는 완벽한 초보자다. "대상에 대한 우리의 애착을 징벌하듯" 예외 없이 찾아오는 이별의 고통. 누군가 이별 때문에 스스로를 자학하던 행동을 완전히 멈추면 우리는 그동안 그가 "시간을 낭비하고 인생을 허비했다"고 생각한다. 하지만 이별 때문에 삶의 시계가 온전히 멈춘 듯, 생의 퓨즈가 완전히 나가버린 듯 속절없이 헤매는 그 시간이야말로, 이별 때문에 우리가 스스로를 탕진하는 시간이야말로, 우리가 온전히 '나다운' 시간이 아닐까.

아마 세상 모든 이별의 경험과 노하우(?)를 합쳐서 한 500만 권의 사례집과 공식해설서, 연습문제집을 만들더라도 이별의 극복에 도움이 되기는보다는 이별의 치명적인 극복 불가능성을 더욱 찬란히 빛나게 하는 데만 기여할 것이다. 이별의 기술은 세상 그 어디에도 없다는 사실이야말로 이별 자체의 속성이다. 이별의 기술은 원래부터 결코 존재하지 않는다는 사실은 이 책, 《이별의 기술》의 첫 번째 비밀이다. 이 책의 저자 프랑코 라 세클라는 '이별을 극복하는 101가지 처세술'을 이야기하는 것이 아니라 우리가 이별 앞에서는 모두 철저히 무방비 상태의 갓난아이임을 긍정하자고 속삭인다.

실패한 역사의 창조적 날조

인물·사건·배경이 있는 이야기책의 경우, 우리는 대개 작중 인물 중 가장 사랑스러운 캐릭터 하나쯤을 가슴에 품고 책을 읽어 내려간다. 말하자면 작가와 독자가 가장 편애하는 캐릭터, 흔히 프로타고니스트(protagonist)라고도 불리는 인물들이다. 《콩쥐팥쥐》의 콩쥐, 《흥부전》의 흥부, 《미운 오리새끼》의 미운 오리새끼, 《춘향전》의 춘향 등은 모두 각각 그에 해당하는 적대적 캐릭터(콩쥐를 괴롭히는 팥쥐와 새엄마, 오리새끼를 따돌리는 오리 무리, 춘향을 괴롭히는 변 사또) 없이는 성립할 수 없는 존재이기도 하다. 우리는 이 오랜 편애의 근거를 정의와 불의 혹은 선악의 잣대로 합리화하면서 팥쥐나 변 사또, 놀부의 욕망에 대해서는 무심한 척 모르쇠해온 것인지도 모른다. 이 모든 악역 캐릭터를 새로운 시선으로 편애해본다면, 인류의 역사는 악당과 악녀들의 가공할 잔혹극으로 다시 쓰일 수도 있을 것이다. 그것이야말로 엽기적이지만 더욱 솔직한, 그러나 아직은 당혹스러운 인류 역사의 다시 쓰기 프로젝트가 될지도 모른다.

하지만 더 당혹스러운 것은 착한 주인공과 그 주인공을 괴롭히는 악역을 구분할 수 없을 때다. 요새 유행하는 드라마의 콘셉트는 대부분 '진정한 악역은 없다'의 시선인 것 같다. 악행으로 점철된 캐릭터들도 막판에는 애잔한 연민을 불러일으키는 '인생의 패배자'로 시청자들의 심금을 울리는 경우가 많다. 〈궁〉의 혜정궁(심혜진)이나 〈서동요〉의 부여선(김영호)이 야누스적 악역 캐릭터의 대표주자들일 것이다. 하지만 등장인물 중 그 어느 누구에게도 연민이나 자기 동일시의 느낌을 가질 수 없는 이야기도 있다. 누구의 편에 서서 이야기의 흐름을 따라가야 할지 알 수 없는 경우 독자는 가장 당혹스럽다.

객관적 서술의 진실

최근 출간된 책 중에서는 러일전쟁에 대한 르포르타주 《러일전쟁, 제물포의 영웅들》이 그렇다. 한국 독자들에게 《오페라의 유령》의 작가로 널리 알려진 가스통 르루가 기자의 신분으로 러일전쟁의 '영웅'들을 취재한 르포 형식의 이야기로, 이 책의 발간 자체가 흥미로운 사건이다. '인천학' 관련 자료를 수집하던 연구자 이희환 씨가 인터넷 고서점에서 우연히 발견한 책이다. 우여곡절 끝에 프랑스 인터넷 서점에서 어렵게 구매를 대행하여 100년 만에 바다를 건너온 책이라고 한다. 이희환 씨는 이렇게 말한다. "유럽의 독자를 염두에 두었을 이 책의 저자 가스통 르루는 100년 후 한국의 독자들이 자신의 책을 읽으리라고는 상상하지 못했을 것이다." 이 책은 "러일전쟁의 무대로 제물포를 비롯한 전 국토를 열강에 내주고도, 단 한 명의 한국인 등장인물도 나오지 않는", 그야말로 제물포를 주요 무대로 삼았으나 제물포, 나아가 조선에 대한 그 어떤 정보도 찾을 수 없는 책이다. 바로 그렇기 때문에 이 책은 우리에게 역설적으로 치명적인 진실을 전해준다.

러일전쟁에 대한 매우 기초적인 상식만을 가지고 이 책을 읽었던 나는 첫 장을 펼치자마자 총천연색 의혹의 퍼레이드가 펼쳐지는 느낌이었다. 분명히 러일전쟁에서 패배한 러시아의 군대를 향해 자국민도 아닌 프랑스의 유명한 잡지 기자가 만사 제치고 그들을 향한 거의 '오빠부대'적 열정을 가지고 돌진하는 첫 장면. 이 책은 러일전쟁 '패전'의 주역들인 러시아 장교들이 전 유럽의 영웅으로 추앙되는 과정을 프랑스의 잡지 기자가 거의 스토커적 열정을 가지고 심층 취재한 기록이다. 그는 제물포 해전이 끝난 후 '영광스럽게' 패배의 개선문(?)을 향하고 있는 러시아 장교들의 그로테스크한 금의환향을 온갖 미사여구와 매스미디어 특유의 대중적 감각을 동원하여 찬탄하고 있다. 제물포 해전의 '전쟁터'를 제공해준 한국인에 대해서는 일절 언급도 하지 않았을 뿐만 아니라 한국의 자연에 대한 그 어떤 묘사도 찾을 수 없다. 즉 러일전쟁의 신호탄인 제물포 해전에서 제물포는 물론 조선인은 엑스트라조차도 될 수 없었던 셈이다. 이 책은 철저히 유럽인을 위한, 유럽인의 눈에 비친, 유럽인에 의한 제물포 해전의 기록이다.

그러나 이 책은 '사랑할 만한 주인공'이 넘치는 기존의 이야기책보다 수십 배 흥미진진하다. 편애할 만한 주인공이 없다는 것은 물론 안타깝지만, 아무에게도 마음을 주지 않고 이야기책을 읽는 기쁨도 만

만치 않다. 주인공에 대한 동일시, 적대시도 불가능한 제3의 시선으로 이야기에 몰입할 수 있는 것이다. 책의 진의를 마지막 장까지 이해할 수 없기 때문에 미스터리적 흥미와 스릴러적 긴장도 있다. 책의 마지막 장을 덮고서야 스케치북의 한 점처럼 시작되었던 내 의혹은 스케치북 전체를 검붉게 물들이고야 말았다. 그것은 러일전쟁의 '패배자'였던 러시아뿐만 아니라 유럽 전체가 아시아의 '황색 난쟁이(일본)'에 대한 패배를 인정할 수 없었다는 사실이다. 패배하고 '도주'하는 러시아 장교들을 '승리 없는 승리의 진정한 영웅'으로 추앙하며 전 유럽이 떠들썩해진 이 집단적 사이코드라마 속에는 "키리예츠 호(러시아의 군함)를 황색 난쟁이들의 손에 넘길 수는 없어", 즉 '우리의 위대한 유럽을 저 아시아의 황색 난쟁이들에게 넘겨줄 수는 없어'라는 집단적 무의식이 잠재해 있었던 것이다. 유럽인들은 러일전쟁이라는 희대의 참극에서 패배한 역사적 '사실' 자체를 인정할 수 없었으며, 그들의 상처받은 무의식을 패배한 러시아 장교들을 영웅으로 숭배함으로써 도착적으로 해소하려 한 것은 아닌가.

왜곡된 르포르타주

그러나 진정 한국인 독자에게 치명적인 함정은 세계사의 지형을 통째로 바꾼 이 가공할 아시아 대 유럽의 전쟁에서 '조선'의 자리는 처음부터 없었다는 것이다. 즉 러일전쟁이라는 거대한 무대 속에서 조선인의 배역은 처음부터 없었다. 패배했음에도 불구하고 패배 자체를 사실로 인정할 수 없는 유럽인들의 뿌리 깊은 서구중심주의. 유럽인의 눈에는 조선인의 존재 자체가 보이지 않았다. 이 책의 저자 가스통 르루는 철저한 '객관적 서술'을 목표로 한다고 주장하지만, 그에게는 처음부터 객관이 불가능했다. 어떻게 육하원칙 중에서 '어디서'가 빠져 있는 기사를 기사로 인정할 수 있단 말인가. 남의 나라에 와서 자기네 전쟁을 하고 있었던 러시아와 일본은 조국의 자연을 전장의 포연으로 물들이는 것을 말없이 지켜봐야 했던 무력한 조선인에 대해서는 일호의 관심도 보이지 않았던 것이다. 그렇다면 러일전쟁과 조선인은 진정 무관한가. 러일전쟁이야말로 조선을 식민지화하려는 일본의 국가적 자신감을 가장 확실하게 보장한 물적·정신적 토대가 아니었던가.

그러나 이 책에서 제물포, 조선인은 엑스트라조차도 될 수 없었지만 '숨어서' 존재한다. 이 책에서 가장 충격적인 사진은 일본 장교의 눈에 비웃음거리로 전락한 한국인 짐꾼의 모습이다. 제물포에 막 상륙한 일본군은 서구적 옷차림과 여유로운 표정으로 조선인 노동자를 내려다보고 있으며, 조선인 짐꾼은 허리조차 펴지 못하고 일본군의 무거운 짐을 지게에 지고 초라한 입성으로 걸어가고 있다. 러일전쟁의 주인공은 러시아와 일본의 함대들이었지만, 러일전쟁의 무대를 빌려주고 고생만 하고 아무런 대가도 받지 못한 러일전쟁의 각종 무대장치를 설비해준 노가다 스태프는 조선인들이었다. '똑같은 동양인' 중 한 명은 문명화에 성공하여 짝퉁 제국주의자의 표정으로 서 있고, 문명화에 실패한 또 한 명의 동양인은 허리도 펴지 못하고 어색하고 겁먹은 표정으로 사물화되어 있다. 조선인은 착취의 대상인 '물질'로서 존재했을 뿐, 인격화된 '인간'으로서 존재하지 않았다.

이 책은 분명 르포르타주의 형식만을 갖춘 '왜곡된' 르포르타주다. 그러나 바로 그 '왜곡의 메커니즘'이 역사를 움직여왔으며, 그 왜곡된 역사가 '한국인'으로 규정되는 우리의 역사적 정체성을 다시 한번 뼈아프게 되묻게 만든다. 우리 스스로를 철저한 '무(無)'의 존재로 되돌려 스스로의 정체성을 자문하게 만드는 것. 100년 전부터 질기게 지속되던 그 모든 문명개화 및 독립의 프로젝트 따위는 애초에 세계사 전체의 시선으로 보면 바닷물에 잉크 떨어뜨리기에 불과했다는 것. 우리의 자리를 철저한 진공 상태로 되돌리기. 바로 그 지독한 제로(Zero)의 자리에서 서구 혹은 일본이라는 타자와의 냉혹한 거리재기가 가능할 것이며, 한국인의 좌표는 지금까지와는 다른 곳에서 설정될 것이다. 우리는 저자가 전혀 예측하지 못했던 독자가 되어봄으로써 저자의 의도를 뛰어넘는 창조적인 독서를 꿈꿀 수 있는 것이 아닐까. 이 책의 저자 가스통 르루는 분명 '한국인' 독자 따위는 염두에 두지 않았을 것이다. 하지만 가스통 르루가 의도한 러일전쟁의 왜곡된 '고쳐쓰기'를 제3자 아닌 제3자의 시선으로 '다시 쓰기'하는 작업은 진정 100년 후의 독자들, 바로 우리의 몫이 아닐까.

비인간의 지대에서 인간을 꿈꾸다

말썽을 피우고 부모님께 회초리를 맞던 날. 그런 날 나는 어김없이 "정말 잘못했어요. 다시는 안 그럴게요."라는 반성의 클리셰를 남발했다. 그러나 사실 내 머릿속은 반성문에 쓸 내용 구상보다는 나를 때리는 부모님의 진짜 속내를 재구성하느라 바빴다. 지금은 엄마가 닐 이토록 아프게 때리지만, 내가 잠들면 어김없이 내 상처를 보며 괴로워하실 거야. 이쯤 혼났으면 아빠가 나를 구원하러 달려오실 때가 됐는데. 동생보다 나를 더 심하게 혼내는 건 분명히 동생보다 나를 더 사랑하기 때문일 거야, 등등. 지금 떠올려도 잔망스럽기 그지없는 잔머리를 굴려가며 나는 회초리의 아픔으로부터 집중력을 분산시켰다. 가끔은 반성문을 '날조'하는 것을 즐기기도 했던 것 같다. 구구절절 나의 잘못의 기원으로 거슬러 올라가다 보면, 나도 모르게 나의 실수를 미화하는 것은 물론, 부모님이 질책하는 나의 허점이 나의 가장 소중한 인격의 증거임이 밝혀지는 등등, 날이 갈수록 허무맹랑한 공상이 살을 붙여나갔다. 나의 '반성소설'이 점점 지능적인 허구로 물들어가자 아버지는 나의 요설에 설득되는 것을 두려워하신 나머지 "천수경을 100번 베껴 써라"라는 식의 단순 작업으로 전략을 바꾸었을 정도였다.

처벌의 욕망

어린 나는 뭘 믿고 그리도 까불었을까. 회초리의 아픔을 참을 때는 매번 '우리 엄만 분명 계모일 거야'라는 상상에 말려들었지만, 조금이라도 아프거나 곤란할 땐 나도 모르게 숨넘어가는 표정으로 엄마를 찾는 이중성은 어떻게 설명할 수 있을까. 잡아먹을 듯 혼꾸멍내고도 내일 아침이면 어김없이 나의 도시락 반찬 걱정을 해줄 거라는 희망이 있었기 때문은 아닐까. 회초리의 상처가 다 아물기 전에 반드시 더 큰 품으로 나를 안아줄 거라는 믿음이 있었기 때문은 아니었을까. 생살이 찢어지는 아픔을 견디는 나보다도 몇만 배 더 아픈 부모님의 마음을 상상할 수 있기에, 그렇게 마음속으로 의기양양할 수 있었던 것은 아닐까. 부모가 자녀를 질책할 수 있는 '자유'는 그보다 더 큰 책임이 깔려 있기에 가능한 것은 아닌지. 진정으로 누군가를 타매할 수 있는 자격은 당하는 이의 고통보다 더 커다란 고통을 견딜 수 있는 사람의 몫이 아닐까. 엄마를 계모라고 생각할 수 있는 '자유'와 엄마에 대한 목마른 사랑이 전제되어 있기에 가능할 것이다. 그리하여 누군가가 누군가를 '처벌'할 수 있는 권리는 부모-자식 이외에는 성립하기 어려운 것이 아닐까. 처벌을 가하는 자가 당하는 자보다 더 크게 고통받지 않는다면 그 처벌은 가학적 폭력이 될 수밖에 없다. 대상에 대한 사랑과 신뢰가 배제된 모든 처벌은 그리하여 맹목의 폭력이다.

아우슈비츠에서 살아남은 작가 프리모 레비의 기록 《이것이 인간인가》는 '인간이 인간을 처벌할 수 있는 근거는 어디에 있는가'라는 해묵은 물음을 극한까지 밀고 나가게 한다. 나치가 유대인을 처벌할 수 있는 '보편적 근거'는 전혀 없다. 게다가 유대인은 자신의 '의도적 행위' 때문이 아니라 자신이 어떻게 해도 바꿀 수 없는 인종적 특성 때문에 처벌받았다. 문제는 처벌할 수 있는 자의 자격을 문제 삼는 것은 어디까지나 '윤리'에 머무를 수밖에 없다는 것이다. 아우슈비츠는 끝났지만 아우슈비츠의 시뮬라크르가 여전히 세계 곳곳에 존재하고 있다. 인간에게는 처벌의 윤리보다는 처벌의 '욕망'이 선행하고 있는 것이 아닐까. 프리모 레비는 자신의 고통을 호소하거나 과장하지 않는다. 그러한 '얼토당토않은 처벌'의 욕망이 히틀러 같은 '대단한' 사람뿐 아니라 누구에게나 존재하고 있음을 조용히 드러낸다. 그리하여 히틀러보다 더 무서운 권력은 히틀러의 명령에 묵묵히 복종했던 '평범한' 독일인들의 침묵에 있음을 폭로한다. 프리모 레비는 '악'이 특별한 악마적 존재에게만 강림하는 것이 아니라 '악' 자체가 필부필부에게 엄존하고 있음을 증명한다. '악의 평범성'이야말로 악을 근절할 수 없는 가장 큰 이유일 것이다.

인간의 삶을 지탱해줄 무기는 무엇인가

《이것이 인간인가》의 위대함은 '이것 또한 인간이다'라는 것을 궁정할 수밖에 없는 상황에 처한 한 인간이 구원의 출구가 완전히 차단된 상황에서 스스로를 구원하는 과정 자체의 진실성에 있을 것이다. 인간 다움 자체를 포기해야 하는 수용소생활에서 프리모 레비를 구원한 것은 단테의《신곡》이었다. 촉망받는 화학자였던 한 젊은이가 생존을 위협받는 수용소생활에서 자신도 모르게 생각해낸 것은 기묘하게도 지옥을 묘사한 문학작품이었다. 그는 단테의《신곡》을 한 줄 한 줄 암송하면서 지옥 그 자체인 일상을 견딘다. 물론《신곡》은 책으로 존재한 것이 아니라 그의 머릿속에만 희미하게 존재하고 있었다. 기억의 필름이 끊길 때마다 그는 필사적으로 기억을 재구성하기 위해 몸부림쳤다. 가물거리는 기억의 고리를 찾을 수만 있다면 오늘 먹을 죽을 포기할 수 있다고 생각했다. 맛없는 죽밖에는 아무런 '낙'이 없는 수용소생활 속에서도 말이다. 그의 '머릿속'만이 유일하게 감시와 검열을 피할 수 있는 장소였기 때문이다.

사실 우리 중 아무도 누군가를 떳떳하게 처벌할 권리는 없다. 그러나 상황은 그렇지 않다. 누군가는 누군가를 반드시 처벌하고 있다. 누군가는 그 처벌 때문에 지금 이 순간에도 사경을 넘나들고 있다.《이것이 인간인가》는 묻는다. 안락사를 꿈꾸는 끔찍한 처벌의 순간에도 우리는 살아야 하는 것인가. 살아야 한다면 그 삶을 견딜 수 있는 무기는 무엇인가. 현실화된 지옥을 살았던 한 인간은 지옥을 묘사한 문학을 끈질기게 가슴에 새기며 그 뜨거운 역설의 힘으로 지옥을 견뎠다. 우리의 지옥은 무엇인가. 우리의 지옥을 견딜 수 있는 무기는 무엇일까.

매순간 다시 쓰이는 팩션

그 어떤 책도 쉽게 마음의 문을 두드리지 않을 때, 내가 마지막으로 선택하는 책은 인물의 평전이다. 전기를 통해 누군가의 삶의 흔적을 훔쳐볼 때면 오랫동안 동경해오던 사람과 밤새도록 격의 없이 술을 마시는 듯한 행복한 착각에 빠진다. 나와 다른 공간에서 다른 시산을 살아간 누군가의 자취를 더듬는 것은 그 어떤 정보나 지식, 예술작품과도 맞바꿀 수 없는 불가해한 온기와 신비스러운 아우라를 선물해준다. 오직 사람 때문에 울고 웃지만, 정작 사람을 만나는 일이 힘겹고 두려울 때, 침대에 아무렇게나 엎드려 넋을 놓고 누군가의 전기를 읽는다.

이렇듯 절대로 살아서는 볼 수 없는, 이미 이곳에 없는 사람들의 삶의 체온을 가까이 호흡하기 위해서는 자서전이 가장 좋은 매체다. 딱딱하고 교훈적인 위인전류일지라도 글자 뒤에 숨어 있을 주인공의 은밀한 속내를 상상하는 것만으로도 누군가의 전기를 읽는 일은 즐겁다.

때로는 당장 읽지는 않지만 책꽂이에 모셔놓는 것만으로도 뿌듯한 전기가 있을 정도다. 언젠가는 그를 만날 수 있다는 설렘만으로도 충분히 달뜬 기분을 느낄 수 있기 때문이다. 전기에 너무 깊이 빠질 때는 친구나 가족보다도 전기 속의 주인공이 가깝고 애틋하게 여겨질 때가 있다. 전기에 기록된 문장들의 틈새로 안타깝게 뒤척이는 미처 기록되지 못한, 혹은 기록될 수 없는 고통스러운 비밀 이야기는 전기의 가장 큰 매력이다.

단재 신채호는 알려진 사실들보다도 미처 알려지지 못한, 혹은 차마 기록되지 못한 삶의 흔적들로 인해 더욱 목마름을 느끼게 하는 인물이었다. 신채호에 대한 풍문을 들을 때마다, 그의 글을 하나 둘씩 접할 때마다 나는 그의 이름 앞에 붙는 갖가지 이름표들이 그를 담아내기에 너무 비좁은 그릇이거나 빗나간 화살표가 아닐까 하는 의혹을 품었다. 그의 사상적 궤적은 정통유학에서 개신유학으로, 다시 사회진화론으로, 이어서 민족주의로, 마지막에는 아나키즘으로 이동했다는 것이 일반적 견해다. 특히 그가 민족주의와 아나키즘이라는, 서로가 서로에게 거의 '천적'에 가까운 이데올로기로 이동했다는 점에 대한 논란은 여전히 지속된다. 하지만 그를 어떤 '주의자'의 틀에 가두려는 노력이 그를 이해하는 데 장애물이 되는 것은 아닐까. 내가 아는 한 신채호만큼 일관성 있게 자신의 신념을, 아니 삶의 방식을 평생 동안 지킨 사람은 흔치 않다. 그의 일관성을 애써 규정하려 한다면, 그때 그 시절마다 가장 위험하고 과격한 곳, 하필 지배계급이 가장 혹독한 탄압을 받는 곳만 골라 힘겨운 발걸음을 옮겼다는 것 정도가 아닐까. 이념의 테두리는 주체의 속성을 남김없이 규정할 수 없다. 이념을 구획하는 갖가지 '주의' 혹은 '이즘'의 경계는 인간의 고뇌와 경험을 결코 생생하게 그려내지 못한다.

나는 《단재 신채호 평전》(김삼웅 지음)을 보며 신채호의 업적이나 이념이 아니라 그의 삶의 태도, 그가 사람들을 바라보며 지었을 표정, 혹은 사람들이 그를 어떻게 바라보았는가를 더 유심히 관찰하고 싶었다. 그의 저서나 텍스트보다는 그의 비하인드 스토리, 그가 글을 쓰며 가다듬었을 마음의 표정이 더욱 궁금했다. 그렇게 책의 행간에 숨쉬는 의미들을 상상하며 독서를 하던 중 가장 놀라웠던 것은 좌우파를 가리지 않고, 나이와 사회적 지위가 그보다 높은 사람들일지라도 그를 지나치게 두려워하거나 미안해했다는 점이다. 이광수조차도 신채호에 대한 순수한 동경과 외사랑의 눈빛을 감추지 못한다. 여러 가지 원인이 있겠지만 신채호의 글 속에서 그 원인을 찾는다면, 그의 독특한 문체에 비밀이 있는 것은 아닐까. 때로는 글의 내용보다도 글을 담고 있는 문체가 그 사람의 빛깔을 더욱 선명하게 드러낸다. 신채호의 문체는 유례없이 잔혹하고 유물론적이며 투명하다 못해 글 자체에서 핏물이 뚝뚝 떨어지는 듯한 느낌을 준다. 실제로 신채호가 걸핏하면 충돌했던 가장 큰 내부의 적은 외교주의와 문화주의를 내세우며 '민중'과 '폭력'을 멀리하려는 엘리트들이었다. 문장이 칼날이 되고 화살이 되는 느낌으로 쓴 글이 아니라 매몰찬 육성인 듯 둔중하게 울려 퍼지는 그의 글은 돌려 말하고 곱게 말하기 위한 완곡어법이 없다.

신채호는 역사 서술에서 가장 중요한 것이 사실성, 정확성, 핍진성이 아닌 역사가의 윤리와 영혼의 무늬임을 믿었다. 그는 한국이 외교와 문화적 '준비'를 통해 모든 실질적 자치권을 얻는다 해도 한국인이라는 집단의 무의식에 각인된 '치욕의 기억'만은 지울 수 없다고 믿었다. 그는 기억의 치명적 힘을 뿌리 깊이 깨달았던 최초의 역사가였다. 인간은 기억의 노예가 되었을 때 가장 지독한 공포에 시달린다는 바로 그 이유 때문에 그는 집단의 기억, 즉 역사 서술에 목숨까지 걸었던 것이 아닐까. 나는 이 책을 통해 당대 최고의 지식인이자 혁명가로 결정되고 완성된 신채호가 아닌, 그 어떤 정교한 그물로도 낚아지지 않는, 영원히 말랑말랑하여 완성품으로 굳어지지 않는 신채호를 보고 싶었다.

모든 전기는 본질적으로 팩션이다. 아무리 많은 자료가 남아 있더라도 전기 작가의 상상력과 문장의 힘이 없다면 전기는 쓰일 수 없다. 단재 신채호의 전기에서 가장 감동적인 부분은 망명지의 감옥에서 아무 기록도 없이 사라져간 신채호의 마음속 표정을 제3세계 혁명가들의 시나 노래로 대신하는 부분들이었다. 신채호는 여전히 규명되지 않은 수많은 빈틈과 공백을 통해 우리에게 무언의 속삭임을 들려준다. 〈왕의 남자〉나 〈서동요〉 같은 흥미진진한 팩션들을 보면 그러한 창작예술이야말로 역사 연구의 제3의 성과라는 생각이 든다. 과거와 현재를 치열하게 대화하게 할 뿐 아니라 역사를 고정된 해석에 가두지 않고 끊임없이 생성되는 유동적 실체로 매번 새로 태어나게 하는, 무엇보다도 수많은 대중에게 그 역사적 사건을 되살려 체험하고 성찰하게 하는 진정으로 지적인 대중화 작업이기 때문이다.

신채호야말로 다큐멘터리적 글쓰기보다는 상상력이 훨씬 많이 개입된 팩션의 텍스트로서 매번 다시 쓰여야 할 인물이 아닐까. 신채호가 뤼순 감옥에서 옥사한 지 70여 년이 지난 지금까지도 그는 아직도 국적은 물론 호적도 없는 상태다. 나는 이것이 차라리 그가 원하는 진정한 아나키의 상태가 아닐까 하는 생각이 들었다. 그는 이데올로기의 틀로도, 국적의 경계로도, 누군가의 자식으로도 가두어질 수 있는 인물이 아니기에. 신채호의 절친한 벗이었던 벽초 홍명희의 말은 그에 대한 우리 역사의 집단적 부채를 한꺼번에 요약하는 듯 애절한 아포리즘이다. "단재가 죽었다는데, 남은 사람은 얼마든지 실성하여도 좋다." "살아서 귀신이 되는 사람이 허다한데, 단재는 살아서도 사람이고 죽어서도 사람이다."

V. Via-**People**

비평=창작=사랑의 오케스트라

비평을 시작하기 전에는 비평이 이토록 '몰매 맞기 쉬운' 자리임을 알지 못했다. 어린 시절 비평은 작품 뒤에 붙어 있는 고마운 가이드였고 머릿속에 남아 있는 것은 언제나 감동적인 평론들이었다. 더듬더듬 비평을 시작하고 나서야 비평이 '1인분의 삶'을 치러내기 어려운 장르임을 알게 되었다. 내가 평론을 시작했을 때 부모님이 가장 싫어하셨다 (부모님의 요지는 비평가는 '직업' 자체가 될 수 없다는 것이었다). 그리고 주위 사람들은 "그래서, 너는 이 다음에 뭘 할 건데?"라는 질문을 던졌다. "설마 네가 그걸 계속 할 속셈은 아니지?"라는 무언의 항변이었던 셈이다. 더욱 치명적인 공포는 내 자신에게서 샘솟았는데, 나는 비평을 할 때마다 '내 비평의 화살은 어디인가'를 끊임없이 고민했다. 비평의 대상이 오직 작가나 작품이라면 나는 비평을 해서는 안 될 것 같았다. 결국 내게 비평의 대상은 작품 자체가 아니라 작품을 바라보며 세상 속에 위태롭게 자리잡은 나 자신이 아닐까 하는 생각으로 비평의 자괴감을 견딜 수 있었다. 그 어떤 비평이라도 그 글의 주인이자 대상이자 독자는 나 자신이라는 것을 잊지 않음으로써 비평의 우울을 버텼다.

비평의 에너지

이 수세적인 우울 치료법의 필요성 자체를 단칼에 날려버린 사람이 바로 수잔 손택이었다. 나에게 수잔 손택의 삶이 아름다웠던 이유는 그녀가 비평도 하고 창작도 해서가 아니라, 그녀의 비평이 곧 창작이었고, 그녀의 비평이 곧 타인의 삶에 참여하는 길이었으며, 그녀의 비평이 그녀의 삶과 떼어낼 수 없는 실천이었기 때문이다. 비평을 향한 가장 일반적인 비난은 "비평가는 실패한 예술가다"라는 전제다. 창작을 꿈꾸다가 자신의 재능 없음을 깨달은, 결국 예술의 언저리에 살아남기 위한 자구책이 비평이라고 사람들은 수군거린다. 하지만 수잔 손택은 굳이 "비평도 창작이다"라고 해명하지 않는다. 그녀는 죽는 순간까지 평론가였지만, 평론의 프리즘을 통해 그녀가 원하는 모든 것들을 해냈다. 그녀는 평론의 대상을 세상 전체로 확장시킴으로써, 평론의 형식을 창작의 형식으로 전환함으로써 더 이상 텍스트에 기생하지 않는 평론의 장을 열었다. 그녀를 알게 된 후 나는 나의 한계를 똑바로 직시하기 시작했다. 비평의 기생성은 비평의 무능이 아니라 존재의 무능일 뿐이라는 것을. 내가 우울한 것은 비평의 장르적 본질 때문이 아니라 비평을 통해 세상에 뜨겁게 참여하지 못하는 이 새가슴, 지긋지긋한 소심증 때문이라는 것을.

그녀가 비평을 통해 세상에 참여한 기록이 방대하여 그녀의 비평 행로는 대하소설의 스케일로도 모자랄 지경이다. 《은유로서의 질병》을 통해 그녀는 질병의 고통보다도 질병을 둘러싼 갖가지 은유와 상징 때문에 고통받는 이 세상 모든 '아픈 사람'의 살풀이를 통쾌하게 해냈고 (암 환자에게 암보다 고통스러운 것은 '내 삶이 잘못되었기 때문에 내가 질병에 걸렸다'는 얼토당토않은 죄책감이라는 점을 그녀는 동서양의 수백 가지 문학작품의 비평을 통해 샅샅이 밝혀냈다), 《타인의 고통》을 통해 그녀는 '안전한 이곳과 위험한 저곳, 착한 우리와 나쁜 저들을 가르는 이분법이 세상의 모든 전쟁과 차별을 낳는 인간의 고질적 상상력'임을 철저하게 까발렸다. 《해석에 반대한다》를 통해 예술을 세상 속으로 해방시키지 못하고 예술에 대한 너덜너덜한 비판과 주석만을 매달아놓음으로써 비평을 창작과 분리하고 비평을 실천과 분리하는 집단적 신경증을 폭로했다. 테러와의 전쟁이라는 광풍에 싸여 있던 미국에 살면서도 테러보다 더욱 나쁜 것이 '테러리스트'를 호명하는 국가의 맹목적인 적개심임을 용감하게 고발한 것도 그녀였다.

그녀는 무엇보다도 예술에 대한 사랑을 파괴하는 비평을 혐오했다. "해석은 지식인이 예술에 가하는 복수다"라는 도발적인 선언은, 해석이 작품을 더욱 풍요롭게 하는 것이 아니라 해석을 통해 작품의 가능성을 파괴하는 당대 비평의 현주소를 고발하는 것이었다. 작품을 파고들면서 작품을 파괴하는 현대 비평의 문제점은 예술을 해석함으로써 예술을 '견딜 만한 것'으로 길들인다는 점에 있었다. "해석은 예술 작품을 가만히 내버려두지 않겠다는 잔인한 호전 행위로 보인다. 진짜 예술에는 우리를 안절부절못하게 하는 구석이 있다. 해석자는 예술 작품을 내용으로 환원시키고, 그 다음에 그것을 해석함으로써 길들인다. 해석은 예술을 다루기 쉽고 안락한 것으로 만드는 것이다." 그녀에게 해석은 무서운 괴물이 될 수도 있고 아름다운 여신이 될 수도 있는 비정형의 텍스트를 '해석'이라는 이름의 이성적 도구로 길들이고 규격화하는 것이었다. 그녀에게 중요한 것은 예술의 본질을 '분석'하는 것이 아니라 예술을 '사랑'의 바다에 방생시키는 것이었다.

> 지금 중요한 것은 감성을 회복하는 것이다. 우리는 더 잘 보고, 더 잘 듣고, 더 잘 느끼는 법을 배워야 한다. 우리의 임무는 예술 작품에서 내용을 최대한 찾아내는 것이 아니라, 작품 속에 있는 것 이상의 내용을 더 이상 짜내지 않는 것이다. 우리의 임무는 내용을 쳐내서 조금이라도 실체를 보는 것이다. …… 비평의 기능은 예술작품이 무엇을 의미하는지 보여주는 것이 아니라, 예술작품이 어떻게 예술작품이 됐는지, 더 나아가서는 예술작품은 예술작품일 뿐이라는 사실을 보여주는 것이다. …… 해석학 대신 우리에게 필요한 것은 예술의 성애학(erotics)이다.
>
> 《해석에 반대한다》 중에서)

바로 이것이다. 그녀는 일상보다 드높은 곳에서 예술의 가치를 찾지 않았다. 그녀는 삶보다 더 위대한 예술을 옹호한 것이 아니라, 삶의 자리를 떠나 독야청청한 예술을 찾아 비평의 여행을 떠난 것이 아니라, 예술을 사랑함으로써 삶을 더 사랑할 수 있는 길을 끊임없이 탐색했다. 그리하여 우리에게 필요한 것은 작품의 의미를 쥐어짜내는 분석이 아니라 작품을 더욱 사랑할 수 있는 예민한 후각, 청각, 시각, 미각, 촉각을 갖는 것이며, 작품 속 인물의 고통을 곧바로 내 것으로 아파할 수 있는 통각을 날카롭게 벼리는 것이었다. 예술을 사랑함으로써 고단한 삶을 더더욱 사랑할 수 있는 오감의 잠재력을 한껏 키우는 것이야말로 비평의 에너지였다. 그녀에게 비평이란 예술의 아름다움을 한껏 증폭시켜 삶을 더더욱 멋지게 살아갈 수 있는, 타인의 슬픔에 참여할 수 있는 실천적 힘이었다. 그리하여 글이나 연설문으로 이루어진 그녀의 어떤 비평적 텍스트보다도 가장 위대한 비평적 행위는 그녀가 사라예보의 전쟁터에서 사뮈엘 베케트의 《고도를 기다리며》를 연출한 일 자체가 아닐까.

고도를 기다리며

1993년, 수잔 손택은 전쟁의 총성과 폐허로 얼룩진 사라예보에서 《고도를 기다리며》를 연출했다. 사라예보 밖에서 전쟁을 관망하던 사람들은 그녀가 목숨을 걸고 시리예보끼지 달려가 '그토록 우울한' 연극을 연출하는 의도를 이해하지 못했다. "도대체 누가, 왜 그 공연을 보러 오겠는가"라는 질문도 결국 그녀의 용기를 폄하하는 것이었다. 하지만 그녀는 확신했다. "오늘날 사람들은 폭력으로 망가진 사라예보의 이미지만 생각하느라, 사라예보가 과거에 활기 넘치고 매력적인 수도였다는 사실을 잊어버린 듯하다. …… 단지 과거와 차이가 있다면, 배우들과 관객들이 극장을 오가다 폭격을 맞거나 저격수에게 총격을 당해 죽을 수도 있다는 사실뿐이다. …… 사람들이 모두 현실도피적인 오락물만을 원한다는 것은 옳지 않은 생각이다. 다른 곳과 마찬가지로 사라예보 사람들도 자신이 처한 현실을 예술로 변형하고 확인하는 것에서 오히려 힘과 위안을 얻는다." 눈앞에서 전쟁이 일어나 내 곁의 사람들이 피 흘리며 죽어가도 우리는 살아남아야 한다. 살아 있다는 것을 가장 뜨겁게 확인하는 길은, 우리가 단지 먹고 입고 싸는 존재가 아님을 깨닫는 길은, '예술'을 사랑하고 실천함으로써 우리가 인간임을 잊지 않는 일이 아닐까. 전쟁의 포연으로 사라예보 사람들이 잃어버린 것은 스스로에 대한 존엄성이었으며, 그 존엄성을 회복하는 길은 폭격 소리가 울려 퍼지는 전쟁터에서도, 화장실도 물도 없는 무대 위에서도, 여전히 고도를 기다리는 희망의 몸짓이 아니었을까. 1993년 사라예보, 그곳은 전쟁터였지만, 그녀와 배우들의 비평=창작=전투로 인해 결코 어둡지만은 않았다. 그녀의 비평은 세상에 대한 사랑이었고, 타인의 고통을 향한 울음이었으며, 그 고통을 낳은 자들을 향한 끝나지 않는 전투였다.

저잣거리에서 빛나는
선비의 복화술

대단한 업적보다는 화려한 불행(?)으로 시선을 사로잡는 이가 있다. 어떻게 그런 재난을 견뎠을까. 어떻게 그런 상황에서도 자신이 원하는 것을 끝내 이루었을까. 이런 호사가적 궁금증에 자신의 벌거벗은 삶으로 조용히 대답해주는 사람들, 그들이 나를 오랫동안 매혹시킨다. 그 중 18세기 조선의 문인 이옥이 바로 그런 사람이었다. 내게 이옥은 그렇게 엄청난 성공이 아닌, 총천연색 불행의 백화점 같은 라이프스토리로 먼저 다가왔다. 반역도 역모도 사기도 아닌 '문체' 때문에 인생의 행로가 완전히 바뀐 사람. 과거 시험장에서 '소설 문체'를 사용했다는 이유로 정조를 분노하게 만들었으며, 과거에 1등으로 합격하고도 문체가 '소품체'라는 이유로 꼴등으로 전락한 사람. 그럼에도 불구하고 그 문체를 '과거 시험용'으로 규격화하지 못하고 신분까지 강등당한 사람. 과거에 일곱 번 떨어지고도 그 지긋지긋한 '소설 문체'를 버리지 못해 끝내 벼슬을 포기해야 했던 사람. 그가 이옥이었다.

대역죄를 지은 것도 아닌데 오로지 문체 때문에 관직, 신분, 미래를 모두 날린 문인이 있다니. 그러나 그의 파란만장한 불행보다도 더욱 놀라운 것은 그의 글이었다. 조선시대 사대부의 감수성에서 그런 글이 나올 수 있다는 것이 믿기 어려웠다. 우리가 고등학교 시절 배웠던 조선시대 문인들의 산문은 대부분 인간 개개인의 내면을 생생하게 투시하는 것이 아니라 일상과 경험을 넘어 초월적으로 존재하는 성리학적 가치의 눈치를 보며(?) 집필된 것들이었다. 고등학교를 졸업하고 오랜 시간이 지나 오직 황진이나 윤선도의 시문만이 겨우 기억에 남는 것은 아마 그들이 유독 자신의 감정을 솔직하게 표현하는 글을 남겼기 때문은 아닐까. 이옥의 산문은 고전에 대한 내 빈약한 편견을 단칼에 무너뜨렸다. 이옥의 산문으로 인해 조선시대에 대한 가난한 선입견, 특히 18세기 조선의 세계는 잿빛 봉건 이데올로기와 피비린내 나는 당쟁의 그늘을 벗어나 온갖 욕망의 이질성이 충돌하는 만화경적 공간으로 탈바꿈했다.

콤플렉스 감옥으로부터의 탈주

과거에 일곱 번 낙방한 성균관 유생이 저잣거리에 몸을 던진다. 저잣거리는 그가 좌절한 장소이면서 구원의 장소이기도 하다. 그는 저잣거리의 삶을 거침없이 녹여낸 글쓰기 때문에 과거에서 끊임없이 낙방하고 '문체가 괴이하다'는 비판을 듣지만, 정작 그를 다시 글쓰기의 자장으로 끌어낸 것은 다시 저잣거리의 삶이다.

《원통경》(2권)은 가난하고 오갈 데 없는 선비인 이옥 자신의 '정신 승리법'에 관한 이야기다. 전법은 하나. 상상 속에서, 그러나 온몸으로 타자의 고통을 느껴보는 것이다. 춥고 배고프고 절망을 느낄 때마다 자신보다 더 큰 고통을 앓고 있는 타자가 되어보는 것이다. 아궁이의 불마저 꺼져 추위와 굶주림에 떨면서 "서울 성안에 가난한 선비가 이 같은 밤을 당하여 사흘 동안 쌀이 없고, 열흘 동안 땔감이 없으며, 말똥과 쌀겨가 있을 뿐"인 상황을 상상해본다. 그러자 "문득 훈훈한 바람이 뱃속에서 일어나 방 안을 두루 가득 채워서, 당장 내 방 안이 마치 활활 타는 큰 화로"가 된다. 위가 비어 있을 때는 도리어 굶주리는 백성을 생각하고, 오랫동안 집을 떠나 있을 때는 도리어 10년 이상 집을 떠나 고향에 돌아오지 못하는 나그네를 생각한다. 공부를 하다 수마(睡魔)에 시달릴 때는 "(눈 붙일 새도 없는) 아주 바쁜 벼슬아치들을 생각해본다."

점점 더 자신의 콤플렉스 속으로 깊이 들어가는 이옥. "처음 과거에 떨어졌을 때는 도리어 궁색한 유생을 생각해본다. 이들은 머리가 허옇게 세도록 경전을 궁구했지만 향시(鄕試)에 한 번도 합격하지 못했다." 이옥은 인복(人福)조차 없었다. "외롭고 적막함을 한탄할 때는 도리어 노승을 생각해본다. 이들은 인적 없는 산을 쓸쓸히 다니고 홀로 앉아 염불한다." 몸으로 상상하는 타자의 개체수가 많아질수록 이옥의 치명적 콤플렉스는 점점 더 '아무렇지도 않게 마치 남의 일인 듯' 드러난다. 그가 정작 아픈 것은 벼슬을 얻지 못한 것보다 인적 없는 산사(山寺)의 노승처럼 '친구'가 없기 때문이었다는 사실까지도. 글이 계속될수록 이옥의 치명적 콤플렉스와 상처들이 도드라지고, "음탕한 생각이 일어날 때는 도리어 환관들을 생각해본다"에 이르면 사대부의 자의식과 엄숙주의조차도 벗어던진 이옥을 만날 수 있다. "노승처럼 친구가 없다"는 장면에서 눈시울을 적셨던 독자라면, '환관처럼 욕정을 표현할 길 없는 이옥'을 상상하는 장면에 이르면 눈물을 멈추며 포복절도하게 된다. 자신의 극한의 콤플렉스와 상처조차 가볍게 웃어버리기, 자신의 고통을 타자화하고 타자의 고통을 자신의 것으로 만듦으로써 이옥은 자신을 가두는 콤플렉스의 감옥으로부터 탈주한다.

유쾌한 선비 이야기꾼

귀양 길의 고단함을 술회할 것으로 기대되는 〈남정십편(南程十篇)〉에는 유배 길의 고단함과 한스러움 따위는 찾아볼 수 없다. 목숨을 담보로 한 천신만고의 유배기는 유쾌한 여행기가 된다. 모든 희망을 잃고 떠난 유배 길의 끝에서 그는 자신의 붓이 닿기를 기다리는 백성을 만난다. 극한의 모욕 속에서 그는 오히려 더 많은 사람과 돌발적으로 조우하고 그 우발적인 만남을 통해 새로운 삶의 길을 모색한다. 그는 나한상을 만날 때는 미술평론가가 되고, 스님을 만날 때는 갓 사미계를 받든 동자승이 되며, 면포를 직조하는 노동자·수공업자를 만날 때는 천지분간 못 하는 견습공이 된다. 한없이 자신의 몸을 낮추어 모든 것-되기 하는 이옥. 그는 자신을 타자화하고 타인의 삶을 자신의 것으로 만듦으로써 비로소 상처와 콤플렉스로부터 탈주한다.

아들이 노비로 팔려가는 것을 막기 위해 상전과 '거래'를 하여 1년 만에 15년치 농사를 짓는 천재적 기지를 발휘하는 노비(〈농사 잘 짓는 종의 이야기〉), 삼강오륜을 배운 적도 없는 무지렁이 천민들의 절의와

의협(《반촌의 네 정려문 이야기》 등), 가난 때문에 배움의 길을 걷지 못했지만 끝까지 지식 추구의 몸짓을 멈추지 않았던 아전(《소요자의 시》), 아홉 번 시집가서 아홉 번 과부가 된 뒤 아홉 지아비와 한곳에 나란히 묻힌 '행복한 과부'(《아홉 지아비의 무덤》), 위조화폐를 주조하여 '뒷골목 경제'를 이끌어가는 도적들의 이야기(《석굴에서 엽전을 주조하는 도적》), 갓 스물의 향교 유생이 쉰 살의 늙은 기생에게 홀딱 반해 끈질기게 구혼하는 이야기(《마상란 보유》), 잔칫집 음식을 구걸하는 것을 직업 삼아 돌아다니며 음식 맛을 보고 그 집의 흥망성쇠를 정확히 점치는 능력을 갖게 된 사람의 이야기(《장봉사》), 벼슬길이 막히자 뛰어난 글재주를 '양반 자제들의 대리 시험'에 팔아먹다가 발각되어 자살한 선비 이야기(《류광억》)……. 이옥의 텍스트에서는 지배적인 역사서에서는 좀처럼 다루지 않는, 다룬다 하더라도 '객관적 사실'의 영역에서만 취급되는 역사의 외부자들의 삶의 다시 쓰기가 범람한다.

몇 달에 걸쳐 그의 산문을 더듬더듬 읽은 후 이제 더 이상 그의 가장 놀라운 장기가 '불행의 극복법'이 아님을 깨달았다. 《이옥전집》의 빼곡한 산문들을 다 읽고 나서야 느낄 수 있었다. 그는 결코 '내가 기대하는 것만큼' 불운하거나 불행하지 않았음을. 그는 글쓰기로 인해 끔찍한 형벌에 처해졌지만, 글쓰기로 인해 결코 외롭지도 두렵지도 춥지도 않았다. 그에게 글쓰기는 세상으로부터 버림받은 자의 칭얼거림이 아니었다. 그의 글쓰기는 태어나서 결코 한 번도 자신의 어엿한 목소리를 가지지 못한 천민, 기생, 노예들의 입술이자 성대이자 마이크였다. 그의 필살기는 타인의 고통에 깊숙이 들어앉음으로써 자신의 고통 따위는 차라리 아무것도 아니게 되는 타자를 향한 '저물기'의 전법이었다. 그는 모두가 '도(道)'로 얼버무리는 세계의 천변만화한 차이들을 차디찬 성리학의 골방에서 끌어내 세상 속으로 방생시켰다. 그에게 글쓰기는 서책이 아닌 저잣거리에서 빛나는 '세속의 계시'였으며, 모두가 혀를 끌끌 차는 타인의 불행이 글쓰기로 인해 치유되는 '구원의 카니발'이었다. 무엇보다도 그의 글쓰기는 어두운 곳에 강림하시어 빛을 내리는 신성한 계몽의 몸짓이 아니라, 당신과 끝내 함께하기 위한 '사랑'의 관능적 몸짓이었다. 그는 글쓰기로 인해 세상으로부터 버림받았다. 그러나 그는 글쓰기를 통해 자신을, 그리고 버림받아 한기에 떨고 있는 미래의 얼굴 모르는 삶을 구원했다. 그는 발터 벤야민의 '이야기꾼'의 매력에 가장 근접한 18세기의 문인이었다.

소설이 의미를 갖는 것은, 소설이 이를테면 제3자의 운명을 우리에게 제시해주기 때문에 그런 것이 아니라, 이러한 제3자의 운명이, 그 운명을 불태우는 불꽃을 통해서 우리 스스로의 운명으로부터 결코 얻을 수 없는 따뜻함을 우리에게 안겨주기 때문이다. 독자가 소설에 흥미를 갖게 되는 것은, 한기에 떨고 있는 삶을, 그가 읽고 있는 죽음을 통해 따뜻하게 할 수 있다는 희망인 것이다.

(발터 벤야민, 〈이야기꾼과 소설가〉 중에서)

글로 연주하는 음악의 기적

10대가 좋아하는 음악은 TV에 있고, 20대가 좋아하는 음악은 MP3에 있으며, 30대 이상이 좋아하는 음악은 자동차에 있는 것 같다. 대부분의 가요 순위 프로그램은 10대들의 취향으로 점령되어 있다. 20대들은 텔레비전보다는 자기만의 음악을 DIY식으로 편집하여 MP3에 저장하여 듣는다. 30대 이상은 자동차에 소장하고 있는 음반이나 그들이 즐겨 청취하는 라디오 프로그램을 통해 음악을 듣는다. 하지만 TV 속 노래들과도 친하지 않고, MP3도 없으며, 자동차도 없는 나 같은 뚜벅이에게 음악은 무엇일까. 나에게 음악이란 결코 가닿을 수 없는 노스탤지어이기도 하고(어린 시절 가장 진지하게 오래 꾸었던 꿈이 피아니스트였다), 이 세상 어디에나 공기처럼 흩어져 있는 꿈의 파편이기도 하다. 음악에 환장하지만 음악에 대한 지식이 없는 나는 귀를 간질이는 음악만 나오면 달려가서 제목을 물었다. 대부분 길 위에서 모르는 노래를 접한다.

그러나 이제는 마음을 흠뻑 적시는 음악에 취해 가던 걸음을 멈추고 보기 드물어진 레코드 가게나 카페에서 흘러나오는 음악을 듣는 일도 줄어든다. 뚜벅이의 음악 저장고인 '길거리'에서도 이젠 더 이상 다채로운 음악의 향연을 접하기 어려워졌다.

문자로만 연주한 철학 오케스트라

니체가 처음 말을 걸어온 것은 마치 음악처럼 울려 퍼지던 그의 '문장'을 통해서였다. 그의 문장은 수업이나 할머니의 옛날이야기, 독백으로 울려 퍼지는 독서의 느낌이 아니라 정말 '음악'처럼 들렸다. 소리는 범람하지만 내 마음을 할퀴는 소리가 없는 세상에서 니체는 제 리듬과 하모니를 또렷이 들려주는 외로운 거리의 악사처럼 나에게 말을 걸었다. "나를 죽이지 못하는 것은 나를 강하게 만들 뿐이다", "몇 번이라도 좋다, 이 끔찍한 생이여, 다시 한 번!"이라는 문장을 드라마나 영화에서 다시 발견했을 때, 나는 마치 여기저기서 '떨이'를 외치는 시장에서 값으로 매길 수 없는 진귀한 보석을 주운 듯 환호작약했다. 니체처럼 '문장'으로 인용이 많이 되는 철학가도 드물 것이다. 그의 문장 하나하나가 때로는 날카로운 바이올린의 피치카토로, 때로는 몸속 깊은 곳에서 둔중하게 배어 나오는 콘트라베이스의 울림으로 읽는 사람의 가슴을 직접 겨냥한다. 그의 음악적 글쓰기가 가장 직접적으로 드러나는 무대는 바로《비극의 탄생》이 아닐까.

글로 그림을 그리는 것이 '묘사'라지만, 글로 음악을 연주하는 기적은 무엇이라 해야 할까.《비극의 탄생》은 문자로 표현하기 가장 어려운 소리를 오직 문자로만 연주한 철학 오케스트라다. 니체의 글을 읽으면 마치 한 번도 듣지 못한 천상의 교향악이 내 머릿속에서 연주되는 듯한 환상에 젖는다. 나의 가난한 언어로 이 느낌을 표현하기 정말 어렵지만 절대 '구라'가 아니다. 그의 글을 읽는 순간 나는 굳이 그의 글을 '이해'해야 한다는 강박에서 벗어난다. 음악은 '언어'의 매개를 거쳐 이해되는 예술이 아니기 때문에 선율과 리듬으로 인간의 신체를 파고든다. "왜냐하면 음악은 다른 예술들과는 달리 현상의 모사가 아니라 의지의 직접적인 모사이기 때문이다." 그는 음악이 인간에게 선물하는 무한한 기쁨을 이렇게 표현하기도 했다. "어떤 장면, 줄거리, 사건, 환경에 적절한 음악이 흐르면, 음악은 그것의 가장 은밀한 의미를 해명해주는 것 같고 그에 대해 가장 정확하고 분명한 주석을 알려주는 듯한 까닭이 설명된다. 이는 어떤 교향곡이 주는 인상에 완전히 몰두한 사람이 음악을 들으면서 마치 삶과 세계의 모든 가능한 과정이 자신을 스쳐 지나가는 것을 보는 경우와 마찬가지다." 이 문장을 읽는 순간 나는 아무런 사전 지식 없이 쇼스타코비치나 라흐마니노프의 음악을 들으면서, 음악이 연주되는 동안 내가 경험할 수 없는 모든 세계가 나를 섬광처럼 훑고 지나가는 듯하던 불가해한 전율을 비로소 이해할 수 있었다.

그리스 비극의 디오니소스적 광기와 열정이 소크라테스라는 유례 없는 '이론적 인간'과 추종자 에우리피데스의 손에 '살해'되었다는 니체의 진술과 디오니소스적 예술과 아폴론적 예술의 유명한 이분법은 분명 《비극의 탄생》에게 명성을 안겨준 소문의 진원지다. 하지만 뒤늦게 이 책이 연주한 음표 없는 음악에 젖어드는 나에게 니체는 생각지도 못했던 곳에서 어퍼컷을 날렸다. 《비극의 탄생》에서 그리스 비극의 유토피아적 분위기를 간접적으로 체험하려고 했던 나의 값싼 기대는 배반당했다. 다만 내가 발견한 것은 오히려 끊임없이 그리스의 신화적 세계를 동경하며 영원히 그리스 정신에 닿을 수 없는 현대인의 비극이었다. 그는 현대인에게 그리스 비극의 세계를 미주알고주알 설명하는 대신, 그리스인이 현대인을 보면 얼마나 황당해할까라는 가정으로 독자를 기함하게 한다.

활자 미디어의 마법

바로 이렇게 말이다. "그 자체로 이해하기 쉬운 현대적 문화 인간 파우스트가 그리스인에게는 얼마나 이해하기 힘든 존재일까. 모든 학부를 다 돌아다니지만 만족하지 못하고, 지식욕에 목말라 마술과 악마에게 몸을 파는 파우스트." 모든 것을 경험하기 위해 각종 미디어로 몸을 치장하고 각종 여행 상품으로 다른 세계를 경험하지만, 그 무엇에도 만족하지 못하는 현대인. 우리의 모든 불만과 절망을 거꾸로 세워 그 의혹의 모래시계를 딱 한 번 뒤집으면 그것이 그리스인들의 세계가 아닐까. 불완전하고 변덕투성이인데다 질투심도 많은 그리스 신들에게 모든 '힘든 일'들을 떠맡기고(신들에게 모든 영광과 권력을 떠맡기는 것이 아니라), 그 어디도 아닌 바로 지금 여기를 지상에서 가장 아름다운 유토피아로 만드는 그리스인들의 못 말리는 명랑성 말이다.

우리는 이 '디오니소스적 도취'를 굳이 먼 데서 찾을 필요가 없다. 한국의 역사 속에서 디오니소스의 열광과 도취의 예술을 가장 무의적으로, 그러나 완전하게 실천했던 존재들은 바로 '광대'들이 아니었을까. 18세기의 문인 이서구는 광대의 비극과 그 지울 수 없는 매력을 이렇게 묘사했다. "우리나라에서 광대라고 불리는 성악가들은 누가 시켜서 된 것도 아니요, 천대받는 줄을 모르고 된 것도 아니다. 자기 스스로가 좋아서 택한 길이요, 웬만한 고초는 달게 받을 결의를 가지고 된 것이다. …… 그러나 한 사람의 명창이 나려면 5년, 10년씩 피맺힌 공부가 있어야 했다. 심산유곡을 찾아가 백척 폭포수 아래서 물 떨어지는 소리와 대결하여 목청을 돋우고 가다듬어야 한다. 그러나 공(工)을 닦고 음(音)을 얻어 한 번 세상에 나서면 갈 곳이라고는 장거리 넓은 마당이 아니면 대갓집 잔치다. 극장이 있을 리 없으니 사랑 대청이 귀빈석이요, 댓돌 위가 상등석, 흙바닥이 하등석이다. 멍석을 깔아놓은 데가 무대요, 횃불 타오르면 훌륭한 조명이다."(이서구, 〈극장〉 중에서)

니체가 조선의 광대를 보았다면 분명 '저들이야말로 디오니소스의 완벽한 빙의로다!'라고 감탄했을 것이다. 조선의 광대는 가장 비천한 취급을 받았지만 지상의 모든 후미진 공간을 아름다운 무대로 만드는 비법을 알았다. 광대는 그 누구도 그저 '구경꾼'으로 내버려두지 않는다. 니체는 외쳤다. "아! 싸움을 바라보는 자도 싸움에 가담해야 한다는 것, 그것이 싸움의 마법이구나!" 싸움도 어쩌면 광기 어린 '춤'의 일종이니, 어찌 니체의 세상을 향한 고독한 전투를 목격하고도 우리가 편안히 방관할 수 있을까. 춤에 참여하지 않는 사람은 반드시 그 춤을 오해하기 마련. 광대의 거방진 무대처럼 니체의 디오니소스적 춤사위 《비극의 탄생》은 독자를 더 이상 구경꾼으로 내버려두지 않는다. 춤은 아직 끝나지 않았다!

심장은 왼쪽에 있음을 기억하라

초등학교 때 가장 서러웠던 기억 중 하나는 숙제할 때 모르는 것을 물어볼 언니나 오빠가 없는 '맏이'의 고립감이었다. 매일 심부름을 시키거나 틈만 나면 쥐어박아도 좋으니 언니나 오빠가 있었으면 하는 소원은 부모님께 차마 떼를 쓸 수 없는 '미션 임파서블'의 욕망이었다. 그래서 나는 책 속에서 현실에는 없는 언니나 오빠의 온기를 더듬어 찾았는지도 모른다. 어려운 수학문제보다 훨씬 풀기 어려운 인생의 난제를 만날 때마다, 나는 책 속에서 가상의 언니, 상상 속의 오빠를 찾았다. 그러나 오랜 시간이 지나서야 깨달았다. 이미 '맏이 근성'이 뿌리 깊이 박힌 나에게 이제는 뒤늦게 진짜 언니나 오빠 같은 사람이 생긴다 하더라도 그들에게 내 고민을 말할 수 없다는 것을. 나의 진짜 문제는 언니 오빠의 존재 여부가 아니라 누군가에게 고민을 털어놓거나 해결 방안을 질문하는 법 자체를 모른다는 것이었음을. 아무에게도 물어볼 수 없는 상황에 익숙해진 나는 고민에 대해 묻는 법을 알지 못했던 것이다. 그리고 그것은 상황 탓이라기보다는 아무에게도 그 무엇도 묻지 않는 것이 나의 자존을 지키는 것이라 믿었던 아집과 오기 때문이기도 했다.

마음속의 카운슬러

그러나 누군가에게 내 마음 깊은 곳의 고민을 털어놓고 싶은 욕망만은 사라지지 않아서, 나는 나도 모르게 끊임없이 마음의 카운슬러를 찾고 있었다. 책 속의 카운슬러는 수없이 많았지만 살아 있는 카운슬러는 좀처럼 쉽게 찾을 수 없었다. 대학교 3학년 때 비로소 강의실에서 그런 분을 만났는데, 그분이 바로 정운영 선생님이었다. 물론 선생님께 직접 인사말 한 번 건네지 못할 정도로 나는 숙맥이었다. 하지만 왠지 저분께는 내 마음을 시커멓게 멍들게 하는 번뇌의 늪을 살짝 보여드려도 될 것 같은 믿음이 모락모락 솟아났다. 그래서 나는 기말 리포트를 쓸 때 논리적인 보고서가 아니라 굽이굽이 감정이 서린 편지 형식으로 썼다. 혁명가 로자 룩셈부르크에게 쓰는 편지의 형식이었지만, 그 편지 - 리포트의 숨은 수신자는 물론 정운영 선생님이었다. 정운영 선생님이라면 부모님이나 친구에게도 고백할 수 없는, 나 스스로에게조차도 버림받은 내 안의 또 다른 나를 보여줄 수 있을 것 같았다. 두서없고 비논리적인 리포트에 내 생애 최고의 학점을 주셨던 선생님의 관대함은 그 어떤 답장보다 따뜻한 언외언(言外言)의 편지였다. 자판기 커피 한 잔 함께 마셔본 기억이 없으며, 선생님은 내 얼굴이나 이름조차 기억하지 못하겠지만, 나는 누구보다도 '진한' 스승의 사랑을 받은 애제자인 양 오랫동안 제멋대로 뿌듯해했다.

그 후로 나의 카운슬러관은 완전히 바뀌었다. 반드시 곁에 있어 미주알고주알 고민을 털어놓을 필요가 없는, 그저 같은 하늘 아래 있다는 것만으로도 마음이 든든한 사람, 그런 사람이 카운슬러라고 생각했던 것 같다. 그래서 오랜 시간이 흘러 선생님의 부고를 들었을 때, 나는 그저 한 사람의 유명인사가 세상을 떠난 느낌이 아니라, 마음속에 남몰래 세워둔 기둥이 무너지는 아득한 느낌 때문에 오랫동안 우울했다. 나와는 전혀 다른 곳에 존재한다는 사실만으로도 위로가 되는 존재, 그런 선생님의 숨결을 느낄 수 있는 길은 이제 그분의 책뿐이다. 《심장은 왼쪽에 있음을 기억하라》는 정운영 선생님의 마지막 칼럼집인 동시에 우리가 '죽은 경제학자의 살아 있는 아이디어'를 느낄 수 있는 마지막 흔적이 되었다.

이야기꾼의 내공으로 완성된 마법의 경제학

지식이 천대받는 사회에서 지식인의 명예를 잃지 않고 산다는 것은 진정 어려운 일이다. 더구나 글로써 지식을 '팔아야' 하는 위치에 있는 사람이 지식의 품위를 지키는 일은 더욱 어렵다. 그러나 그는 동시대의 첨단을 달리는 핫이슈들에 대한 신문 칼럼을 수십 년 동안 써오면서도 지식인의 품위와 대중적 친밀함을 동시에 잃지 않았다. 그는 경제학자의 논리를 전가의 보도로 삼지 않고, 경제학을 둘러싼 수많은 역사적·철학적 지식을 '이야기꾼'의 친절함과 다정다감함으로 갈무리하여 대중 앞에 선사했다. 그의 손을 거치면 경제학적 지식은 더 이상

딱딱하고 지루한 강의가 아니라 인생의 희로애락이 구석구석 묻어 있는 한 편의 드라마가 되었다.

그는 선민의식이 없다. 재벌 회장에게서도, 극우 정치인에게서도, 후미진 시간 외딴 공간의 필부필부에게서도 그는 그들의 "가장 나아종 지니인 것"을 발견해내어 그들에게서 '배울 점'을 짚어내었다. 이 유연함이 그로 하여금 '변절'이나 '개량' 따위의 매도나 비판을 듣게 한 구실이 될 때도 있었지만, 내가 아는 한 그는 마지막까지 '정치적 정직성'을 잃지 않았던 몇 안 되는 좌파 경제학자 중 한 사람이었다. 그는 경제를 이야기하기 위해 동서고금의 철학과 예술 구석구석을 훑어 감동적인 일화를 찾아내었으며, 그의 강의와 글은 해박한 경제학적 지식과 함께 한 편의 모노드라마처럼 강렬한 흡인력과 예술적 감동으로 가득했다. "시장전도사 외에 경제학자가 쓸데없는 세계화시대"에 그는 끝까지 경제학의 쓸모를 찾아 글을 쓰고 또 썼다. 그는 사방의 소음이 완벽하게 차단된 연구실에서 글을 쓴 것이 아니라 언제나 사람들의 아우성이 가장 민감하게 요동치는 동시대의 핫이슈를 향해 글을 썼다. 그의 집은 연구실이 아니라 '길 위'였으며 그의 사유 공간은 서재가 아니라 지하철이었다. 그 길 위에서 때로는 투창과 비수로 대중의 잠든 가슴을 타격해야 하고, 때로는 장미와 향수로 대중을 미혹시켜야 하는 것이 그의 운명은 아니었을까.

선생님께서 강의하실 때 칠판에는 난해하고 복잡한 수학 공식이 가득했지만, 선생님의 말씀은 경제학자의 논리라기보다는 문학 선생님의 감수성으로 애잔하게 물들어 있었다. 물론 대학 강의실에서 그처럼 그윽한 운치와 달콤한 매너, 세련된 신사성과 상큼한 섹시함을 동시에 갖춘 선생님을 찾기가 매우 어렵기 때문이기도 했다. 하지만 선생님의 진정한 '스타일'은 그런 외적인 미장센이 아니라 어려운 경제학 지식을 한 편의 이야기로 요리해내는 이야기꾼의 내공으로 완성되었다. 딱딱한 경제학적 지식은 선생님의 '연출'로 인해 주인공과 스토리와 분위기가 꿈틀꿈틀 살아 있는 한 편의 이야기가 되었다. 그 놀라운 연출에 감동한 나머지 나는 그토록 싫어하던 경제학 강의를 취한 듯 홀린 듯 감상할 수 있었다. '마경'이라는 애칭으로 불리던 선생님의 '마르크스주의 경제학' 강의는 우리에게 곧 '마법의 경제학'이기도 했다. 선생님은 지식을 가공하여 지식의 '화학 변화'를 추구함으로써 지식으로부터 멀어진 것이 아니라, 지식을 맛있게 요리함으로써 지식만이 뿜어낼 수 있는 소중한 아우라를 지켜냈다.

탈주하는
욕망의 다큐멘터리

사춘기 시절 나는 '욕망만 절제할 수 있다면 분명 큰 인물이 될 수 있다!' 라는 당찬 환상(?)에 빠져 있었다. TV만 끊으면 공부를 잘할 수 있을 것 같았고, 잠을 줄이면 더 많은 책을 볼 수 있을 것 같았으며, 사람을 덜 좋아하면 사람 때문에 상처받지 않을 것 같았다. 스무 살 이후에는 욕망을 바라보는 시선이 조금 느슨해졌다. 어차피 끊을 수 없는 욕망이라면 차라리 헐겁게나마 내 가여운 욕망의 끈을 부여잡으리라. 각종 중독성 물질과 미디어 자극에 심각하게 취약한 나는 그렇게 욕망과의 타협을 꿈꿔왔다. 스무 살 이후에는 욕망의 위계학에 눈떠 매사에 중요한 욕망과 하찮은 욕망을 나누는 훈련에 몰두했다. 좀 더 중요해 보이는 욕망에 몰두하면 실패의 가능성이 감소하리라는 수세적 판단이 성공(?)할 때마다 내심 환호작약했다. 가눌 수 없는 욕망과는 이렇게 적당히 협상하면 되는구나. 마치 욕망의 연금술을 홀로 득도한 듯 내

20대는 가끔이나마 평화로웠다.

그러던 어느 날 이탁오의 《분서》를 만났다. 스물일곱에 만난 이탁오는 읽을 때마다 마지막 1센티미터를 남겨둔 도화선처럼 아슬아슬했다. 아무 페이지나 펼치기기만 하면 문장의 화약고가 폭발할 것 같았다. "나이 오십 이전까지 나는 정말 한 마리 개와 같았다. 앞의 개가 그림자를 보고 짖어대자 나도 따라 짖어댄 것일 뿐, 왜 그렇게 짖어댔는지 까닭을 묻는다면, 그저 벙어리처럼 아무 말 없이 웃을 뿐이었다." "그들은 내가 종일토록 문을 닫고 있으면서 종일토록 나보다 나은 사람을 만나고 싶어하는 나의 심정을 알지 못한다. …… 텅 빈 골짜기에 있으면, 발소리가 들리거나 사람 비슷한 것만 만나도 반가운 법인데, 나더러 사람을 만나려고 하지 않는다니…… 다만 혹시 정말 사람이 아닐까 염려될 뿐이다." "만약 친구라서 사배를 올리고 학업을 전수받을 수 없다면, 필시 그와 함께 친구가 될 수 없다. 스승이라서 마음속에 있는 말을 털어놓지 못한다면, 또한 그를 스승으로 섬길 수 없다."

욕망의 지형도

나는 이런 문장들에 다리가 후들거렸다. 따르기엔 두려웠고 외면하기엔 명치끝이 아려왔다. 이 글을 쓴 사람이 16세기 중국의 철학자라는 사실을 믿을 수 없었다. 그의 문장은 마취도 없이 곧바로 환자의 폐부를 가르는 메스였다. 그는 무슨 마음으로 쉰이 넘은 나이에 벼슬과 가족을 모두 버리고 머리를 깎고 출세간했을까. 그러나 도대체 어디에 밑줄을 그어야 할지 알 수 없을 만큼 놀라운 문장으로 가득한 《분서》에서 정작 놀라운 것은 그의 출가나 자살, 기행(奇行)이 아니었다. 그것은 욕망과의 전투에서 지칠 대로 지쳐 있었던 내 자신과의 만남이었다. 그는 '무릇 도란 이러이러하다', '모름지기 진리란 이런 것이다', '사람들은 대개 이러저러하다'는 식으로 말하지 않는다. 그는 1인칭의 고백으로 시작하여 2인칭의 질문의 화살로 독자의 심장을 파고든다. 나는 이렇게 생각하는데 너는 어떻게 생각하느냐는 식의 철저히 '주관적인 고백'이 '철학'이 될 수 있다는 사실에 소름이 돋았다. 3인칭 전지적 작가 시점으로 대단한 '개념'을 서술하는 것이 아니라 철저히 '나'로부터 시작하여 '너=나'로 끝나는 욕망의 지형도가 곧 이탁오의 철학으로 읽혔다.

그는 "부처가 되려거든 절대로 금욕해서는 안 된다"고 말한다. 그의 논리를 따르면 세상의 욕망 가운데서도 나의 욕망(私慾)이 가장 중요하다. "나는 책을 좋아하였으니, 사시사철 제사할 때 내가 직접 교정하고 구두점을 찍고 편집하고 기록했던 책을 공양 탁자 오른쪽에 놓아두라. …… 명목상 제사라고는 하지만, 역시 ㄱ서 밥 한 그릇, 차 한 잔, 콩장 조금이면 족하다. 그러나 나는 향을 좋아하니, 반드시 좋은 향을 피워야 한다. 나는 돈을 좋아하니, 반드시 좋은 지전(紙錢)을 태워야 한다. 나는 책을 좋아하니, 나의 책을 단단히 잘 챙겨 한 권이라도 사람들에게 함부로 빌려주지 말 것이며, 때때로 햇볕 날 때 내다놓아 볕을 쬐어 말린 뒤에 거두어라." 코믹하리만치 쫀쫀하고 사소(trivial)한 사욕의 긍정! 그는 욕망을 제도나 의(義)로써 억제하는 것이 절대로 불가능함을 알고 있었다. 그는 오히려 욕망에 대한 극한적 트리비얼리즘(trivialism)을 금기 없이 표출함으로써 욕망의 이끌림으로부터 의뭉스럽게, 그러나 유쾌하게 벗어나고 있다. 그는 '하고자 하는 것을 하지 못하도록 함으로써' 욕망을 홈 패인 공간에 가두려고 하는 것이 아니라, 욕망이 흐를 수 있는 복수의(plural) 도관을 만듦으로써 누군가가 '하고 싶어하는 일들이 제대로 이루어질 수 있도록 하는 것', 그리고 '정말 하고 싶은 일을 하는 것이 아무 문제가 되지 않도록' 하는 새로운 욕망의 배치를 추구한다. 그는 말한다. 욕망을 억누르지 말고 오히려 극한적으로 확장하라고. 더 큰 것을 욕망하라. 더 큰 것을 욕망하지 못하게 만드는 모든 장애물들과 대결하라. "사람들은 부처가 탐하지 말라고 했다고 하지만, 나는 부처야말로 진정 큰 것을 탐했던 자라고 생각한다. 탐하는 것이 컸으므로 일도양단하여 인간 세상의 (작은) 즐거움에 연연하거나 탐하지 않았을 뿐이다." 이탁오에게는 부처, 공자가 '금욕적인 성인'이 아니라 '세상에서 가장 큰 욕망'을 추구한 극단적인 욕망 긍정의 탈주자들로 읽혔던 것이다.

정주민의 유학 담론을 넘어 노마드의 불학으로!

기존의 사상가들이 욕망을 일종의 필요악으로 체계화하였다면, 이탁오는 인간을 인간이게 하는 것이 바로 욕망임을 말한다. 더 나아가 그는 사욕이 없다면 천리도 없는 것, 즉 천리의 물적 토대는 곧 인욕임을 긍정한 것이다. 인욕이 없으면 천리도 없다! 그가 두 번째로 강렬히 긍정한 것은 '욕망의 이질성', 그리고 그 충돌의 우연성이었다. 이탁오는 인간의 욕망을 규격화하는 모든 제도적 장치는 실제로 욕망을 무화시키는 데 아무 도움이 되지 않음을 역설한다. "형벌은 인간을 길들이

는 것이지만, 결코 인간을 '더 나은' 존재로 만들지는 않는다." 욕망이
씌워진 갖가지 가면 벗기기, 그리고 나아가 자기 자신의 사욕조차 매우
구체적으로 까발리는 것, 이타와 금욕과 위선과의 끝나지 않는 전투.
이탁오 욕망론의 혁명성은 여기에 있었다. "당신의 '멈출 수 없음'이란
멈춰서는 안 됨을 인식한 뒤에 반드시 멈추지 않으려고 하고, 그것을
진정한 '멈출 수 없음'으로 생각하는 것입니다. 나의 '멈출 수 없음'이
란 그것이 멈출 수 없는 것임을 인식하지 못하면서도 저절로 멈출 수
없게 되는 것입니다."

　　이탁오의 책을 샅샅이 찾아내어 태워버리라는 '분서령'보다 더욱
기막힌 것은, 이탁오 같은 자는 수도 근처의 접근 자체를 금지시켜야
한다는, 이탁오의 존재 자체가 백성을 '현혹'시켜 중국 전체를 사로잡
을지도 모른다는 지배 권력의 거대한 불안과 공포이다. 출세간한 '중'
이 '세도(世道)의 평안'에 불안과 공포를 줄 정도라면, 그 '중'의 사유
와 실천의 에너지란 쉽게 계산할 수 있는 것이 아니다. 분서란 '태워버
려야 할 책'이기에 앞서 '태워도 태워도 데워지지 않는 책', 편지와 잡
문으로 이루어진 전쟁기계였던 셈이다. 그들은 무엇이 그토록 두려웠
던 것일까. 우선 쉰네 살까지 벼슬자리에 있다가 만년에 삭발하여 중이
되었다는 사실 자체가 당대 유신(儒臣)들의 세계관 속에서는 도저히
용납할 수 없는 '사건'이었다. 위대한 역사적 인물이나 체제지향적 인
물들을 모두 형편없이 깎아내리는가 하면, 중국의 정통사관에 포획될
수 없는 이단적 인물들이나 체제 외부의 인물들을 극찬하는 이탁오. 도
학선생들이나 유신 관료들이 이탁오를 받아들일 수 없는 것은 그들로
서는 당연한 상식이었다. 게다가 그는 부녀자들과 어울리며 강론과 유

희를 한다는 온갖 기괴한 악성 루머에 시달렸다. 이는 다시 말해 '이탁오가 사람을 사귀는 방식에 어떤 금기와 경계도 없다'는 것이었다. 다분히 옐로 저널리즘적인 이런 탄핵 속에서 우리는 거꾸로 이탁오가 도학선생이나 국가장치로부터 받지 못한 사랑을 오히려 부녀자들이나 배움에 목말라하는 서생들에게 받았음을 알 수 있다. 그에게 붙은 당대의 호명은 '이단'이었다. 그렇다면 그가 자기 자신에게 붙인 호명은 무엇이었을까.

사람은 이 세상에 태어나자마자 그 몸이 남에게 구속된다. 어릴 때는 말할 필요도 없고, 배우고 스승을 섬길 때 또한 말할 필요도 없고, 자라서 학당에 들어가서도 사부와 제학종사(提學宗師)에게 구속되고, 관직에 들어가면 관직에 구속된다. …… 털끝만큼이라도 조심하지 않아 그들의 환심을 잃으면 곧장 화가 닥친다. 그 구속은 죽어서 관 속에 들어가 땅에 묻힐 때까지도 끝나지 않고 더욱 고통스럽게 구속한다. …… 그러나 출가하여 천하를 주유해도, 그 주유하는 곳에 또 지방 장관이나 고관대작들이 있어 내게 관심을 가져서 나를 구속했다. 등정석이 처음 현에 부임할 때, 비록 나 자신은 감히 그를 만나러 현의 관청에 찾아가지 않았지만, 그가 예를 갖추어 내게 물품과 서찰을 보내왔다. 그러니 나로서도 아무 명함도 없이 답할 수 있었겠는가? …… 이리저리 궁리 끝에 유우객자(流寓客子)라는 네 글자를 써서 화답했다. …… 유우는 현명한 은일명사(隱逸名士)를 말한다. …… 흘러 다니며(流) 묵는다(寓)는 뜻의 유우(流寓)라는 말은 집을 짓고 거기서 사는 것이 아니라는 말이다. 땅을 갈고 씨 뿌려서 거기서 나는 것을 먹으면, 구속을 안 받으려야 안 받을 수 없다. 그래서 객자

(客子)라는 말을 덧붙임으로써, 여로에 잠시 머물 듯(流寓)하는 것이지 정말로 머물러 사는(寓) 것이 아님을 알려주는 것이다.

여기서 이탁오가 '이단의 운명'을 걸고 싸워야 했던 시대의 중력, 인간관계의 블랙홀이 드러난다. 정착민이 된다는 것은, 즉 땅을 갈고 씨 뿌려서 거기서 나는 것을 먹는다는 것은 그 지점을 중심으로 한 동심원적 관계성 안으로 자신을 속박하는 것이었다. 정착민이 된다는 것은 곧 채무자와 채권자의 관계 속에서 내가 채무자의 자리이기를 수락하는 것일 뿐이었다. 무덤에서까지도 이 부채 의식에서 자유로울 수 없는 정착민의 삶. 이탁오는 바로 정주민이 아닌 유목민이 됨으로써 그러한 동심원적 인간관계의 중력장으로부터 탈주하고자 한다. 그의 유우객자론은 중세적 인간관를 전복하는 탈주의 상상력을 담고 있다. 정주민의 유학(儒學) 담론을 넘어 노마드의 불학(佛學)으로! 그는 삭발하여 유우객자가 됨으로써 몸 전체로 중세의 유학담론을 전복한다.

어디서든 머물지 않고 무든 장소를 미끄러져가며 그 길 위에서 만나는 모든 이질적인 존재와 사우(師友)적 관계를 맺을 수 있을까. 그를 떠올릴 때마다 여전히 아무것도 제대로 욕망해본 적이 없는 나의 초라한 맨얼굴을 만날까 두렵다. 진정 원하는 것을 얻기 위해 자잘한 일상의 '보험들'을 단칼에 해지할 용기가 없는 나의 정착민적 근성이 한심하다. 그러나 여전히 꿈꾼다. 진정 내가 원하는 것을 만날 때까지 나의 몸 안에 한없이 미세한 영혼의 내시경을 장착하고, 내 욕망의 이동 경로를 낱낱이 투시하기를. 내가 진정 욕망하는 것과 그대가 진정 욕망하는 것이 한없이 팽팽한 긴장과 역동으로 충돌하게 되기를 꿈꿀 것이다.

VI. Inner-View

그림에서 이야기 찾기,
진중권식
글쓰기의 모험

진중권 **인터뷰**

진중권 1963년 서울에서 태어났다. 서울대 미학과를 졸업하고 같은 대학교 대학원에서 소련의 〈구조기호론적 미학〉 연구로 석사 학위를 받았다. 독일로 건너가 베를린 자유대학에서 언어 구조주의 이론을 공부했다. 독일 유학을 떠나기 전 국내에 있을 때에는 진보적 문화운동 단체였던 노동자문화예술운동연합의 간부로 활동했다. 귀국한 후 지식인의 세계에서나마 합리적인 대화와 토론과 논쟁의 문화가 싹트기를 기대하며, 그에 대한 비판작업을 활발히 펼치며 변화된 상황 속에서 좌파의 새로운 실천적 지향점을 찾기 위해 노력하고 있다. 그를 대중적 논객으로 만든 《네 무덤에 침을 뱉으마》는 박정희를 미화한 책을 패러디한 것이다. 탄탄한 논리, 정확한 근거, 조롱과 비아냥, 풍자를 뒤섞은 경쾌하면서도 신랄한 문장으로 '진중권식 글쓰기'의 유행을 불러일으켰다.

그에게 비트겐슈타인은 인식의 기초이고 벤야민은 영감의 원천이다. 목표는 철학사를 언어철학의 관점에서 조망하는 것, 탈근대의 사상이 미학에 대해 갖는 의미를 밝히는 것, 철학·미학·윤리학의 근원적 통일성을 되살려 새로운 미적 에토스를 만드는 것, 예술성과 합리성으로 즐겁게 제 존재를 만드는 것 등이다.

지은 책으로는 《미학 오디세이 1, 2, 3》, 《놀이와 예술 그리고 상상력》, 《서양미술사 1》, 《현대미학강의》, 《춤추는 죽음》, 《네 무덤에 침을 뱉으마 1, 2》, 《천천히 그림읽기》, 《레퀴엠》, 《폭력과 상스러움》, 《빨간 바이러스》 등이 있다.

진 중권은 길 없는 곳에서 길을 찾는 모험을 하는 사람이다. 언뜻 보면 시대의 흐름을 잽싸게 파도타기 하여 대중적 글쓰기에 성공한 것처럼 보인다. 한마디로 억세게 재수가 좋은 경우라고나 할까. 그러나 알고 보면 오늘의 진중권을 있게 한 《미학 오디세이》는 그 자신도 미처 예상치 못한 시대적 변화에 우연히 맞아떨어진 결과물이라고 한다. 1993년 출간 당시 신문지상에 제대로 소개된 적도 없었고, 오히려 '괴상망측한 글쓰기'로 지탄받기까지 했던 《미학 오디세이》였다. 이 책을 발굴하고, 전파하고, 활용한 것은 순전히 대중의 '입소문'이라고 한다. 컴퓨터가 타자기일 뿐이었던 시대에 쓰였던 《미학 오디세이》는 네티즌의 드넓은 공감을 얻으면서 사후적으로 재발견된 책이기도 하다. 만화가가 꿈이었던 악동 시절의 감수성으로 글을 쓴 것뿐이었다는 진중권의 글쓰기는 인터넷 세대의 발랄한 글쓰기와 뜻하지 않게 맞아떨어진 것이다. 우리는 그의 글쓰기에서 문학적 글쓰기의 새로운 영감을 훔치고자 그를 불러냈다. 물론 '문학판'과 진중권은 별로 친하지 않다. 그러나 우리는 진중권에게서 문학적 글쓰기의 새로운 출구를 엿본다. 이미지와 텍스트를 자유롭게 활공하는 그의 글쓰기는 '영상매체에 주도권을 빼앗겼다고 믿는' 오늘의 문학판에 분명 진중권 자신조차 깨닫지 못하는 돌파구를 지니고 있을 것만 같았기에.

'의외로' 문학적인 미학자

우리는 이야기, 상상력, 수사학이 다양한 분야로 확장되고 분배된 상황이라는 유쾌한 진단에서 시작한다. 문학적 글쓰기의 원천이 영화와 드라마, 인터넷 소설 등으로 확장된 것은 분명 즐거운 일이 아닐까. 음반산업의 위기를 MP3 탓으로 돌리기보다 MP3 산업과 음반산업이 강력하게 연대하는 것이 훨씬 생산적인 길로 보이는 것처럼, 문학도 영상시대의 패러다임과 적극적으로 소통하고 연대할 때 새로운 르네상스를 맞을 수 있을 것 같다. 우리의 이 즐거운 몽상을 진중권은 재기발랄한 아이디어와 유쾌한 입담으로 친절하게 화답해주었다. 진중권은 그림에서 이야기를 발견하고, 그림에서 상상력을 끌어내며, 자신의 발랄한 수사학으로 그림이 대중에게 말을 걸게 한다. 이야기, 상상력, 수사학 이 모두가 꽤나 문학적이지 않은가. 그는 사실 자신도 모르는 문학적 재능으로 동서양의 그림들과 철학적 축제를 벌이고 있었다. 우리는 그의 '문학적 재능'을 최대한 '이용'하고 싶었고, 그는 우리의 불순한 의도에 의외로 순순히 응해주었다. 진중권과의 만남은 문학의 위기를 문학의 기회로 역전시키는 다채로운 아이디어로 범람했다. 그리고 그는 분명 우리가 예상한 것보다도 훨씬 많이 '문학적'인 인간이었다.

문자적 사유와 이미지적 사유 사이에서

정여울 《미학 오디세이》나 《놀이와 예술 그리고 상상력》 같은 책을 읽으면서 든 생각인데요. 선생님은 글을 쓸 때 내용보다는 형식에 대해 더 많은 고민을 하시는 것 같더군요. 진중권식 글쓰기의 메커니즘이 있다면 어떤 것인지.

진중권 제가 볼 때 사고방식에는 두 가지가 있죠. 텍스트적인 사유와 비주얼한 사유, 즉 문자적인 사유와 이미지적인 사유죠. 저는 이 두 가지를 결합시키는 글쓰기를 추구해요. 저는 책을 쓸 때 그림부터 찾는 버릇이 있습니다. 해괴한 이미지가 들어 있는 사진과 도판들을 모으기 시작하죠. 그림들은 주로 헌책방이나 길바닥 좌판에서 사요. 주인한테 버림받은 책들이고, 대부분 황당한 그림들이죠. 'B급' 책들을 헐값에 구하는 겁니다. 때로는 레오나르도 다 빈치의 그림 수수께끼 한 장을 구하기 위해 거금 20만 원짜리 책을 사기도 해요. 비슷한 그림을 몇 개 구하면 머릿속에서 스토리가 구성됩니다. 이걸 다시 언어화하죠. 두 개의 그림이 극단적으로 대립하거나 유사할 때 스토리가 나옵니다.

한편으로는 평소 현대적 흐름들, 철학과 사상서들을 읽고 그것을 인문학적 베이스로 풀어내야 하죠. 책을 쓰려면 반드시 그림이 있어야 합니다. 제 원고는 글만 봐서는 모릅니다. 이미지와 글이 한자리에 모여야 제 이야기가 이해되죠. 형상적 사유가 문자적 텍스트와 결합되어 있기 때문입니다. 원시시대에는 글이 아니라 그림으로 삶을 기록했잖아요. 동굴벽화 보세요. 문자가 발명되면서부터는 이야기를 그리는 게 아니라 언어화하죠. 문자가 발명된 이후에는 세계를 그리는 것이 아니라 세계를 '기술'하게 되지요. 최근에는 영상문화가 들어오면서 문학과 영상, 글자와 문화, 글씨와 영상이 합쳐지죠. 이미지와 텍스트가 교차하는 제 책의 콘셉트가 지금의 상황과 맞아떨어지는 지점이죠. 《미학 오디세이》도 당시에는 굉장히 실험적인 시도였어요. 당시에는 인문학 책에서는 가장 화끈하게 그림을 쓴 것이죠. 인문학 책은 거의 철저하게 문자 중심적이었잖아요. 이제는 오히려 이미지와 텍스트를 교차시키는 방식이 인문학 책의 표준적인 형식이 되었죠.

278

정여울 맞아요. 그림 없는 책들은 어찌나 불친절하게 느껴지는지.(웃음)

진중권 지금 세대들은 텍스트가 아니라 영상세대들입니다. 요즘 애들은 태어날 때부터 움직이는 그림을 보죠. 세미나도 영화를 빼면 얘기가 안 돼요. 예전에는 농담을 '말'로 했지만 지금은 농담도 '이미지'로 하잖아요. '개벽이'의 디카 사진 이미지를 보세요. 또 다른 유머감각이죠. 말로 농담을 잘하는 것이 기존의 유머감각이라면 재미있는 장면들을 우연히 지나치면서 그것을 디카로 '찍을' 수 있는 것이 인터넷세대의 농담이죠. 농담도 이미지로 포착하는 시대가 온 거죠. 새로운 영상시대는 텍스트와 영상이 서로 구별되지 않고 '얽히게' 되는 시대잖아요. 이제 영상을 못 읽어내는 사람은 텍스트도 못 읽게 되는 거예요. 영상의 소비자에 그칠 뿐 영상의 독해자나 영상의 창조자가 되지는 못하죠. 미래의 책은 단순한 '글쓰기'가 아니라 '스크립트(script)'가 되어야 합니다. 스크립트는 그냥 문자로 끝나는 것이 아니라 '영상'으로 완성되는 글쓰기죠. 스크립트의 대표적인 예는 영화 시나리오, 드라마 대본, 광고 카피예요. 글자도 점점 이미지화되어가고 있잖아요. 이모티콘이 바로 글자로 만들어낸 그림이죠. 앞으로는 영상이 중요해지면 중요해질수록 오히려 텍스트의 중요성은 더 강해질 거라고 봅니다. 다만 옛날 텍스트의 개념이 아니라 영상과 결부되어 있는, 항상 영상화를 지향하는 텍스트여야 한다는 조건이 있습니다만. 제가 이미지와 텍스트를 접속시키는 글쓰기를 하지만, 어쨌든 남는 건 '책'이라는 형태죠. 소설도 책으로 남잖아요. 이미지로 기억될 수 있는 책을 소설가들도 고민할 필요가 있죠.

정여울 제가 요사이 가장 재미있게 본 책 중의 하나는 천명관의 《고래》라는 작품이에요. 천명관을 비롯해서 신세대 작가들 중에는 시나리오를 써본 작가들이 있어요. 텍스트인데도 머릿속에 그림이 그려지는 텍스트가 잘 읽히는 것 같아요. 아직 그런 작가들이 많진 않지만. 문학평론가의 고전적인 감수성으로는 시대와 영합한다, 유행을 좇아간다고 비판하기 쉽지요.

진중권 귀여니나 리얼겨니의 인터넷 소설들에 대해서 많은 문학 전공자들이 거의 악담을 퍼붓더군요. 그렇지만 인터넷 소설을 바라보는 기준이 달라야 할 것 같아요. 비틀스를 평가하는 데 모차르트를 평가하는 기준을 들이대면 굉장히 썰렁한 이야기잖아요. 비틀스가 모차르트보다 못하다고 할 수 없는 거예요. 전혀 다른 감성이라는 것이죠. 쿠엔틴 타린디노의 〈펄프 픽션〉을 봐요. 펄프 픽션이라는 건 한마디로 싸구러 이야기란 뜻이잖아요. 야담과 설화, 이런 잡스러운 이야기들을 합체한 것이죠. 〈펄프 픽션〉은 삼류 액션의 형식을 취했지만, 결과적으로 예술성이 전혀 떨어지지 않잖아요. 〈펄프 픽션〉은 대중에게 영합하는 영화가 아니라 미학적 성과를 발휘하면서도 대중적 코드를 흡수한 거죠. 한국 소설도 그런 이중 코드가 필요한 것 같아요. 대중적 감수성을 사로잡으면서도 미학적 실험성을 갖추고 있는.

미학 오디세이, 그 후 10년

정여울 《미학 오디세이》는 그림으로 보는 인류의 역사이기도 한 것 같아요. 각 시대를 대표하는 화가들이 가이드가 되어서 인류의 서사를 경쾌하게 훑어주는. 《미학 오디세이》가 역사책이면서도 철학책임과 동시에 '그림으로 엮어내는 소설책'으로 읽혀요.

진중권 제가 《미학 오디세이》에서 사용한 그림들은 세계를 그대로 모방하거나 베끼거나 재현한 게 아니라, 화가들 머릿속 관념의 그림이에요. 에서는 논리학과 수학적인 패러독스를 그림으로 그렸고, 마그리트는 관념론이나 실재론을 이미지화한 것이고, 피라네시도 실재할 수 없는 공간의 관념을 그림으로 표출한 거죠. 문자가 등장하기 이전의 시대는 세계를 그리던 시대였죠. 문자의 등장과 함께 세계를 '기술'하는 시대가 왔고, 문자의 시대가 끝나면서 다시 이미지의 시대가 도래한 것이죠. 그런데 현대의 이미지가 원시시대의 이미지와 다른 것은 세계를 식접 그린 것이 아니라 세계를 기술한 텍스트를 재구성한 그림이라는 것이죠. 2차 구술성이자 2차 영상성이라고 말할 수 있죠. 소설도 이미지를 가지고 많은 실험을 할 수 있어요. 이미 존재하잖아요. 포토 에세이처럼 포토 소설도 가능한 거죠. 자크 데리다의 《시선의 권리》라는 책이 바로 포토 소설이죠.

정여울 잡스러운 문화적 이미지들을 독특한 철학적 관점으로 재배치하는 것이 《미학 오디세이》의 힘인 것 같은데요. 《놀이와 예술 그리고 상상력》에서는 어떤 다른 자료도 없이 오직 인터넷 서핑만으로 글을 쓴 부분들이 있잖아요. 종이로 된 텍스트 없이도 충분히 글을 쓸 수 있다는 것, 기존의 인문학적 글쓰기에서는 상상하기 어려웠지요. 또 고대와 중세와 현대의 자료들을 단 한 문단 안에서 과감하게 응축하는 장면들이 굉장히 인상적이었어요. 사실 고대와 중세와 현대를 구구절절이 글로 설명하려면 얼마나 많은 시간과 공간이 필요하겠어요. 그런데 《미학 오디세이》는 고대를 대표하는 그림 하나, 중세를 대표하는 그림 하나, 근대를 대표하는 그림 하나만 있으면 한 페이지 안에서 그 엄청난 시간적 넓이를 간결하게 비교하고 분석할 수 있죠.

예를 들어 이런 부분이 있죠. "고전적 미로의 구성은 간단하다. 하나의 길을 따라 계속 가면 언젠가 중심에 도달하고, 거기서 뒤돌아 걸으면 다시 밖으로 나오게 된다. 근대적 미로는 다르다. 여기서는 길이 여러 갈래로 갈라져 매순간 선택을 해야 한다. 여기서는 오직 시행착오를 통해서만 밖으로 나올 수 있다. 하지만 입구도 출구도 없고, 시작도 끝도 없고, 그리하여 빠져나올 가능성도 없는 어떤 미로를 상상해볼 수 있지 않을까? 만약 그런 게 있다면, 그것은 아마 '탈근대적 미로'라고 말할 수 있을 것이다." 이 몇 줄만 봐도 고대와 근대, 탈근대의 엄청난 시간적 폭과 철학적 차이가 한눈에 드러나게 되는 것이죠. 이건 자료를 가지고 혼자서 집요하게 오랫동안 놀아본 사람이 다다를 수 있는 글쓰기 방식이라는 생각이 들었죠. 이런 《미학 오디세이》식 글쓰기에 영감을 준 사유의 에너지는 어떤 것이 있는지.

진중권 제 글쓰기 방식에 특별히 영향을 준 사람은 별로 없는 것 같아요. 오히려 어렸을 때 친구들이랑 놀았던 기억 속에서 제 글쓰기의 원천을 찾아볼 수 있을 것 같아요. 고등학교 때 친구들이랑 서로 깔보고 놀리면서 놀았죠. "네 얼굴은 해물파전이야." 이런 식으로 친구 약 올리면서 놀았거든요. 그때는 '이빨 쌈치기'라고 지칠 때까지 말싸움하는 거죠 뭐. 생각해보면 그게 구어체였다니까요. 이빨 쌈치기할 때는 즉각적인 기지가 필요해요. 글을 쓰면서 저는 바로 그때의 악동 시절로 돌아가는 거죠. 1994년도만 해도 컴퓨터는 타자기일 뿐이었어요. 이렇게 영상시대가 올 줄은 예측하지 못했어요. 구술성이 중심이 된 네트워크 시대가 되면서 제 구어체적 글쓰기가 맞아떨어진 것이죠. 처음 제 책이 나왔을 때는 굉장히 무시당했어요.(웃음) 말투 자체가 너무 품위 없어 보인 거죠. 인터넷 시대가 와서야 제 말투가 대중적으로 공감을 얻게 된 거죠. 《미학 오디세이》에 영향을 준 책이 있다면 《괴델, 에셔, 바흐》예요. 지적 놀이의 전형을 보여주는, 정말 꼭 읽어야 할 책이죠.

정여울 사실 《미학 오디세이》는 미디어 혁명에 관한 책이라고노 할 수 있는데, 정작 《미학 오디세이》의 대중적 전파에는 미디어가 전혀 역할을 못 했군요. 선생님은 어렸을 때 만화책을 굉장히 많이 읽으셨을 것 같아요. 선생님 글쓰기 방식은 철학자들의 글쓰기보다는 오히려 만화책의 입담에서 영향을 받으신 건 아닌가요.

진중권 사실 제 꿈이 만화가였어요.(웃음) 전 원래 글 쓰는 재주가 없었거든요. 글쓰기대회에서 한 번도 상을 타본 적이 없었어요. 초등학교 때인가, 선생님이 독후감을 쓰라고 했는데, 글을 쓴 게 아니라 그림과 낙서를 마구 뒤섞어놓았죠. 그게 바로 벤야민이 말하는 몽타주 기법이에요.(웃음) 인터넷은 2차 구술성의 문화거든요. 기존의 매체들은 다 문어체였잖아요. 인터넷 언어는 우리가 평소에 말하는 것들을 문자와 영상으로 옮기는 것이니까 2차 구술성이죠. 구어체를 재구성하는 것이 2차 구술성이죠. 그런데 만화야말로 2차 구술성의 문화예요. 인터넷은 문자문화와 구술문화의 결합이 이루어진 장이죠. 전 글을 쓸 때 쓰고 나서 꼭 한 번 읽어봐요. 소리내서 읽다가 걸리면 그 문장은 잘라야 해요. 숨이 차지 않아야 해요. 소리내서 읽을 때 어색하거나 숨이 차면 좋은 문장도 가슴속으로 들어오지 않아요. 사실 제가 이야기하는 내용은 굉장히 어려운 미학적인 담론이잖아요. 그걸 쉽게 전달하기 위해서 구술성을 택한 것이죠. 무언가를 전달하는 사람들은 구술성의 구조를 이용해야 해요.

정여울 무엇을 말하느냐보다 어떻게 말하느냐가 중요하다는 이야기로 들리는데. 어떻게 말하느냐에 따라 말하는 내용 자체가 바뀔 수도 있구요.

진중권 그렇죠. 형식의 문제가 중요하죠. 소설의 형식은 주로 내러티브를 많이 따지지만, 전 책 자체의 형식을 추구할 수밖에 없어요. 독자들로 하여금 알아서 상상하게 하는 거죠. 점들을 몇 개 찍어주면 독자 스스로 그림을 그리게 하는 방식이죠. 《놀이와 예술 그리고 상상력》은 크로스 워드 퍼즐 기법을 도입했구요. 하나의 문장 혹은 문단이 여러 장에서 겹치는 거예요. 비선형적 텍스트의 전형이 크로스 워드 퍼즐이거든요. 같은 문장이 2장에도 나오고 5장에도 나오면서 거기서 두 장이 교차하도록 만들어놓은 것이죠. 기승전결의 순서를 무시했죠. 화장실에서 한 장 가볍게 읽고 나와도 책갈피를 끼워놓을 필요 없어요. 그냥 몇 페이지 읽은 것 자체로 나름대로 완결되는 독서인 것이죠. 소설은 연속성의 세계죠. 소설은 하나의 선형성을 지니지만, 제 책에는 그런 게 없어요. 아무데서나 끊어 읽으면 돼요. 단절도 연속도 아닌 단속성이죠. 끊어지면서 이어지게끔. 몇 페이지밖에 못 읽어도 그걸로 오케이. 그렇지만 다음에 다시 읽을 때는 앞에서 읽은 것이 도움이 되는.

영상시대에는 연속성이 아니라 단속성을 추구해야 한다고 생각해요. 끊어지면서 이어지는 거죠. 영상이 그렇죠. 관람객은 3초 이상 한 화면에 몰입하지 않잖아요. 채널을 막 돌린다는 거죠. 문자적 텍스트인 책도 비슷해요. '원숭이 똥구멍'이 왜 빨간지에 대해서 계속 과학적이고 인과적인 원인을 설명하는 것이 기존의 텍스트 구성법이었다면, 제 글쓰기는 원숭이 똥구멍은 빨개, 빨가면 사과, 사과는 맛있어, 맛있으면 바나나, 이런 식으로 끊임없이 사유와 이미지가 이어지는 글쓰기를 추구하죠. 상상력이 종횡무진할 수 있도록 글을 쓰는 것이죠. 독자 스스로 길을 찾게 만드는, 책 전체가 미로가 되는 텍스트를 원하는 거구요. 텍스트 자체를 공간화한다는 의미죠. 저는 문자로 된 글을 썼지만 독자들은 제 글을 통해서 시각적인 공간을 떠올리게 하는 것이죠.

그림 읽기와 글 그리기 : 이미지와 텍스트는 분리되지 않는다

정여울 진중권의 일상은 시사평론가와 미학자의 이미지로 이분화되어 있는 것 같아요. 미학자 진중권의 글은 유쾌하지만 글 뒤에서 짓고 있는 표정은 의외로 차분한 것 같아요. 그림을 설명하기 위해 경쾌한 형식과 발랄한 수사학을 택한 것은, 사실 어렵고 진지한 미학을 오랫동안 차분하게 곱씹은 결과일 테구요. 한편 시사평론가 진중권은 아주 날카로운 칼의 이미지예요. 진중권이 비판한 대상이 내가 아님에도 나도 모르게 내가 욕을 얻어먹은 듯 간담이 서늘해지는. 시사평론가 진중권은 험난한 세상 속에서 글이라는 칼 한 자루 들고 고독하게 질주하는 사무라이 같아요. 어쨌든 진중권의 이미지는 굉장히 야누스적인 듯해요. 지극히 문사적인 감수성과 지극히 무사적인 행동성이 공존하는 것 같아요. 풍자가와 비평가의 얼굴이 공존하기도 하고.

진중권 이인화와 조갑제만 아니었어도 제가 시사평론을 하진 않았을 거예요.(웃음) 독일에 있을 때였는데 이인화와 조갑제의 소식을 듣고 그땐 정말 '한국의 정신건강'이 걱정되더라구요. 그때가 시사평론을 시작하게 된 계기였죠. 원래 글 쓰고 먹고 살리라는 의지도 없었거든요. 저는 풍자적 글쓰기의 모델을 김삿갓에게서 찾아요. 잡체시라고 하잖아요. 잡스러운 시. 실험적인 모더니스트의 감수성을 지니면서도 아주 민중적인 감성이 공존하고 있어요. 그냥 한자로 쓰여 있는 문자 자체는 굉장히 기품 있고 고상한 것인데, 그걸 소리내서 읽으면 엄청나게 신랄한 풍자와 유쾌한 언어 게임이죠. 음성의 층위와 문자의 층위를 교묘하게 분리시킨 언어 게임, 정말 대단하죠. 김삿갓의 풍자는 정말 훌륭한 연구대상이죠. 누군가를 비판하는 것에 그치는 것이 아니라 그 사람을 가지고 웃는 사람들에게 깨달음을 주는 것이죠. 풍자의 완성은 결국 자기 풍자잖아요. 풍자는 정치적인 의미에서 끝나는 것이 아니라 형이상학의 차원으로 가는 거예요. 풍자는 결국 라블레처럼 형이상학적 수준으로 가야 해요. 17세기 이후 계급관계가 형성되고 근대적 정치가 만들어질 때 풍자가 생기죠. 그 전에는 해학이었죠. 모두 다 우주론적으로 비웃는 것이죠. 풍자에는 적과 아가 구분되지만 해학은 적과 아가 없어요. 해학은 모든 권위에 대들고 모든 걸 무너뜨리고 그 자리에서 새로운 것을 창조하는 것이죠.

정여울 이번 인터뷰 기획이 미학자 진중권에게 문학적 글쓰기의 미래를 묻는 것이긴 하지만, 막상 문학과 연관지어서 구체적인 질문을 만들기는 어렵더군요. 그런데 이야기를 나누다 보니 따로 '문학적인' 질문을 굳이 만들 필요가 없을 것 같다는 생각이 들어서 다행이에요. 김삿갓, 보르헤스, 카프카가 모두 다 진중권의 그림놀이의 자료이기도 하다는 생각이 드니까요. 굳이 '그림 보기'와 '글 읽기'의 차원이 정확하게 분리되는 것 같지도 않고. 문학적 글쓰기도 자연스럽게 진중권식 그림놀이에 영감을 준 것이겠죠?

진중권 사실 제가 문학에 대해서 무식해요.(웃음) 전 사실 사회과학 책이 소설보다 재미있어요. 그나마 제가 즐겨 읽었던 보르헤스는 다른 작가들에 비해 이해하기 쉽기 때문인 것 같아요. 루이스 캐럴의 《이상한 나라의 앨리스》 같은 건 정말 재미있으면서도 철학적 영감을 주는 문학작품이죠. 지금의 한국문학이 저에게 주는 느낌은, 글쎄요. 시인이나 소설가들이 너무나 멀쩡한 게 문제 같아요. 너무나 평균적이고 정상적이에요. 기상천외한 상상력이 부족한 것 같아요. 현대예술은 뭔가 쇼크를 줘야 하는데, 대한민국의 쇼크는 예술보다 일간신문이 한술 더 뜬다는 거예요.(웃음) 대한민국은 일간신문이 예술 이상으로 쇼크를 줘요. 얼마 전에 어떤 교회에서 할아버지들이 나체 퍼레이드를 하면서 멸공통일을 주장했잖아요. 아직 한국에서는 일상의 쇼크를 예술이 따라가지 못해요.

정여울 예술이 대중의 욕망 변화를 이끌어가던 시기가 우리에게도 있었지만, 지금은 지식이나 예술이 대중적 감수성을 뒤따라가는 모습인 것 같아요. 저도 기상천외한 디카 사진들을 보면 그것에 대해서 막 글을 쓰고 싶어지더라구요. 싸이월드 미니홈피를 그야말로 랜덤하게 돌아다니다 보면 정말 이미지의 고수들이 많거든요. 네티즌들에게는 디카 사진이 현실을 압도하게 된 것 같아요. 누구나 자신의 얼짱 각도를 알 정도로, 자신의 실제 얼굴보다는 디카 사진으로 편집해서 포토샵으로 '예쁘게' 재구성한 '이미지'를 더욱 '진짜 나'에 가깝다고 생각하니까요. 이미지가 현실을 압도하는 데 개인들의 디카문화가 큰 공을 세운 것 같아요. 예술이 대중을 따라잡느라 숨이 차는 시대가 온 것 같기도 하고. 싸이월드 미니홈피의 개인적인 에세이들을 봐도 정말 소설보다 재미있는 것들이 많구요. 예전처럼 계간지에서 곶감 빼먹는 것처럼 쏠쏠한 재미로 단편소설을 즐기기는 어려워진 것 같아요. 소설의 영역에서도 발상을 바꿀 필요가 있는 것 같고요. 왜 단편소설은 그냥 단편소설 한 편인 채로 책으로 묶어내지 못할까요? 그렇게 하라는 법이 있는 것도 아닌데 단편소설 10편 이상 정도가 모여야 비로소 책으로 내잖아요. 그러려면 적어도 1∼2년이 소요되는데, 시효성이 떨어질 뿐 아니라 그런 발상 자체가 강박관념인 것 같기도 해요. 그냥 재미있는 단편 하나를 깔끔하고 가볍게 단행본으로 낸다면 훨씬 독자가 많아질 것 같은데요.

진중권 보르헤스의 한 페이지 소설도 있잖아요. 카프카는 한 문단짜리 소설도 있고. 그런 게 정말 끝내주죠. 저도 나중에 그런 걸 한번 써보고 싶어요.

미래의 글쓰기는 어디로

정여울 이제 정말 그림을 쓰고(writing) 글을 그리는, 즉 이미지와 텍스트가 결코 분리될 수 없는 새로운 방식의 글쓰기를 고민해야 될 때가 온 것 같아요. 영상매체의 역동성에 길들여진 독자들과 적극적으로 만날 수 있는 방법을 소설가들도 고민하고 있지요. 선생님은 문학이 갈 수 있는 길이 어떤 것이라고 느끼는지.

진중권 문학이 갈 길은 제가 보기엔 두 가지가 있어요. 한 가지는 영상과 결합하는 것과 또 다른 한 가지는 문학 그 자체를 확 극단으로 밀고 나가는 거죠. 문학 자체를 더 밀고 나가는 건 아방가르드예요. 제임스 조이스처럼. 극소수만 읽더라도 그 극소수가 아주 무서운 사람들인 거죠. 대한민국의 500명밖에 안 읽었는데 그 사람들이 정말 무서운 사람들일 수가 있다는 거죠. 그 무서운 사람들은 아방가르드적 작품에서 아이디어를 받아 다른 작업들로 그 텍스트를 확장할 수 있는 거죠. 문학의 위기를 기회로 역전시키는 방식은 미디어를 역동적으로 활용하는 길이에요. 문학이 나아갈 길은 영상과 적극적으로 결합하거나 아니면 아방가르드로 가면서 다른 모든 영상적인 사유들에 영감을 주는 글쓰기로 가야 할 것 같아요.

정여울 사실 여전히 영화는 원작에 기초하는 것들이 많잖아요. 클린트 이스트우드 같은 경우 창작 시나리오는 없고 모두 괜찮은 소설들을 각색한 것이더라구요. 한국에서도 여전히 원작이 소설인 영화들이 많죠. 최근에는 김영하 소설들이 영화로 각색되기도 했구요. 이런 작업들은 계속 이루어져왔지만 더 적극적일 필요가 있을 것 같아요.

진중권 그럼요. 사실 문학이 발달하지 않으면 영상도 같이 못 커요. 문학이 모든 문화의 영역에 영감을 주는 작업이 필요해요. 모든 훌륭한 문화는 문학을 기반으로 해요. 애니메이션 분야에서 우리나라가 일본을 못 따라가는 이유는 문학적 토대가 얇기 때문이죠. 〈센과 치히로의 행방불명〉은 루이스 캐럴의 《이상한 나라의 앨리스》를 패러디한 것이고, 〈천공의 성 라퓨타〉는 《걸리버 여행기》의 상상력이 변주된 것이죠. 〈하울의 움직이는 성〉은 《오즈의 마법사》를 토대로 하잖아요. 저는 처음에 〈원령공주〉를 보고 굉장한 충격을 받았어요. 아도르노의 미학이론을 아주 정확하게 애니메이션으로 구현했더라구요. 〈공각기동대〉도 새로운 사이보그 현상을 구체화한 거죠. 몸과 기계가 합체되는 정도가 100퍼센트인 애가 나오잖아요. 요즘 애들은 휴대전화로 커닝하잖아요.

우리 세대는 휴대전화 꺼내놓고 커닝해보라고 시켜도 못 해요. 지금 아이들은 미디어와의 결합도가 엄청나요. 일본에서는 미디어 이론에다 미디어와 결합하는 감각까지 있으니까 훌륭한 애니메이션이 나올 수 있죠. 글을 잘 쓴다고 해서 훌륭한 작가가 될 수 없죠. 작가도 인문학적이고 사회학적인 감성이 있어야죠. 물론 그건 철학을 '공부' 해야 한다는 이야기가 아니에요. 한 번도 철학을 공부하지 않았는데 철학자 뺨치는 예술가들이 얼마나 많아요. '감각'으로 철학적 상상력을 뛰어넘을 수 있는 거죠.

정여울 문학을 공부하는 사람들을 사로잡는 패러다임이 1990년대 이후로는 루카치에서 푸코로, 푸코에서 들뢰즈로, 지금은 벤야민으로 이동해온 것 같아요. 지금 문학판뿐 아니라 인문학자들이 벤야민에 주목하는 이유는 뭘까요.

진중권 벤야민은 이미지와 논평을 몽타주처럼 구성하죠. 그림과 글자가 떨어질 수 없는 글쓰기인 거죠. 제가 벤야민을 21세기적 사상가라고 보는 건 그의 사유가 미디어 시대인 오늘날의 시대상에 정확하게 맞아떨어지는 부분이 있기 때문이에요. 결코 쓰이지 않는 걸 읽는다는 게 벤야민 문화비평의 시작이에요. 길바닥에 버려진 물건들이 내는 소리를 읽는 거예요. 이미지를 텍스트화하는 것이죠. 사물을 말로 옮겨놓는 겁니다. 그런데 그 방식이 일반화나 귀납법이 아니라 물건 하나를 보더라도 거기서 직관적으로 이론을 산출해내는 거예요. 과학적인 귀납법이 아니라 신비적인 직관이죠. 저는 《놀이와 예술 그리고 상상력》에서 벤야민적 글쓰기를 적극적으로 활용했어요. 제 책에 제시된 그림들은 자기 눈과 자기 몸의 위치를 바꿔야만 그림이 보여요. 문자가 없어도 책의 형식을 보고 독자가 메시지를 읽어내야 됩니다. 저는 책의 내용이 아닌 책의 형식을 읽어내는 독자를 원하는 것이죠. 저자는 별들만 여기 저기 흩어놓고 독자는 자신의 상상력으로 별자리를 구성해야 해요. 과학적 인식론은 귀납법이고 추상적이죠. 벤야민은 직관이에요. 그런데 단순한 직관은 아니죠. 몽타주처럼 두 이미지가 충돌할 때 별똥이 튀어야 하는 그런 직관이죠. 보르헤스도 표범의 무늬를 보고 신의 문자를 독해해내잖아요.

정여울 요새 미니홈피를 비롯하여 1인 미디어가 엄청나게 발달하고 있잖아요. 사람들이 매일매일 인터넷에 글을 쓴다는 거죠. 사실 우리 사회에서 이런 글쓰기의 르네상스는 처음인 것 같아요. 예술가나 지식인의 글쓰기가 상대적으로 침체된 반면 대중의 글쓰기는 폭발적으로 양산되고 있고, 글을 잘 쓰는 사람은 사실 예전보다 훨씬 많아진 것 같아요. 대중의 글쓰기 열망이 불붙은 것 같은데 편집자로서는 기쁜 일이죠. 더 많은 사람들이 더 좋은 글을 쓰고 싶어하니까요. 꼭 소설가들뿐만 아니라 글쓰기에 관심을 갖고 있는 대중에게 전할 메시지가 있다면요.

진중권 글쓰기의 천재, 언어의 마술사, 이런 환상이 저에겐 전혀 없어요. 제 이야기도 했지만 저야말로 글쓰기엔 관심도 없었고 재능도 없었잖아요. 제가 바로 표본이에요.(웃음) 글쓰기는 배치의 기술이에요. 거기엔 집요함이 필요해요. 글쓰기는 성격의 문제이지 재능의 문제가 아니에요. 집요하게 새로운 형식을 고민해야 해요. 무엇을 말하는 게 아니라 어떻게 말하느냐의 '어떻게'에 주목해야 해요. 미디어 자체가 메시지라고 하잖아요. '무엇' 이전에 '어떻게'를 고민하다 보면 내용은 자연스레 생겨요. 형식을 찾다 보면 내용이 따라와요. 장기 둘 때 야바위꾼 있잖아요. 정작 장기를 두는 사람보다 장기판 옆에서 야바위 치는 사람이 판 전체를 정확하게 읽고 더 잘 떠들잖아요. 그게 바로 글쓰기에 필요한 힘이에요. 사물을 너무 가까이서 보지 말고 메타적 차원에서 보라는 거죠.

정여울 《놀이와 예술 그리고 상상력》도 새로운 쌍방향 의사소통의 모델이 될 수 있을 것 같아요. 이 책의 주인공은 저자도 저자의 글도 아닌 것 같아요. 바로 책 속의 수백 개의 이미지와 독자의 상상력이 주인공인 것 같아요. 이 책에서 이미지를 모두 빼버리고 달랑 저자의 '글'만 남게 된다면 이 책은 아무런 감동도 정보도 생산할 수 없잖아요. 독자는 동서양의 수많은 그림들을 거꾸로도 보고 옆으로도 삐딱하게 돌려보면서, '글'만을 차례대로 죽죽 읽는 기존의 독서법과 흔쾌히 작별할 수 있죠. 책 속의 이미지와 독자의 상상력이 맞부딪혀 저마다 새로운 감각의 놀이터가 생성되고, 독자의 마음속에 각각 다르게 생산되는 이 상상력의 놀이터야말로 이 책보다 소중한 제3의 텍스트가 되는 것 같아요. '진중권의'《놀이와 예술 그리고 상상력》은 이렇게 책의 저자 중심주의와 문자 중심주의를 넘어서면서 독자의 상상력과 책 속의 이미지가 충돌하면서 저마다 독자들의 가슴속에 각자 다른 '마음속의 책'

이 생산되는 것 같아요. 독자들은 이 책에 제시된 이미지로 저마다 머릿속에 '나의 책'을 창조할 수 있을 것 같아요. 그러니까 진중권이 던져준 그림으로 독자들은 저마다 다른 별자리를 만드는 거죠.

진중권 그런 실험을 하고 싶어요. 똑같은 그림을 여러 사람에게 나눠주고 각자 글을 쓰게 하는 거예요. 똑같은 자료를 가지고 '어떻게' 이야기를 구성하는가에 따라 전혀 다른 텍스트가 생성될 것 같아요. 혹은 사전을 보고 황당한 세 낱말을 던져준 다음 그 낱말을 소재로 글을 써보라고 하는 거죠. 그런 훈련을 거치면 글쓰기의 능력이 확 늘어요. 저도 글이 안 풀릴 때는 성경책 펼쳐놓고 아무 글자나 막 조합해본다니까요. 그러면 놀랍게도 어떤 창조적 사유가 생성될 때가 많아요.

정여울 저도 그 부분은 듣고 놀랐어요. 사실 머리 쥐어짜면서 원고만 쓰는 우리 같은 사람들은 그렇게 '글쓰기'를 '놀이'로 생각하기가 어렵거든요.(웃음) 저도 꼭 해보고 싶어요. 거리의 간판에서 100단어쯤 추출하여 그 단어들만으로 최소한의 조사와 동사만을 이용해서 글쓰기를 해본다면 재미있을 것 같아요. 어쨌든 글쓰기의 훈련법은 무궁무진하다는 것, 그 방식은 심각하게 골방에 은둔한 창작의 고통이기보다는 무한한 놀이의 규칙을 만드는 일이 될 수 있다는 걸 진중권식 글쓰기는 보여주는 것 같네요. 마지막으로 문학작품을 생산하고자 하는 모든 사람들과 글쓰기를 고민하는 모든 사람들에게 전하고 싶은 메시지가 있다면요.

진중권 저는 강력한 영상매체 시대에 글 쓰는 사람에게 필요한 것은 '이중 코드'라고 생각해요. 에코의 《장미의 이름》은 이중 코드의 전형 이죠. 대중에게는 추리소설로 읽힐 수 있고 지식인들에겐 철학서로 읽 힐 수 있는 거죠. 한국문학도 마찬가지라고 생각해요. 대중적 감수성을 따라가면서 예술적·철학적 감수성을 함께 담을 수 있어야 해요. 그리 고 아까 말했듯이 영상매체와 결합하거나 아예 문학 자체를 극한적으 로 아방가르드로 밀고 나가는 방식을 고민해야죠. 시인이 광고 카피를 쓰고 소설가가 시나리오를 쓸 수 있어야 된다고 생각해요. 제임스 조이 스처럼 완벽하게 엘리트화하는 방법도 있죠. 제임스 조이스의 책을 읽 은 사람이 얼마나 되겠어요. 그런데 철학책이나 역사책에서 제임스 조 이스 이야기가 절대 안 빠진다는 거죠.

지금이 문학의 위기로 보인다면 그건 곧 더할 나위 없는 기회이기 도 한 거죠. 패러다임이 변하면 미디어도 변해야죠. 애니메이션도 영화 도 풍부한 문학적 콘텐츠가 깔려 있지 않으면 말짱 도루묵이에요. 지금 우리가 보는 영상은 텍스트가 존재하는 영상이잖아요. 지금처럼 문학 이 산업과 강력하게 연대해서 산업화된 적이 없었어요. 문학의 위기처 럼 보이지만 사실 문학이 온갖 산업과 결합할 수 있는 시대가 도래한 거죠. 한류 열풍도 그래요. 이건 문학적 콘텐츠가 받쳐주지 못하면 오 래 못 가요. 새로운 상상력과 결합하지 않으면 문학의 위기를 한탄하면 서 골방에 갇히게 돼요. 문학도 테크놀로지와 결합해야 하죠. 인문학적 상상력과 과학적 상상력, 재미와 철학, 과학과 환상, 정신과 기계가 결 합해야 해요.

놀이와 예술, 그리고 상상력

얼마 전 전철을 기다리다가 놀라운 광고를 발견했다. 선생님이 어린이들에게 트로이 전쟁의 영웅들을 설명해주는 장면이었다. 헥토르, 헤라클레스 등등의 위대한 전사들의 영웅담으로 열변을 토하는 선생님께 한 아이가 손을 번쩍 들며 깜찍하게 묻는다. "선생님, 그럼 진짜 영웅은 트로이의 목마 아니에요?" 어른들은 남성적이고 전투적인 이미지를 가진 영웅 신화에 열광해왔지만, 영웅이 꼭 '사람'이어야만 한다는 법이 있는가. 생명도 직함도 없는 무생물, 사람의 힘으로 만들었지만 사람의 상상력과 한계를 넘어선 트로이의 목마야말로 진정한 영웅이 아닌가. 우연히 스쳐간 정체 모를 광고에서 나는 자본주의의 꽃이라 불리는 광고에서마저도 혁명적 상상력을 발견하고 이용할 수 있다는 생뚱맞은 희망을 재확인하고 한동안 유쾌한 상상에 젖었다. '영웅은 사람'이라는 도식이 전복될 때 인류의 역사는 다시 쓰일지도 모른다. 프랑스 혁명의 영웅은 인쇄술이었으며 히틀러 시대의 영웅은 신문과 라디오를 비롯한 매스미디어였을 것이다. 자본주의를 전 세계로 확산시킨 매스미디어야말로 자본주의적 상상력의 한계를 돌파할 수 있는 무기가 될 수 있지 않을까.

철학자 벤야민은 히틀러 시대에 각종 미디어를 산책하며 모두 너무 평범하고 대중적이라고 믿는 하찮은 소재들로부터 파시즘이라는 지배적 사유를 전복할 수 있는 힘을 발견했다. 예술의 신비한 아우라를 박탈하는 매스미디어야말로 새로운 예술과 정치적 상상력의 보물창고라는 눈부신 역설을 벤야민은 자신의 삶으로 증명했다. 미디어라 불리는 혼란스럽고 광활하기 그지없는 쓰레기 더미 위에서 철학적 에너지를 발견하는 힘. 이 도발적 상상력의 배턴을 이어받은 또 한 명의 미학자가 진중권일 것이다. 우리는 그로부터 '미학적 사유' 뿐 아니라 문학적 글쓰기의 무기를 빌릴 수 있었다. 벤야민의 시대에도 예술을 몰아내는 새로운 테크놀로지(사진과 영화)에 대한 보수주의자들의 격렬한 반감이 있었다. 하지만 벤야민은 새로운 기술과 미디어야말로 새로운 글쓰기의 원천임을 간파했다. "벤야민은 새로운 사진과 영화의 기술적 가능성에 열광했다. 새로운 생산력이 낡은 생산관계를 무너뜨리듯이, 이 새로운 미디어들이 보수적 예술관념의 질곡에 억눌린 인간의 창조력을 해방시키리라는 것이었다." 새로운 문학적 글쓰기를 고민하는 이들에게 던지는 진중권의 핵심적 메시지는 문학이 '이중 코드'를 가져야 한다는 것이다. 대중적 감수성에 민감하게 어필하면서도 그 자체로 독특한 미학적 성과를 지니는 이중적 코드. 그것은 '쉽게 읽히되, 다시 읽히고, 언제라도 다시 곱씹을 수 있는' 글을 쓰라는 주문으로 들렸다.

풍요로운 말들의
풍경을 찾아서

김형경 **인터뷰**

김형경 1960년 강원도 강릉에서 태어났다. 경희대 국어국문학과를 졸업했고, 1983년 《문예중앙》에 시가, 1985년 《문학사상》에 중편소설 〈죽음잔치〉가 당선되어 작품 활동을 시작했다. 장편소설 〈새들은 제 이름을 부르며 운다〉로 제1회 국민일보 문학상을 수상했다. 지은 책으로 시집 《모든 절망은 다르다》, 소설집 《담배 피우는 여자》, 《단종은 키가 작다》, 장편소설 《세월》, 《피리새는 피리가 없다》, 《사랑을 선택하는 특별한 기준》, 《성에》, 《외출》, 심리 치유 에세이 《사람풍경》, 《천 개의 공감》 등이 있다.

어릴 적 신문에는 글자에 익숙하지 않은 어린아이도 기꺼이 참여할 수 있는 꼭지가 하나 있었다. 숨은그림찾기였다. 크로스 워드 퍼즐은 초등학교 고학년이 되어서야 겨우 다 맞출 수 있었지만, 숨은그림찾기는 미취학 아동도 100퍼센트 맞히기 가능한 눈높이 교육용 게임이기도 했다. 주로 우거진 풀숲에 숨겨진 앙증맞은 호미나 낫, 나무의 나이테나 나무껍질의 무늬 사이로 고개를 내밀던 소박한 액세서리 따위를 어린 나는 잘도 찾아내고 홀로 뿌듯해했다. 어른이 되어 크로스 워드 퍼즐이나 숨은그림찾기에 흥미를 잃어버린 나는 가끔씩 공상에 젖었다.

우리 안의 숨은 그림을 찾아서

이제 내가 그 수많은 그림 속의 숨은 그림이 되어버린 것은 아닐까. 기와집 처마 밑에 숨은 국자, 고목의 뿌리 근처에 숨은 송이버섯, 나뭇잎 사이에 뾰족이 고개를 내밀던 버선 한 짝. 흰 마리 열대어, 은행잎, 우산, 운동화처럼 작고 눈에 띄지 않는 것들. 내가 바로 세상의 궁벽한 모퉁이에 숨은 그림이 되어 눈이 맑은 아무에게 발견되기를 기다리는 작고 하찮은 숨은 그림이 아니었을까. 대상도 없이 막연한 사랑을 꿈꿀 때 우리는 누구나 커다란 세상의 지도 깊숙이 감춰진 안타까운 숨은 그림들이 된다. 그리고 언뜻 평범해 보이는 모든 사람의 내면에는 열정과 재능이라는 숨은 그림이 있다.

그러나 숨은 그림이 되어 누군가 '심봤다'는 듯 나를 발견해주길 기다리는 것은 기약 없는 기다림으로 끝나기 쉽다. 우리는 그 기다림에 지쳤을 때, 그 기다림의 대책 없는 수동성을 깨달았을 때, 스스로 자기 안의 숨은 그림을 찾기 시작한다. 내 안의 숨은그림찾기를 가능하게 해주는 가장 가까운 길 중의 하나가 바로 독서가 아닐까. 게다가 내 안에 숨은 '사랑'의 숨은 그림을 찾는 데는 소설만 한 장르가 없을 것이다. 김형경의《외출》은 파국적 상황을 전제로 하고 있지만, 우리 안에 한 번쯤은 단지 상상 속에서만이라도 자리 잡아본 적이 있는 불길한 사랑의 숨은 그림을 그려내고 있다. 소설 속의 주인공들 역시 '그 일'이 일어나기 전까지는 좀처럼 눈에 띄지 않는 숨은 그림처럼 조용히 살아가는 사람들이었다. 그들은 자신이 숨은 그림인지도 모르는 채 각각 안정되고 화목하게 보이는 삶을 살아간다. 그러나 그들의 숨은그림찾기는 '내 안의 숨은그림찾기'가 언제나 환희와 경이로 물들어 있지만은 않음을 고통스럽게 보여준다.

인수와 서영은 모두 그들의 배우자에 비해 눈에 띄는 그림이 아니다. 활달하고 유능한 인테리어 디자이너인 아내 수진에 비해 인수는 모든 것이 무난하기 이를 데 없다. 인수는 언제나 남의 아름다움만을 비춰주는 조명 오퍼레이터로, 단정한 퍼즐의 한 조각처럼 도무지 튀는 데라곤 없는 성격의 소유자다. 서영은 "붙박이로 만들어진 의자의 일부"처럼 존재감이 여리다 못해 희박한 전업주부다. 각자의 배우자들의 '불온한 외출'로 인해 인수는 남의 삶만이 아니라 자신의 삶을 처음으로 조명하게 된다. 서영도 자신의 삶이라는 무대가 암전되는 순간, 숨어 있는지조차 모르고 살았던 욕망의 그늘을 발견한다. 각각의 배우자들의 외도와 교통사고가 없었더라면 그들은 평생 마주칠 이유가 없는 숨은 그림들이었다. 인수는 직장에서 충분히 인정받는 유능한 조명 오퍼레이터지만 자신의 삶이라는 조명장치를 통해 가장 사랑하는 여자의 욕망과 감정을 조명하지 못했음을 깨닫는다. 더할 나위 없이 신사적이고 "잠자리에서조차 점잖은" 남편의 그늘 아래 부족함을 모르고 살았던 서영도 마찬가지다. "단 하나의 버튼을 눌렀을 뿐인데 모든 것이 무너져 내렸다. 5년간의 결혼생활만이 아니었다. 인간에 대한 신뢰, 사랑에 대한 확신, 생에 대한 비전이 함께 무너지고 있었다. 동시에 온 세상이 정전되었다."

영화 〈외출〉과 함께 출간된 소설 《외출》은 급변하는 대중문화의 흐름 속에서 문학의 위치를 다시 한 번 질문하게 만든다. 단순히 시나리오를 산문적 어법으로 재현하고 번역했던 기존의 '시나리오 소설'과는 전혀 다른, 그 자체로 독립적인 '소설'이기 때문이다. 더 정확히 말하면, 영화 〈외출〉과 소설 《외출》은 기본적인 스토리 라인만 일치할 뿐 공통점보다는 차이가 더 많다. 《외출》에 대한 리뷰를 쓴 독자들도 '소설'과 '영화'를 전혀 다른 매체로 인식하고 각각을 다른 작품으로서 평가하는 의견이 대부분이었다.

그녀가 문학적 외출에 이르기까지

정여울 《외출》은 소설의 내용보다도 소설의 새로운 제작 과정 때문에 먼저 조명을 받았는데요. 영화감독 허진호 씨가 어떤 저작권도 주장하지 않고 시나리오를 작가에게 제공했고, 영화가 제작되는 과정과 동시에 소설 창작이 이루어졌죠. 한류라는 거대한 문화적 조류와 함께 배용준 신드롬이 문화적 태풍의 눈이 되었고, 〈외출〉이라는 영화는 영화의 콘텐츠보다는 배우의 브랜드 파워가 유명세를 이끌어갔죠. 소설이 영화화된 적은 수없이 많았고, 이미 대중적으로 인정받은 드라마나 영화가 기본적인 수정 작업만 거쳐 출판된 적도 많았지요. 하지만 영화의 시나리오를 단순히 패러프레이즈(바꿔 쓰기)한 것이 아니라 영화와는 독립적인 장르로서 소설이 창작된 경우는 거의 처음 있는 일인 것 같은데요. 그러니까 소설가의 단독 착상이 아니라 영화 제작자와 감독과 출판사가 함께 소설을 공동 기획한 셈이지요?

김형경 허진호 감독, 김수영 문학과지성사 주간, 조성우 M&F(영화 에이전시) 사장. 이렇게 세 사람이 기획한 일이죠. 조성우 씨가 아이디어를 내고 허진호 감독과 김수영 주간이 찬성한 것이죠. 세 사람 모두 연세대 철학과 동문인데, 영화 이야기를 하다가 우연히 뜻이 맞아 '작당'을 한 거죠.(웃음) 또 문학과지성사 내부에서도 시나리오가 나와 있는 상태인데, 그것을 소설화한다면 어떨까 하는 아이디어로 문학과지성사 사장과 편집위원들이 회의를 거쳤죠. '제대로 된 작가가 좋은 작품을 쓰면 아무도 토를 달지 못할 것이다' 라는 결론이었고, 일정한 기간 내에 일정한 수준으로 글을 쓸 수 있는 작가를 물색하던 중 마침 저를 떠올렸던 것이죠. 한류를 타고 동아시아권에서 공전의 히트를 기록하고 있는 드라마들이 소설로 급조되어 몇십만 부씩 팔리는 상황도 고려된 것이고요. 일본어로 번역하는 것도 미리 기획된 것이지요. 일본의 욘사마 신드롬을 타고 소설《외출》도 일본에서 판매되고 있죠.

정여울 일본에서 팔리는 소설《외출》의 경우에는 배용준 씨에게도 로

열티가 지급되는 것으로 알고 있는데요. 이것 역시 전례가 없던 일 아닌지요. 소설은 엄연히 소설가의 창작물인데 로열티를 영화배우와 함께 나눈다는 것은 선뜻 이해가 되지 않는데요.

김형경 배용준 씨도《외출》의 제작자이니까요. 로열티를 받는 배용준은 '배우'가 아닌 '제작자'의 입장인 것이죠. 배용준 씨는 영화의 제작자니까 영화에 대한 2차 저작물에 대한 권리도 있는 거죠.

정이율 너무 명쾌한 답변을 해주시니까 준비했던 질문들이 갑자기 무색해져버리네요.(웃음) 매체환경이 급속도로 변화한 것에 대해서 작가가 어떻게 반응해야 하는가도 중요한 문제인 것 같습니다. 소설《외출》이 영화 마케팅과 함께 진행되면서 새로운 소설 창작문화와 유통환경을 열어갔다는 점이 어떤 측면에서는 많은 논란을 낳고 있지요. "영화 대본 뼈대로 소설 쓰는 시대"라는 자극적인 제목으로《외출》을 향한 논란이 기사화된 적도 있는데요. '본격문학이냐 그렇지 않느냐'라는 것이 논쟁의 핵심처럼 보이지만, '본격문학'이라는 문제 설정 자체를 다시 고민해봐야 할 것 같기도 한데요.

김형경 저도 소설 집필을 의뢰받고 며칠 고민을 했었고, 이런저런 논쟁이 일어날 것임을 충분히 예상했어요. 하지만 본격문학과 대중문학을 구분해야 한다는 생각에는 저 자신도 찬성하지 않아요. 저는 다만 앞으로도 많은 작품을 쓸 것이고, 그 수많은 작품 중에 이런 작품을 경험해보는 것도 재미있지 않을까라고 생각한 것이죠. 문화는 자생력을 가진 생명체예요. 어떤 새로운 문화 현상이 벌어진다면 그럴 만한 충분한 사회적·문화적·정치적 이유들이 있는 것이죠. '시나리오 뼈대로 소설을 썼다'는 현상만으로 비판할 것이 아니라, 하나의 현상 배면에 깔린 거대한 문화적 흐름을 봐야 하는 것이 아닐까요. '본격문학인가 아닌가'라는 기존의 패러다임에 갇혀《외출》을 비판할 것이 아니라 새롭게 변화하는 대중문화의 흐름을 수용하는 것이 열린 자세라고 생각해요. 여러 가지 부정적인 반응을 충분히 고려했고, 그럼에도 불구하고 시나리오의 착상이 무척 마음에 들었기 때문에 집필을 결정한 거예요. 〈8월의 크리스마스〉나 〈봄날은 간다〉와 같은 기존의 허진호 감독 영화들에 대한 신뢰도 있었구요.

정여울 어쩌면 본격문학·대중문학 논쟁은 순수문학·참여문학의 오랜 논쟁만큼이나 끈질기게 이어지는 논쟁인 것 같은데요.《외출》의 새로운 문학적 실험은 지금 이 순간 그 가치가 결정될 수 있는 것은 아닌 것 같습니다.《외출》은 문학 콘텐츠의 '생산' 뿐 아니라 '유통' 혹은 '마케팅'의 문제까지 새롭게 고민하게 만든다는 점에서 의미를 가질 것 같구요.《외출》에 이어 또 다른 영상 미디어와 문학 콘텐츠의 접속을 향한 실험이 생산적으로 지속될 때,《외출》의 의미도 다시 한 번 짚어볼 수 있을 것 같네요. 소설을 집필하는 과정에서 감독과의 커뮤니케이션은 어느 정도 이루어졌는지요.

김형경 처음에 영화 시나리오를 봤을 때 굉장히 놀랐어요. 시나리오에는 정말 최소한의 뼈대만이 있었거든요. 시나리오는 정말 불친절하기

이를 데 없었죠.(웃음) 시나리오를 보니까 감독이라는 존재의 위대함을 알 것 같았어요. 시나리오에는 정말 최소한의 정보만이 존재했고, 영화의 다양한 디테일과 분위기는 전부 감독의 머릿속에 있는 것이더라구요. 저는 오히려 기뻤어요. 시나리오가 워낙 간단하니까, 소설가인 제가 상상력을 발휘할 영역이 훨씬 넓어지는 거잖아요. 영화의 진정한 콘텐츠가 시나리오가 아닌 감독의 머릿속에 있는 것처럼 소설도 그래요. 줄거리만으로는 알 수 있는 게 별로 없어요. 작가 머릿속에 모든 것이 들어 있는 거죠. 영화의 간략한 시나리오를 보는 순간 제 특유의 상상력이 간질간질 발동하기 시작했죠.

《외출》의 기본적인 내러티브에는 사랑이라고 말할 때 체험할 수 있는 모든 다채로운 감정이 들어 있어요. 분노, 배신감, 복수심, 연민, 이해, 갈등, 질투, 희열 등 언뜻 모순적인 감정들이 하나같이 사랑의 하위감정들이죠. 사랑의 이 모든 이질적인 감정들이 한 사람의 내면에서 카오스적으로 폭발하는 순간. 그 순간을 한번 그려보고 싶었어요. 분노가 극에 달한 상태에서도 새로운 사랑이 가능할까. 그렇다면 그 과정은 어떤 심리적 개연성을 가질까. 이런 것들이 화두가 되었죠. 시나리오를 본 순간 도전해보고 싶은 생각이 들었어요.

허진호 감독과의 커뮤니케이션은 거의 없었어요. 영화를 삼척에서 찍고 있다고 하기에 한 번 찾아갔어요. 정말 영화 찍는 장면 보니까 소설만큼이나 엄청난 가내수공업이더라구요. 소설도 가내수공업이죠. 작가가 모음 하나 자음 하나하나를 공들여 작업해야 한다는 점에서 말이에요. 영화에서는 10초 정도밖에 안 나오는 장면을 위해 한 나절을 찍더라구요. 아무리 첨단장비가 동원되어도 인간의 세심한 손길이 없으면 불가능한 거예요. 허진호 감독은 영화 찍느라 여념이 없어서 이야기는 거의 2, 30분밖에 못 했지요. 시나리오 작업도 여섯 명이 같이 한 것이더라구요. 시나리오 쓴 분이 감독까지 합해서 네 명, 각색한 분도 두 명 있었어요. 잠깐 삼척에 다녀와서는 아무한테도 연락하지 않고 혼자서 소설을 집필하기 시작했어요. 여백으로 가득한 불친절한 시나리오를 들고 혼자 머리 쥐어뜯으면서 소설을 썼지요.(웃음) 만약에 감독이든 누구든 상의를 많이 하면 소설가로서의 제 상상력이 제한될 것 같았어요. 쓰면서 감독에게 물어보고 싶은 대목이 정말 많았어요. 하지만 그러지 않았죠. 제 상상력과 논리적 구성을 끝까지 밀고 나갔어요. 시나리오만으로는 거의 개연성이 없어 보이는 사건들 사이에 제가 치밀하게 하나하나 에피소드와 논리를 삽입한 것이지요. 감독과의 커뮤니케이션 없이 혼자 소설을 쓴 것이죠.

정여울 소설《외출》의 독자나 영화 〈외출〉의 관객들 리뷰를 보면, 대부분 두 장르가 서로 독립적이라는 점에 동의를 하는 것 같습니다. 영화와 소설의 차이를 이번 기회에 확연히 구분하여 경험한 독자들이 많은데요. 소설의 독자들은 오히려 '영화에는 없는 무엇', 영화적 문법으로 정제되지 않은 야생적인 감정의 미세한 결들을 소설을 통해 경험한 것 같습니다. 소설《외출》은 특히 주인공들의 내면 묘사가 대부분을 차지하고 있잖아요. 영화에서는 이미지나 짧은 대사로 치고 나가는 심리묘사가 소설에서는 아주 치밀하게 묘사되어 있다는 점에서, 독자들은 영화의 여백을 소설로 메우기도 하는 것 같습니다. 소설《외출》만 보고 '충분하다'고 느낀 후 영화 〈외출〉은 일부러 관람하지 않는 독자들도 꽤 있던데요.

김형경 정말 독자적인 예술작품이 두 개 만들어진 것이죠. 각각의 제작 과정이나 결과 모두 상당히 다르죠. 영화〈외출〉과 소설《외출》사이에는 비슷한 점보다는 차이가 더 많아요. 소설과 영화는 각각 표현의 한계가 있어요. 영화의 강점은 아주 짧은 몇 초 동안에도 커다란 감동과 충격을 줄 수 있다는 거예요. 이미지와 영상의 힘이 있으니까요. 소설은 그게 힘들죠. 영화가 10초면 할 수 있는 이야기를 소설에서는 한시간 정도 끈기 있게 밀고 나가야 하죠. 짧은 시간 안에 엄청난 폭발력으로 감동을 주는 것은 영상 미디어의 강점이지요. 하지만 인간의 복잡미묘하고 꼬불꼬불한 심리묘사는 영화가 소설을 따라가지 못하는 부분이기도 해요. 그리고 소설에서는 어떤 첨단 테크놀로지도 필요 없이 그냥 글자 하나하나만으로 인간의 모든 판타지를 표현할 수 있지요. 그런면에서는 소설이 영화보다 작가의 상상력이 무제한 발휘될 수 있는 공간인 것 같아요. 영상 미디어에 비해 활자 미디어가 가진 강점을 최대한 발휘하려고 노력했지요. 저로서는 아주 흥미로운 경험이었고 많은 것을 배웠어요.

《외출》 밖의 또 다른 '외출'

정여울 《사람풍경》이라는 여행·심리 에세이도 출간하셨는데요. '소설가가 집을 팔아서 여행을 다녀왔다'는 사실부터가 무척 세간의 흥미를 끌기도 했지요. 여행 이후 작품세계가 굉장히 많이 변화한 것 같아

요. 여행 이후 작품들에서는 기존 작품들보다 좀 더 과감하고 역동적인
에너지가 느껴지는데요. 정신분석을 직접 경험하시고 긴 여행까지 떠
나오신 체험에 대해서도 이야기해주셨으면 합니다.

김형경 30대 후반에 정말 많이 아팠어요. 여러 가지 외적인 요인도 있
었을 테고 중년의 문턱에 접어들면서 심리적인 위기를 겪기도 했지요.
양방, 한방 안 해본 것이 없었지만 뚜렷한 원인이나 치료법도 알 수 없
었죠. 오랫동안 미미한 우울증도 겪었어요. 그때 소설을 전혀 쓰지 않
고 온전히 제 자신의 몸과 마음을 치료하는 데만 집중했어요. 그 몇 년
동안 세계관이나 인생관, 몸, 마음도 변했지요. 처음에는 몸을 치료하
려고 했는데 나중에 보니 삶 자체를 치료한 것이더군요. 정신분석을
100회 정도 받았고 여행도 오래 했죠. 오랫동안 잡지사 일을 해서 늘
무언가를 기록하고 재구성하는 데 지쳐 있어서 여행하는 동안에는 아
무것도 기록하지 않았어요. 그냥 여행의 체험을 기록에 대한 의무감 없
이 온전히 제 몸으로만 느끼고 싶었던 거죠.

 그렇게 오랜 여행을 마치고 돌아와서 《사랑을 선택하는 특별한 기
준》을 쓴 것이죠. 소설 쓰는 게 정말 자유로워졌어요. 예전에는 '이렇
게 쓰고 싶은데 정말 그래도 될까' 하는 자기 검열이 굉장히 심했었는
데, 이제는 그런 내면의 저항감을 완전히 벗어던지게 된 거죠. 독수리
의 평균 수명이 40년이래요. 그런데 어떤 독수리들은 40년을 산 다음
에 높은 계곡이나 산에 올라가서 심하게 한 번 앓은 후에 발톱과 깃털
이 다 빠지고 새로 난대요. 그렇게 하고 나면 수명이 두 배로 늘어나서
80년까지 살 수 있다고 하죠. 그렇게 자기를 완전히 버리고 다시 태어

난 독수리는 독수리의 평균 수명보다 두 배를 사는 거죠. 사람도 그런 것 같아요. 중년의 생물학적 · 심리학적 위기를 처절하게 온몸으로 극복한 사람은 중년 이후에 전혀 다른 삶을 살아갈 수 있는 것 같아요.

정여울 《성에》에서 가장 뚜렷한 작품세계의 변화가 있었던 것 같은데요. 동물학에 대한 깊이 있는 지식을 작품세계에 적극 반영한 점도 참신한 시도였습니다. 최근의 동물 생태학은 점점 인간중심주의를 넘어서는 도발적 상상력을 보여주고 있는데요. 정치적 동물, 직립보행 동물, 생각하고 말하는 사회적 동물이라는 인간 '만' 의 특이성을 해명하던 개념들은 점점 빛을 잃어가는 것 같아요. 가파르게 진화하는 생물학의 도움을 받아 소설도 생물학적 상상력을 적극적으로 도입할 수 있게되었는데, 그 예로 《성에》를 들 수 있을 것 같아요. 《성에》는 주로 1인칭과 3인칭으로 시점을 확보해왔던 기존의 소설 문법에 도전한다는 점에서 흥미로워요. 바로 인간이 아닌 동물과 식물, 나아가 '바람' 이라는 무생물의 시선을 입체적으로 제시하는 것인데요. 세 남녀가 참혹한 주검으로 발견된 시점에서 사건의 유일한 목격자는 참나무, 청설모, 박새, 그리고 심지어 무생물인 '바람' 이죠. 이런 아이디어는 어떻게 얻으셨는지요. 아이디어가 떠오른다고 해도 그 내용을 두꺼운 장편으로 형상화하는 데는 많은 난관이 있었을 것 같은데요.

김형경 워낙 관심 분야가 다양해서 독서를 잡다하게 하는 편이에요. 그 중에 생물학, 심리학 저서들도 있는 거죠. 그 관심이 제가 오래전에 가지고 있던 자료와 부딪혀서 폭발한 결과물이 《성에》인 것 같아요. 외부 현실과 내면 심리 사이의 괴리가 유난히 큰 사람들이 있지 않은가요. 환상에 저당 잡혀서 생을 온전히 환상에 바치는 사람이 있죠. 어떤 정치적 이유 때문이 아니라 단지 세계일주를 하고 싶어서 목숨을 걸고 군사분계선을 넘은 할아버지 이야기를 듣는 순간, 전형적으로 환상에 휘둘리는 삶이라는 생각이 들었어요. 극단적인 로맨티시즘을 가진 이 할아버지의 이야기를 오랫동안 묵혀두고만 있다가 여행을 다녀오고 나서, 또 생물학 공부를 하고 나서 이제는 쓸 수 있겠다 싶었던 것이죠. 현실 감각은 거의 제로에 가깝고, 머릿속에 있는 환상의 루트만을 따라서 평생을 살아간 사람의 이야기이기도 해요. 그리고 건강한 삶이란 환상을 몇 퍼센트 정도 가지고 있어야 하는지, 환상으로 치달을 때 인간은 어떻게 그 극한에 도달할 수 있는지, 환상을 따라가는 삶의 극한이 어디인지를 그린 소설이죠.

정여울 신문에 정신분석 칼럼도 연재하시던데요. 정신분석 전문가가 아니라 소설가의 카운슬링이라는 점에서 독자들이 오히려 편안함을 느끼고 있는 것 같았어요. 《사람풍경》에 대한 독자들의 반응은 대부분 '알몸의 나를 들킨 듯 당황스러우면서도 계속 읽다 보면 그 알몸의 상태가 편안해진다'라는 느낌이 거의 공통적인 것 같았습니다. 목욕탕에 들어가 처음 옷을 벗을 때는 어색하고 부끄럽지만, 막상 알몸으로 목욕탕에 들어가면 스트레칭도 하고 물장구도 치면서 편안하고 즐거워지는 것처럼, 《사람풍경》도 그런 느낌으로 읽었다는 독자 리뷰가 무척 인상적이었는데요.

김형경 《사랑을 선택하는 특별한 기준》 같은 경우는 제가 받은 정신분석이 베이스로 깔려 있고 경험과 픽션이 결합된 것이죠. 《사람풍경》은 표면적으로는 여행기이지만 심리서이지요. 30대 중반부터 심리학이나 정신분석학 책을 탐독했어요. 지금까지 200여 권 정도 읽었어요. 실제로 정신분석을 받기 전에 100권 정도 읽었고, 정신분석을 받은 후에 100권 정도 더 읽었죠. 어떤 책은 세 번씩 되풀이해서 읽기도 했어요. 제가 20대 때에는 그 분야의 출판이 활발하지 않아 딱딱하고 재미없는 개론서밖에 없었어요. 전문서적은 학파마다 주장이 굉장히 달랐죠. 정말 제가 원하는 책은 인간의 심리에 대해서 보편적이면서도 쉽고 재미

ⓒ 홍영철

있게 다루는 책이었어요. 20대 때에는 제가 그토록 원하던 책이 세상에 없었고, 이제 거의 20년이 흐르고 나서야 제가 원하는 책을 제가 쓴 셈이죠.

고등학교만 졸업해도 쉽게 이해할 수 있는 심리서를 쓰고 싶었어요. 그런데 《사람풍경》을 내고 난 뒤 정신분석에 관련된 청탁이 많이 들어와요. 저는 전문가도 아니고 딱 6개월만 쓰려고 했는데 계속 길어지고 있네요. 정신분석 상담 프로그램에도 출연 요청을 받기도 하는데, 저는 그런 쪽으로 제 이미지가 고착되는 것을 원치 않아서 많이 거절하고 있어요. 어떤 여성 독자가 "선생님은 카운슬러시잖아요"라고 말하는 걸 들었어요.(웃음) 하지만 저는 소설가이고 싶어요. 그래서 정신분석 칼럼도 잠시만 쓰고 그만두려고 했는데 의외로 재미있더라구요. 질문들이 무척 피부에 와 닿더군요. 디테일이 흥미로운 질문들도 많아요. 질문이 깊이 있으면 제 대답의 깊이도 달라지더라구요.

정여울 그렇죠, 질문도 작품이죠. 물론 소설가가 본분이라고 느끼시겠지만, 정신분석 상담이 소설에도 시너지 효과를 줄 수 있으니 계속 하셨으면 좋겠는데요. 소설가로서 소설만 쓰는 것도 좋겠지만, 지금은 매체환경도 많이 달라졌고 소설 독자가 다변화되는 효과도 있을 것 같은데요.

김형경 제 소설을 잘 모르던 독자들도 《사람풍경》을 읽고 제 소설에 관심이 생겨 새로운 독자가 되는 경우도 있긴 해요.

정어울 그런데 단편소설은 《푸른 나무의 기억》 이후에 거의 발표를 안 하신 것 같은데. 최근에 《담배 피우는 여자》라는 제목으로 기존의 단편집이 재출간되기도 했는데요.

김형경 제 기질에는 장편소설이 더 어울리는 것 같아요. 단편의 프레임이 좀 좁고 답답하게 여겨질 때가 있었어요. 하지만 지금은 단편으로 깔끔하게 빚어보고 싶은 이야기들이 있어요. 머지않아 단편소설도 쓸 것 같아요.

정어울 강좌도 하시는 것 같던데요.

김형경 여성의 정신건강에 대해서 강의를 한 적이 있어요. 여성민우회 같은 데서 의뢰가 들어오죠. 오롯이 소설만 쓰고 싶은 욕망도 있지만, 소설 이외의 다른 활동이 소설에도 도움이 될 때가 있어요. 의식의 확장이고 사고 영역의 확상이니까요. 예전에 은사님이셨던 황순원 선생님께서 이 글 저 글에 에너지를 뺏기지 말고 소설만 쓰라고 가르치셨는데. 그게 제가 배운 소설가의 윤리였고 자세였어요. 하지만 도대체 소설만 쓰고 있기가 어렵네요.

정어울 그때와는 달리 매체환경이 변했으니까요. 다매체시대가 되었고, 어느 매체도 다른 매체에 대해 절대적인 우위를 점할 수 없게 되었죠. 단순히 소설가의 생계문제가 아니라 소설가도 여러 매체를 통해 대중과 소통하는 흐름을 만들어야 할 필요성이 있는 것 같습니다. 전공과

부전공의 관계처럼 그렇게 서로에게 긍정적인 시너지를 줄 수 있다면, 소설가가 여러 장르의 글을 소화하는 것도 소설에 도움이 될 수 있을 것 같아요. 평론가와 작가와의 관계에서 특별한 경험은 없으셨나요.

김형경 황순원 선생님도 평론가 백철 선생과 문학논쟁을 길게 하셨죠. 선생님도 마음고생을 많이 하셨겠죠. 그런데 어느 날 학생들한테 그런 말씀을 하셨어요. 소설이 일단 소설가의 손을 떠나면 저 혼자 살아가는 생명체라고. 그 소설이 어떻게 사용되든 누가 뭐라고 하든 전혀 신경을 쓰지 말라고 하셨죠. 그런 말씀을 참 여러 번 힘주어 강조하셨어요. 저는 그때 문단에 데뷔도 안 한 20대 초반 대학생이었으니까 '도대체 평론가들에게 어떤 말을 듣기에 저렇게까지 말씀하시나' 싶었죠. 하지만 《새들은 제 이름을 부른다》가 발표되고 난 후, 그제야 그때 그 말씀의 의미를 알게 되었죠. 소설을 쓰는 것보다 제 소설에 대해 누군가 말하는 것을 듣는 것이 더 어려웠죠. 도저히 받아들일 수 없는 말도 많이 들었지만 황순원 선생님의 그 말씀이 제게는 큰 힘이 되었어요. 이번 《외출》을 통해서 영화감독의 입장도 생각하게 되었죠. 소설은 10만 부가 팔려도 공전의 히트지만, 영화는 적어도 100만은 넘어야 평작이 되는 시대잖아요. 영화감독은 더 불쌍하더라구요. 100만이 넘는 사람들의 한마디 한마디를 다 들으면 영화 만들 힘이 나겠어요?(웃음) 물론 좋은 경험도 많지요. 비평가들의 칭찬도 많이 들었어요.

정여울 정말 영화감독의 귀는 천 갈래 만 갈래로 찢어질 것 같은데요. 하지만 그렇게 천 갈래 만 갈래로 찢어질 수 있는 귀를 가진 영화감독이나 소설가는 행복한 것이 아닐까 하는 생각이 들어요. 그만큼 자신의 독자가 많다는 것이니까요. 인터넷 서점의 독자 리뷰들을 보니 선생님 소설의 독자들도 굉장히 수준 높은 비평적 언급들을 많이 했던데요. 독자들이 쓴 글을 보면 '정말 글만 쓰는 사람들은 밥 먹고 살기 힘들겠다'는 생각까지 들 정도로 아주 훌륭한 글들이 많더군요.(웃음)

김형경 정말 독자들이 리뷰를 굉장히 잘 쓰더라구요. 문학의 단순한 향유자가 아니라 소설가 지망생인가 보다 할 정도로 글들이 좋아요. 미디어나 교육을 통해서 대중문화의 수용 수준이 전반적으로 높아졌지요. 독자 무섭다는 생각을 많이 해요. 이광수나 톨스토이 시대에는 계몽주의 시대의 작가관이 지배했죠. 작가가 무지몽매한 대중을 계도해야 한다는 그런 문학관이 이제 더 이상 설 자리가 없어진 것 같아요.

정여울 요사이 전문 필자와 대중 필자 사이의 거리도 많이 줄어들었죠. 1인 미디어가 발달하면서 전문가가 아닌 스타 필자들도 많이 탄생하고 있구요.

김형경 대중화된 입문서들이 많이 나오면서 평론이나 전문서적들이 입지를 많이 잃었죠. 그런데 우리나라 전문가 집단에서는 오히려 '쉽게 쓰면 (전문가 집단 내에서) 배척당한다'는 분위기가 있지 않나 해요. 외국의 경우 대중에게 어필하는 전문가 필자들이 꽤 많은데요. 《이기적 유전자》를 쓴 리처드 도킨스나 《사회생물학》, 《통섭》을 쓴 에드워드 윌슨 교수도 그런 경우죠. 또 저널리스트들이 전문지식을 대중화하는 책들도 굉장히 많지요. 저도 수백 권의 정신분석학 책을 읽었지만 전문가가 쓴 글은 굉장히 읽기 힘들더라구요. 오히려 전문 영역 밖에 있는 사람들이 쉽게 풀어서 쓴 글들이 도움이 될 때가 많았어요. 그런데 우리가 기억하는 위대한 학자들은 모두 문장가였잖아요. 똑같은 연구를 해도 그것을 문장으로 풀어낼 수 있는 능력이 없으면 자신의 연구를 세상에 알릴 수 없잖아요. 전문가들도 쉽게 대중에게 자신의 지식을 알릴 수 있는 문장을 개발해야 한다고 생각해요. 문학평론이 점점 어려워지는 것도 문제예요. 시대의 흐름에 역행하는 것 아닌가요. 생물학자 최재천 선생님과 만난 적이 있는데 어쩌면 그렇게 글을 잘 쓰시냐고 물었더니, 미국에서는 생물학 박사과정에서도 글쓰기 수업을 따로 듣는다고 하시더라구요. 그 어떤 전문 분야라도 따로 글쓰기 훈련을 해야 한다고 말씀하시더군요.

제가 20대 초반일 때는 문학평론으로 문학을 공부했어요. 김우창, 김현, 김화영 선생님의 책을 늘 끼고 다니면서 공부했지요. 문학에 관한 지식을 배우기도 했지만 그분들의 아름다운 문장에 매혹되지 않았더라면 그렇게 열심히 문학평론을 읽지 않았을 것 같아요. 예를 들어 김우창 선생님의 《궁핍한 시대의 시인》이 저한테는 좋은 선생님이었죠. 평론도 그렇게 아름답고 감동적이어야 하지 않을까요. 《궁핍한 시대의 시인》을 대학교 2학년 때 읽었지요. 문장 하나하나가 미문(美文)이고 복문이고 만연체였어요. 그 책이 당시에 저한테는 너무 어려워서 처음에는 그냥 포기하고 덮었어요. 그런데 어떤 선배가 말해주더라구요. "네가 그 책을 포기하면 그 수준 이상의 글을 못 읽는다. 그 책을 읽어내면 다른 차원의 글을 읽어낼 수 있다." 그래서 여름 방학 내내 그 책과 씨름했죠. 그렇게《궁핍한 시대의 시인》으로 문학에 입문하여 일종의 문턱을 넘은 셈이죠. 다른 작가들의 소설도 많이 읽어요. 많은 작가들을 하나씩 탐독했어요. 한 작가에 대해 호기심이 생기면 그 작가의 작품세계를 이해할 수 있을 때까지 거의 다 읽는 스타일이에요. 최근에는 레이먼드 카버, 마루야마 겐지, 산도르 마라이를 읽었죠. 늘 책을 끼고 사는 편이죠. 새로운 소설을 쓰기 위해 역사 공부도 꾸준히 하고 있고 다양한 분야의 책을 늘 찾아다녀요. 독서가 아니면 어디서 그렇게 강도 높은 사유의 훈련을 하겠어요.

아직 끝나지 않은 외출

TV, 영화, 인터넷, 휴대전화에 갇혀 살아가다 보면, 이토록 촘촘한 미디어의 숲에서 때로 매혹당하고 때로 우울해하다 보면, 가끔 우리가 사는 시공간이 거대한 감옥처럼 느껴질 때가 있다. 사방이 뚫려 있지만 한 발짝도 움직일 수 없는 감옥이 있다면 바로 이런 것이 아닐까. 미디어의 이미지로 구원을 느낄 때도 있지만, 그 '번쩍 하는 황홀한 순간'은 그렇게 쉽게 찾아오지 않는다. 미디어를 장식하는 화려하고 현란하기 이를 데 없는 이미지들은 하루하루 힘겹게 밥을 벌어야 하는 사람들에게 이렇게 속삭이는 것 같다. "너의 평범함을 견딜 수 있겠나? 너의 평범함으로 이 광대무변한 경쟁의 바다를 건널 수 있겠는가?"

　　《외출》을 읽기 전에는〈외출〉의 특이한 제작 시스템에 대해 관심을 가졌다. 변화하는 매체환경에 걸맞게 소설도 제작 과정의 진화를 고민해야 한다는 생각도 했다. 하지만《외출》을 읽은 후에는 조금 엉뚱한 고민을 하게 되었다. 《외출》이 어떤 허구적 인물의 특수한 픽션이라는 생각보다는, 《외출》에 형상화되는 이미지들이 오늘날의 미디어 문화의 일종의 알레고리가 아닐까 하는 생각이 들었기 때문이다. 그것은 《외출》의 주인공 인수의 조명 오퍼레이터라는 특이한 직업 때문이기도 하다. 그 어떤 평범한 삶에도 세상에서 가장 아름다운 조명이 비출 때가 있다. 그건 사랑이 시작될 때다. 이 소설에서 가장 평범한 캐릭터라 할 수 있는 서영에게 사랑이 시작되는 순간만은 가장 비범한 순간이다. "얼마 전까지 서영은 빛이란 넓적하고 부드러우면서 따뜻한 어떤 것이라고 생각했다. 그러나 요즈음은 빛이 미세한 색깔 화살들의 결합이라고 인식하게 되었다. 잘 표백된 옥양목 헝겊 같던 형광등 불빛조차 미세한 빛의 가닥들이 엮인 것임을 알아볼 수 있었다…… 인수의 말을 들은 후부터의 변화였다. 햇볕을 쬘 때면 빛의 화살들이 살갗에 와 닿는 감각을 일일이 가려서 느낄 수 있을 것도 같았다. 몸의 감각이 그토록 예민하다는 사실도 처음으로 알게 되었다."

'나'의 평범함조차 한 올 한 올 새롭게 조명되어 이전과는 전혀 다른 삶이 시작될 수 있을 것 같을 때. 그렇게 사랑은 다가온다. 《외출》은 각각의 인물에 부여된 색채 이미지와 조명이라는 소재의 적절한 배치를 통해, 누구나 한 번쯤은 상상할 수 있는 사랑의 판타지를 알레고리적으로 그려낸 작품으로 다가온다. 그러나 더욱 중요한 것은 그 사랑의 판타지의 황홀함이 아니라, 사랑의 판타지가 아무리 현란하고 달콤한 것이라 해도, 그 판타지만을 고집스레 부여안고 일상을 지속할 수 없음을 다시 한 번 깨닫는 일이다. 사랑의 대단함을 찬양하는 것이 아니라 사랑 자체의 근원적인 평범함을 깨달을 때, 우리는 '내 안의 평범함'과

비로소 화해할 수 있는 것이 아닐까.

"사랑에는 패자만 있는 게 아닌가 하는 생각이 들었다. 사랑의 감정이 이동하는 경로를 따라가면 첫 번째 사랑은 두 번째 사랑에 대한 패배자일 것이다. 그러나 두 번째 사랑은 영원히 그 첫 번째라는 자리를 쟁취할 수 없고, 늘 첫 번째 사랑을 의식할 수밖에 없다는 점에서 또한 패배자였다. 사랑에서는 모두들 패자가 되는구나…… 서영은 그 패배감을 받아들이고, 그것을 인정하기로 했다.""그들도 이렇게 사랑했겠구나…… 다시 한 번 되뇔 때 서영은 비로소 알 것 같았다. 마음이 그 지점에 도달하기 위해 그들을 따라했을지도 모른다는 것을. 350년 된 회화나무나 5,000년 된 암각화는 이미 알고 있었을 것이다. 세상에는 이미 새로운 일이 없으며, 어떤 일도 일어날 수 있으며, 해서는 안 되는 일도 별반 없다는 것을.""오래되고 무겁고 완강한 금기를 깨뜨리는 순간이 이토록 아무렇지도 않으며 심지어 충만하고 행복했다는 사실을, 아마도 모든 금기의 뒤편에는 치명적인 쾌락이 존재하며, 그 쾌락만 한 응보가 따를 거라는 점을."

최초의 인터뷰 목적, 즉 '김형경의 문학적 외출에 대한 문화적 의미 찾기'는 실패했다. 두 가지 이유가 있었다. 첫째, 그녀는 스스로 다른 작품들과 특별히 '다른' 위치에 《외출》을 따로 떼어놓지 않았다. 그녀가 쓸 많은 소설들 중의 하나, 《외출》은 그저 그녀의 다른 작품들 중의 하나였다. 《외출》의 문화적 의미는 아직 확정되지 않은 것 같다. 분명한 것은 《외출》이 어떤 새로운 문화 격변의 신호탄이라는 것이다. 이미 시작되었으나 아직 그 파급효과를 섣불리 진단할 수 없는, 이른바 '순수문학 혹은 본격문학'과 '대중문화'의 관계 속에서 일어날 거대한 지각변동을 《외출》은 희미하게 예언하고 있다. 소설이라는 매체의 장점 혹은 특이성에 대해, 평소에 '영화는 봐도 소설은 안 보는' 독자들에게도 생각해보게 한 것이야말로 외출의 문화적 성과가 아닐까. 분명히 감지되지만 아직 뭐라고 정확히 이름 붙일 수 없는 문화적 태풍의 눈이 《외출》을 통해 발아하고 있다. '우연'(허진호, 김수영, 조성우 세 사람의 의기투합)과 '자본의 역학'(한류와 배용준 신드롬)이 공모하긴 했지만, 소설의 문학적 파장은 결국 독자가 만들어가는 것이 아닐까. 작품의 생산과 유통이 어떤 과정을 거치든, 결국 소설의 작품성과 그 문화적 파장을 진단하는 것은 전적으로 문화의 수용자인 대중의 몫이다. 《외출》은 일본어판뿐 아니라 중국어판과 영어판으로도 출간된다고 한다. 그 문화적 파장을 눈으로 확인하기 위해서는 좀 더 끈기 있는 기다림이 필요한 것 같다.

애초의 기획과 전혀 다른 인터뷰로 끝이 난 두 번째 이유는, 상상 속의 작가와 실제로 만난 작가의 이미지가 전혀 달랐기 때문이다. 실제로 만난 그녀는 어떤 사람이 전해주는 메시지보다도 그 사람이 가진 특유의 아우라를 더 오래 생각하게 만드는 사람이었다. 나에게는 《외출》에 대한 이야기보다도 인터뷰 직후에 나눈 '비문학적 수다'가 더욱 오래 기억에 남을 것 같다. 《외출》에 대한 한두 개의 질문이 끝나자 나는 금세 준비했던 질문들을 파기하고 싶어졌다. 별로 궁금한 것이 없어져 버렸기 때문이다. 내가 준비해간 질문은 인터뷰를 통해서 얻을 수 있는 것이 아니라 《외출》의 수많은 독자들, 그리고 한국문학의 창작과 유통, 비평에 몸담고 있는 사람들이 '함께' 고민해야 할 문제였다. 그녀는 《외출》에 대한 '이러쿵저러쿵'에 대해 철저히 무심함으로써 내 잡다한 우문(愚問)에 대한 그녀의 현답(賢答)이 곧 침묵임을 넌지시 비췄다.

《외출》의 프리즘에 비친 작가 김형경은 강렬한 주홍빛(scarlet)의 이미지를 연상시켰다. 주홍빛의 색채 이미지는 빨강과 노랑의 교집합이다. 빨강이 상징하는 열정, 육체성, 활력과 노랑이 상징하는 명랑, 역동성, 생동감의 이미지가 김형경에게는 공존하고 있었다. 색채에는 어떤 주술적 힘이 있다고 하는데, 그녀가 발하는 주홍빛은 성대한 파티를 주관하는 안주인처럼 축제적이고 풍요로운 이미지를 담아내고 있었다. 인터뷰를 하러 간 사람이 오히려 인터뷰를 당하고 온 느낌을 주는 그녀는 나로 하여금 질문이 아니라 나의 이야기를 하도록 만들었다. 타인을 사로잡는 재능을 가진 사람 특유의 자신감과 단호함이 그녀의 눈빛에 깃들어 있었다. 어떤 소문의 늪에도 빠지지 않을 수 있는 강력한 귀마개, 어떤 절망적인 상황에서도 망설임 없이 꺼내들 수 있는 무기로서의 붓. 그것이 그녀가 10년 동안 쌓아올린 작가적 내공의 결과물인 것 같았다. 그녀의 문체와 성정의 단호함은 의심 많은 사람들에게는 불편함을 주겠지만, 그 단호함은 무엇보다도 자신의 욕망에 유난히 정직한 사람에게 주어지는 삶의 문체였다. 내가 상상한 그녀는 마라톤보다는 단거리 경주에 능한, 후천적 성실보다는 선천적 재능으로 무장한 작가의 이미지였다. 하지만 정반대였다. 그녀는 자신에게 본래 주어진 숨은 그림의 무늬 자체를 바꾼 용기와 성실로 무장한 문학적 마라토너였다.

타자를 향한
집요한 편애의
기록

김연수 **인터뷰**

김연수 1970년 경북 김천에서 태어났다. 성균관대학교 영문학과를 졸업한 뒤, 1993년 계간 《작가세계》 여름호에 시를 발표하면서 작품 활동을 시작했다. 1994년 장편소설 《가면을 가리키며 걷기》로 제3회 작가세계문학상, 2001년 장편소설 《굿바이, 이상》으로 제14회 동서문학상, 2003년 《내가 아직 아이였을 때》로 동인문학상, 2005년 《나는 유령작가입니다》로 제13회 대산문학상, 2007년 《달로 간 코미디언》으로 황순원문학상을 수상했다.

그 밖의 지은 책으로 장편소설 《7번 국도》, 《네가 누구든 얼마나 외롭든》, 소설집 《스무 살》, 산문집 《청춘의 문장들》, 《여행할 권리》가 있고, 옮긴 책으로 《파란 대문 집 아이들》, 《프랑스 수학자 갈루아》, 《별이 된 큰 곰》, 《상상해 봐》, 《기다림》, 《대성당》 등이 있다.

다 매체시대의 작가는 언제나 가독성의 유혹에서 벗어나기 어렵다. 팬이 생기기 전에는 팬을 만들기 위해 고심해야 하고, 고정 팬이 생긴 후에는 팬들을 의식하지 않을 수 없다. 그런데 작가 김연수는 좀처럼 독자에게 교태를 부리거나 독자의 사정을 봐주지 않는다. 팬이 있거나 없거나 아랑곳없이 그는 똑같이 쓸 것 같다. 그래서 그가 든든하다. 가독성의 유혹, 쉽고 재미있고 빠르게 읽히고 싶은 욕망은 문학의 덫이기도 하다. 쉬운 글은 매끄럽게 읽히지만 오랜 시간 독자의 가슴에 남아 여러 겹의 의미로 번져나가기는 어렵다. 고정팬의 유무 또한 작가의 덫이 된다. 1집 앨범이 가장 좋은 가수들이 많듯, 작가들의 첫 번째 책이 가장 싱그러운 상상력으로 꿈틀대는 것도 그래서일 것이다. 고정팬이 생기는 순간, 창작자는 자신의 아우라를 반복하기 쉽다. 그러나 김연수는 자신의 스타일을 좀처럼 반복하지 않는다. 스스로의 성공을 리메이크하지 않는다. 그는 매번 최고의 1집을 꿈꾸는 것 같다. 《나는 유령작가입니다》는 또 다른 김연수의 시작이고, 또 다른 데뷔 앨범이다.

글쓰기의 아비투스, 김연수식 글쓰기의 표정

성여울 요새 학생과 스승의 역할을 동시에 하고 있다고 들었어요. 직접 창작 강의를 하면서 동시에 대학원 생활도 하시는데, 두 가지 롤플레잉을 동시에 할 때 미묘한 분열감 같은 것을 느끼지는 않는지요.

김연수 학생으로 가면 선생님 대접을 받고, 선생으로 가면 학생 대접을 받아요.(눈가에 번지는 웃음) 대학원에 갈 땐 정말 배우는 심정으로 가는데, 사람들은 '소설가가 왜 이런 수업을 듣나' 하는 의아함을 느끼는 것 같아요. 선생으로 가면 오히려 학생들과 창작의 기초적 태도에서부터 충돌이 일어나죠. 예를 들어 나는 "뒤에서부터 글을 쓰라"는 주문을 하는데, 학생들은 반발해요. 저는 마지막 장면을 다 생각하고 나면 그때부터 글을 쓰기 시작하라고 주문해요.

정여울 학생들이 어떤 방식으로 반발을 하나요.

김연수 학생들은 처음부터 대단히 파격적인 소재를 구상하죠. 예를 들어 저는 동성애 이야기나 미치광이 이야기는 되도록 쓰지 말라고 이야기해요. 그러면 학생들은 엄청나게 반발하죠. 저는 이렇게 설명해요. 왜 동성애인지, 왜 광인인지, 이 '특이함'을 설명하다가 너무 많은 공력을 허비하게 되기 때문에 실패할 확률이 높다고.

정여울 처음부터 '퀴어'와 '그로테스크'를 추구하면 오히려 기본적인 소설다움이 망가지게 되는 경우가 많아요. 파격을 추구하면 기본이 흔들리고 미학에 집중하면 구성이 엉성해지기 쉬우니까요. 학생들 입장에서는 우선 '소설 자체가 어떠해야 하는가'라는 문제의식보다는 '소설을 통해서 어떻게 나를 표현할 것인가'라는 욕망이 강하니까요. 작품을 "뒤에서부터 쓰라"는 주문은 경험에서 나오는 것인가요.

김연수 그렇죠. 저도 대학교 다닐 때 앞장면만 40편 넘게 쓰고 그 단계

에서 끝나버린 구상이 정말 많아요.(웃음) 맨 마지막을 구상하지 못했기 때문에 결국 끝까지 나가지 못한 거죠. 강력한 임팩트를 주는 서사를 고안하기에 앞서 아주 기본적인 것들, 아주 쉬운 것들(쉽다고 생각하지만 실제로는 충분히 훈련되지 않는 것들, 예를 들어 문장 연습)을 탄탄하게 다져주어야 할 것 같아요. 미국대학의 실용적인 문장 교육에서 배울 것이 많죠. 쉬운 것부터 제대로 가르쳐서 졸업할 때는 비슷한 수준의 문장들을 누구나 구사할 수 있게끔. 뭔가 대단한 글을 쓰고 싶은 학생들에게는 지루한 수업이겠지만 그게 사실 중요한 거죠. 더 오래 글을 쓰기 위해서는.

정여울 어떻게든 멋들어지게 시작하면 글이 스스로 세포분열을 하여 제 나름의 길을 찾아갈 것 같은 환상이 있어요. 그건 소설가뿐 아니라 모든 글 쓰는 사람들이 빠지기 쉬운 달콤한 유혹인데, 대학교 1학년 글쓰기 수업에 들어가 보면 가장 많이 느끼는 점도 그거예요. 일단 컴퓨터 앞에 앉으면 글이 '써진다'는 환상과 웹서핑의 습관이 서로 시너지를 일으켜요. 컴퓨터 앞에 앉아서 문서창을 띄워놓고 일단 웹서핑부터 시작하는 것이 글쓰기라고들 생각해요. 글을 써야 한다는 상황이나 글을 쓰는 행위가 아니라 '글 자체'에 집중하기가 굉장히 어렵죠. 글쓰기 행위에 대한 강박으로 일단 컴퓨터 앞에 앉고 보기 때문에 실제로 글을 쓰기 위한 브레인스토밍 단계가 지나치게 축소되어버려요. 글쓰기 전에 많이 헤매고 넘어지고 더듬을수록 글이 좋아지기 마련인데, 인터넷과 컴퓨터라는 이 '환상의 콤비'가 글쓰기의 전초전을 단순화시키죠. 저 또한 이 환상으로부터 자유롭지 못해서 인터넷 한번 잘못 들어갔다가 이리저리 정보에 '낚이고 낚여서' 결국에는 원래 찾으려던 정보는 못 찾고 엉뚱한 정보의 하치장으로 빠져서 그날 하루를 망친 적이 한두 번이 아니에요.

김연수 인터넷만 아니었어도 훨씬 더 많은 작품을 썼을 거예요. (인터뷰이와 인터뷰어 사이에 희미한 동질감이 형성되는 분위기다.) 저도 한때 글 쓰기 전에 두 시간 정도 서핑을 하는 버릇이 있었어요. 그러다 보면 원래 고민하던 장면의 방향을 놓치고 엉뚱한 정보의 바다에 빠져 있는 나 자신을 발견하죠. 실제로 저는 글을 쓰기 전의 구상 과정이 훨씬 오래 걸려요. 구상하기 전까지 너무 힘이 드니까 결국 마감일부터 글을 쓰기 시작하는 거죠.(두 사람 사이에 더욱 확실한 동질감이 형성되는 분위기다.)

성어울 (나만 그런 게 아니었다는 안도감으로 말꼬리를 잡아채며) 역시 마감이 없다면 글을 쓰기 어려울 것 같아요. 제가 아니라 마감이라는 친구(혹은 협박)가 글을 써주는 느낌이 들어요. 글 쓰는 사람들에게는 마감이 주는 긴장의 필요성과 마감 없는 글쓰기의 유토피아가 동시에 공존하는 것 같아요.

김연수 단편 같은 경우는 아마 마감이 없으면 너무 고통스러워서 안 쓸 것 같아요. 하지만 장편은 마감 없이 쓰는 것이 좋죠. 아니, 마감 없는 글쓰기를 꿈꾸죠. 마감 있는 단편보다는 마감 없는 장편으로 나아가고 싶은 것이 제 바람이에요.

정여울 《나는 유령작가입니다》뿐만 아니라 최근의 단편들이 거의 장편으로 확산될 수 있는 정도의 밀도와 이야기의 볼륨을 갖고 있어요. 장편의 가능성을 지닌 소재들을 단편으로 만들기 때문에 좀 아쉽다는 생각도 들고, 오히려 시적 응축의 기운이 느껴지기도 하는데요. 결국 장편을 더 마음에 두고 계신 것 같네요.

김연수 단편이 작가로서의 등단과 작가의 경제적 안정을 위한 수단이 되는 창작 관행이 있지요. 하지만 단편을 평생 쓴다는 것에 대해서는 회의적이에요. 장편을 써야죠. 마감 없는 장편을. 장편은 다 쓰고 나서도 계속 다시 쓰기와 편집 과정을 거쳐야 해요. 《사랑이라니, 선영아》가 저로서는 그렇게 정교한 편집과 다시 쓰기 과정을 거친 첫 장편인데 너무 정교하게 짜여 있어 싫어하는 사람도 있지만 저로서는 좋은 경험이었어요.

정여울 저는 몇 년 전만 해도 퇴고는 글쓰기가 다 끝난 후의 마무리 작업이라고 생각했는데, 이제는 퇴고부터가 진짜 글쓰기의 시작인 것 같아요. 글쓰기의 작업을 거칠게 세 단계로 나눠서 '고안, 집필, 퇴고'로 볼 때, 전에는 1 : 8 : 1 정도의 시간과 공력을 들였다면 이제는 4 : 2 : 4의 비율로 바뀌고 있어요. 게다가 글쓰기의 절대 시간은 더더욱 늘어났고요. 최근에는 퇴고 시간이 점점 길어지는 것 같아요. 말하자면 퇴고는 자신의 글로부터 유체이탈해서 자신의 글에 대한 최초의 독자(타인)가 되어보는 경험인데, 이 시뮬레이션이 더 치밀하게 이루어질수록 자신의 글쓰기를 변화시킬 수 있는 가능성이 열리는 듯해요. 내 문장에 구토가 나오는 순간까지 고쳐보지 못한 글은 끝까지 후회가 되죠.

김연수 《사랑이라니, 선영아》가 저에게 그랬어요. 다 쓰고 나서도 작품의 장면 순간순간을 모조리 뜯어고쳤어요. 내 문장에 신물이 나고 구토가 나올 때까지 고쳤죠. 더 이상 체력도 안 되고 눈이 침침해질 때까지.(마치 정말 자신이 노안이 된 듯한 표정으로 게슴츠레하게 눈을 떠 보인다.) 그런 과정을 거쳐 책이 나오면 정말 행복하죠. 책이 출간되고 나서 한 달 정도 책과 사랑에 빠져요. 우와, 대단하다, 훌륭하다, 혼자 감탄하면서.(방금 지었던 노인의 표정이 사라지고 순식간에 아이의 표정이 된다.) 책이 출간된 직후에 느끼는 감정이 최고의 행복감이죠. 힘든 글쓰기의 과정 뒤에 남는 잔상 같은 행복한 시간.

정여울 저는 그런 희열을 한 번도 느껴본 적이 없어서 그런지 무척 부러운걸요. 오롯한 자기 세계가 책 한 권으로 완성되었을 때의 느낌. 그건 확실히 단편집보다는 장편이 강할 것 같아요.

김연수 (내 앞에 놓인 책, 《나는 유령작가입니다》를 덥석 집어 만져보며) '책 한 권'의 느낌, 책 한 권의 독립된 자기 완결성이 참 좋아요. 단편집은 '책 한 권'의 느낌이 장편에 비해 약해요. 단편집은 소논문을 모아놓은 느낌에 가깝고, 한 가지 테마로 한 권을 쓰는 일의 기쁨은 장편에 비할 수 없죠. 특히 외국에 나가서 자기 단편집을 소개할 때 난감해요. 그 책에 대해 뭐라 한 문장으로 소개하기 어려운 거죠. "세 번째 작품집이다"라고 말할 수밖에 없으니까. 그래서 더더욱 '책 한 권'의 독립성이 강한 장편을 내고 싶어지는 것 같아요.

김연수의 김연수 되기, 김연수 내부의 지각변동들

정여울 '김연수스럽다' 라는 느낌이 가능하다면, 그건 문체보다는 소재에서 느껴질 때가 많아요. 어떤 작가의 글을 작가의 이름을 지우고 감별할 때, 주로 문체를 통해 많이 판가름하는데, 김연수 씨 경우는 시간이 갈수록 수사학은 점점 건조하면서도 미니멀해지고, 소재 자체의 환원 불가능성이 더 강해지는 듯해요. 말하자면 '이런 소재는 김연수밖에 쓰지 않을 것 같다' 라는 느낌에서 김연수적 세계가 탄생하고 있는 것 같아요.

김연수 소재라기보다는 장면이 더 정확하죠. 소재는 오히려 클리셰에 가깝고 소재를 형상화하는 장면의 선택에 더 공력을 들여요. 저는 복잡한 이야기를 만들지는 않아요. 간단한 이야기를 가지고 '어떻게' 쓰는가, 그 이야기가 어떤 과정을 통해 풀어져 나가는가가 중요하죠. 소통이 잘 안 되는 것, 다른 이야기로 환원이 불가능한 것들에 제 스스로 이끌려요.

정여울 한 작가의 내부에서 어떤 인식론적 단절을 발견할 때가 독자로서는 굉장히 큰 기쁨인데요. 어느 순간 김연수 표 글에서는 '문체 없는 문체' 의 힘이 느껴지기 시작했는데, 제 기억으로는 〈남원고사에 관한 세 개의 이야기와 한 개의 주석〉 이후였던 것 같아요. 그리고 〈다시 한

달을 가서 설산을 넘으면〉(이하 〈설산〉)에서 정말 이 작가가 자신 앞에 가로놓여 있는 거대한 설산을 넘어서고 있구나 하는 생각이 들었어요. 〈설산〉에서 죽은 여자 친구의 유서, 너무 건조하고 생뚱맞잖아요. "야만의 시대에 더 이상 회색인이나 방관자로 살아갈 수는 없었습니다. 후회는 없어." 얼마나 불친절하고 멋대가리 없는 유서인가라고 생각했었거든요. 하지만 "없었습니다"라는 존칭과 "후회는 없어"라는 비칭 사이의 거대한 틈새에서, 말할 수 없는 모든 것을 읽는 장면. 퉁명스런 기록의 틈 사이에서 소멸된 삶의 흔적을 상상력으로 움켜내는 장면. 그게 바로 김연수적 아우라가 탄생하는 지점이 아닌가 했어요. 기록을 읽는다는 것은 콘텐츠의 단순 흡입이 아니라 행간의 여백 속에서 얼마나 미친 듯이 뛰놀 수 있는가, 그 행간의 여백에서 얼마나 제대로 작두를 탈 수 있는가의 문제인 것 같아요. 스스로가 '아, 내가 정말 변화하고 있구나'라는 자각을 했던 계기들은 언제였는지요.

김연수 가장 큰 계기는 1997년에 있었죠. 《7번 국도》나 《스무 살》을 쓴 이후였는데, 지금까지 제가 썼던 것은 모두 꽹이라는 생각이 들었어요. 그리고 돈이나 벌자, 회사나 열심히 다니자라는 생각으로 취직을 했죠. 1997년, 김소진이 죽었지요. 제대로 된 사진이 없어서 책표지 사진을 확대한 엉성한 영정사진이 덩그러니 놓여 있었는데, 망점이 아주 크게 확대된 그 사진을 보고 있자니……(말할 수 없이 복잡한 감정과 그 감정의 소용돌이를 억누르려는 이성이 동시에 느껴지는 표정이 잠시 스쳐간다.) 그 사진을 보는데, 이제 그만 해야지 싶더라구요. 직업작가를 더 이상 지속할 수 없다는 판단이 들었어요. 그리고 바로 취직을 했죠. 잡지사였는데 연예인들, 성공한 사업가들을 인터뷰하면서 의외로 재미있었어요. 재미있긴 한데 일이 너무 많았죠. 마감 잡힌 주는 거의 밤샘이었고. 엄청난 분량의 일을 하다 보니 그런 생각이 들었어요. 내가 소설을 이렇게 열심히 써본 적이 없구나. 이 정도의 노동 강도로 소설을 한번 제대로 쓸 수는 없을까.

그 살인적인 노동 강도를 견디고 나니 오히려 소설이 쓰고 싶어진 거죠.《꾿빠이, 이상》과《내가 아직 아이였을 때》를 그 후에 썼는데, 정말 신물이 나도록 고치고 다시 쓰고 하면서 느낀 점이 있어요. 소설을 쓸 때는 정말 힘든 순간이 훨씬 많은데, 그러고 나서도 다시는 소설 안 써야지 하는 느낌은 안 들더라구요. 이건 아무리 힘들어도 재미있는 일이구나. 며칠 밤을 새더라도 '내 글'을 쓰는 희열이 있었죠. 돈을 아무리 준다 해도 남의 일은 못 하겠다는 생각이 들었어요. 97년 슬럼프 이후,《꾿빠이, 이상》을 쓰고 나서야 '나는 이런 걸 잘 쓸 수 있겠다'는 느낌이 생겼죠.

정여울 《꾿빠이, 이상》이 김연수적 '학자필(feel)'을 굳히는 계기였던 것 같아요.(나는 이 대목에서 김연수의 눈치를 살짝 보았다. '학자필'이라는 말을 싫어할까 봐. 그런데 그는 의외로 여유롭게 웃어주었다.) 저는 개인적으로 소설에서 '공부한 흔적'이 치열하게 나타나는 글쓰기를 좋아하는데, 김연수 씨 소설도 그래요. 그런데 그게 "김연수 소설은 어렵다", "김연수는 공부해서 소설 쓴다"는 비판의 표적이 되기도 해요. 그런데 공부해서 소설 쓰는 게 나쁜 건가. 오히려 공부가 부족한 게 문제 아닌가. 저는 이렇게 생각해요. 작가마다 취재 방식이 다를 것이고, 그 취재가 문헌학적 탐색인 것이 뭐가 문제가 되나 싶어요. 정사(正史)로 사로 잡을 수 없는 기억의 틈새를 파고들어 어떤 역사책도 다룰 수 없는 기억의 비밀을 복원해내는 것은 결코 쉬운 일이 아니고 공부 없이는 불가능하니까. 전 한 사람의 독자로서 누군가 힘겹게 공들여 쓴 것을 저 또한 힘겹게 공들여 읽는 것이 좋아요. 그게 작가와 독자의 공정거래가 아닐까 생각해요. '가독성의 함정'이라는 게 더더욱 절실히 느껴지는 요즘이죠. 쉽고 빠르게 읽히는 게 당장은 좋지만 남는 건 없거든요. 여전히 우리에게는 아직도 '천재적 작가란 하룻밤에 100매씩 신들린 듯 써 내리는 내공을 지닌 자'라는 낭만적 환상이 있어요.

김연수 시대를 초월한 천재가 쓴 작품에 대한 낭만주의적 환상이 저에겐 없어요. 하룻밤 안에 신들린 듯 써 내는 작가에 대해서도 믿지 않아요. 소설을 쓸수록 공부가 더 필요하다는 생각이 절실히 들죠. 자기의 역사적·사회적 위치를 알고 그 좌표 위에서 의미 있는 작품을 써야 하는데, 그러려면 이 시대에 대해서 열심히 공부하는 수밖에 없어요. 시간이 흐를수록 '일관성'이 통하지 않는다는 걸 깨달아요. "그때그때 달라요"가 맞아요. 20년 전만 해도 절대적이었던 '민족'이라는 좌표가 이제는 제법 말랑말랑한 것이 되었죠. 얼마 전에 '민족문학작가회의'에서 '민족'이라는 단어를 떼어내야 할 것인가에 대해서 논쟁이 있었어요. 민족문학작가회의를 영어로 번역하면 'national'이라는 형용사가 들어가야 하는데, 그렇게 되면 외국에 가서 명함 내밀기가 정말 민망해요. 극우단체처럼 보일 수밖에 없기 때문이죠. 지금 가장 진보적인 글쓰기가 이주 노동자들에 대한 글쓰기인데, 이런 글쓰기를 하려면 당연히 내셔널리즘으로는 소통이 안 되지요. 20년 전에는 이런 논쟁 자체가 불가능했죠. 지금 이 시대가 저에게는 더 행복한 시기예요. 획일적 거대 담론이 완전히 관철될 수 없고, '내 방식이 옳다'고 주장할 수 있는 시대니까요. 제가 끊임없이 공부하는 이유는 이 세상의 수많은 나'들', 시간의 흐름에 따라 수없이 달라지는 나'들'과 만나기 위한 출구예요. 저는 '국민작가'로 말하는 것보다 '일개 소설가'로서 발언하는 것이 좋아요.

행복한 활자 중독자의 글쓰기

정여울 《청춘의 문장들》이라는 산문집을 보면 김연수의 '학자필'이 더 잘 드러나죠. 오래된 클래식에 대한 애착, 집요함이 느껴져요. 먼지 쌓인 책들을 여전히 뒤적이며 절실한 문장의 호흡을 채취하고, 행간의 여백을 조용히 되새김질하는 건 김연수식 독서 페티시즘 같은데요. 그런 흔적들이 소설에도 여기저기 녹아 있죠. 최근에는 어떤 책과 연애에 빠졌는지, 궁벽한 클래식에 열광하는 문헌학자 김연수의 독서 카탈로그가 궁금해요.

김연수 (말이 미처 끝나기도 전에 눈이 휘둥그레지며 잽싸게 말꼬리를 잡아챈다.) 수잔 손택이에요. 정말 멋져요. 제가 사랑한 여자들 중 최고봉이죠. 단순한 비평이 아니라 장르를 넘어선 에세이구요. 여러 책을 머릿속에서 마구 비교하면서 문헌학적으로 종횡무진하죠. 전거가 머릿속에서 자유롭게 떠오르지 않고서는 그렇게 글을 쓸 수 없어요. 소설이나 철학 이론, 역사책 같은 것이 그냥 아무 데서나 비어져 나와 텍스트와 텍스트를 접속시키는 천의무봉함이 느껴져요. 《타인의 고통》, 《은유로서의 질병》을 읽고 정말 감탄했죠. 《은유로서의 질병》은 친구가 에이즈로 죽고 나서 3일 뒤에 썼다고 하는데, 죽은 친구에 대한 최고의 헌사지요. 쉰이 넘으면 소설은 그만 쓰고 중앙도서관에 출근하면서 수잔 손택 같은 자유로운 에세이를 쓰고 싶어요. 수잔 손택, 발터 벤야민, 칼 세이건. 이런 사람들이 좋아요.

정여울 문헌학적 노마드를 좋아하시네요. 자신의 내공으로 텍스트와 텍스트를 횡단하여 접속하고, 거기서 또 다른 새로운 세계를 일구는. 텍스트와 텍스트의 네트워킹은 많은 사람들이 하지만, 그 접속을 자신만의 아우라로 물들이는 사람은 많지 않은 것 같아요.

김연수 그렇죠. 알랭 드 보통을 좀 읽어봤는데, 수잔 손택이나 벤야민에 비하면 그냥 틴에이저 그룹 슈퍼주니어 같아요.. 칼 세이건은 과학자인데도 굉장히 인문학적이죠. 《콘택트》의 메시지는, 누군가 계속 간절하게 우주를 향해 신호를 보내면 결국 받는 사람은 자신과 똑같은 존재라는 것이죠. 천문학자가 그런 생각을 할 수 있다는 게 무척 놀라워요. 타자와의 연결을 간절하게 시도하다 보면, 결국 자신이 그 신호를 받을 것이라는 메시지. 멋지죠. 모든 인간관계를 설명하는 것 같아요.

정여울 접속이라는 것도 결국 나에게 가장 아픈 상처가 그것과 가장 닮은 상처를 부르는 행위 같아요. 그런 의미에서 최근의 김연수 소설은 타자와의 '콘택트'를 더 다채롭게 시도하는 듯해요.《나는 유령작가입니다》의 작가의 말을 보면 이런 문장이 눈에 띄어요. "1인칭. '나'. 내 눈으로 바라본 세계. 이제 안녕이다." "이제 내게는 더 많은 이야기가 필요하다. 살아 있는 다른 사람의 체취가 그리워서 잠도 안 온다." 1인칭의 세계를 벗어나 완전한 타자들의 이야기로, 광대한 비(非)인칭의 세계로 떠나겠다는 출사표로 읽히는데요. '나, 김연수의 이야기'가 빠짐으로써 소설의 무대가 훨씬 넓어진 느낌이에요. 자신의 이야기를 아프게 후벼 팔 때보다 훨씬 더 여유로워진 느낌.

김연수 이제 제 소설에 나 김연수와 일 대 일로 맞붙을 수 있는 대상은 없어요. 완전히 새로 만든 인물들의 이야기이죠. 그렇지만 그것이 '3인칭 전지적 작가 시점'이라는 건 아니에요. 3인칭은 저에게 안 맞죠. 전지적 3인칭은 민족문학의 퍼스펙티브예요. 민족의 운명을 신의 시점에서 거시적으로 조감할 수 있을 때 전지적 3인칭이 가능하죠. 그런 의미에서 이제 완전한 보편성이나 객관성은 불가능하다고 봐요. 비과학적 편견의 세계를 제 나름의 깊이로 파고드는 소설을 쓰고 싶어요. 박애보다는 편애가 좋아요.

정여울 편애의 베이스캠프가 탄탄해질수록 자기 세계가 생기는 듯해요. 집요한 편애가 강렬해질수록, 그런 대상의 초점이 분명해질수록 자기 색깔이 강한 글이 나오는 것 같아요.

김연수 편애를 하면 그 대상을 벗어난 다른 대상에 대해서는 무관심해지죠. 감정도 그래요. 보편적으로 다 받아들이는 것보다는 좋은 것에는 열광하고 아닌 것에는 버럭 화를 내는 게 좋아졌어요. 20대에는 감정 노출하기를 꺼렸는데, 지금은 세계관이 바뀌었어요. 저 자신이 일일이 그 감정의 골들을 경험해봐야 남는 게 있어요. 개입하고 몰입하고 집요하게 편애하는 게 좋아요. 제가 잘못되고 다치더라도 그게 좋다고 생각해요. 저는 글쓰기를 편애하는 사람이라 글쓰기 이외의 것은 대충 설렁설렁해요. 어느 순간 글 쓰다가 죽어도 아무 상관 없겠다는 생각이 들었어요. 글을 쓰기 위해서는 전쟁터라도 갈 수 있겠다는 생각이 드는 순간 저 자신이 바뀌는 느낌이었죠. 감정 소모 없이 무관심하게 지나오면 기억나는 게 거의 없어요. 감정은 어떤 식으로 치열하게 경험해야 하고, 그것이 노출되어야 저장도 되고 문장도 나오죠.

정여울 그러고 보니 작품 뒤에 숨겨진 작가의 표정이 많이 바뀐 것 같아요. 《스무 살》이나 《7번 국도》 시절에는 냉소적 댄디즘의 냄새가 강했는데 《꿋빠이, 이상》 이후에는 오히려 남 눈치 안 보는 돈키호테의 표정이 된 것 같아요. 점점 더 '쿨하지 않게, 우아하지 않게' 변해온 것 아닌가요.

김연수 그런 것 같아요. 그래서 냉소적 회의가 아니라 감정적 개입이 더 좋아졌어요. 수잔 손택이나 발터 벤야민이 좋은 것도 그런 이유예요. 내가 알고 있는 걸 통해서 타인을 이해하려고 애쓰고, 기를 쓰고 타인의 삶에 개입하려고 하는 사람들이 좋아요.

342

정여울 더 위험해지고 더 불온해졌으면 좋겠어요. 자기의 밑천을 다 드러내면서 그것으로 타인의 삶과 섞이려는 사람들은 늘 오물을 뒤집어쓰지만. 그래도 그게 좋다고 결코 회개할 줄 모르는 사람들이 정말 매력적이에요.

김연수 그래서 전 마르크스주의자들이 아주 좋아요.(이 말을 할 때 그의 표정이 너무 해맑아서 흠칫 놀랐다. 노트북 화면에 코를 박고 대화 내용을 즉석 녹취하던 나는 깜짝 놀라 그의 얼굴을 다시 한 번 쳐다봤다. 아마 그때 내 표정은 무척 맹해 보였을 것이다. 이런 '무거운' 대사를 저렇게 심각하지 않은 표정으로 저토록 환하게 웃으며 토해내는 사람을 처음 보았다. 의무나 강박 때문이 아니라 아이가 만화 주인공에 열광하는 표정으로 마르크스주의자를 좋아한다고 말했던 그의 표정을 오랫동안 기억할 것 같다.) 마르크스주의자이면서 68세대인 사람들의 글을 특히 좋아해요. 마르크스를 좋아하는 이유는 언제나 '사람들의 이야기'로부터 시작하기 때문이에요. 개별성의 사례로부터 시작해서 사회를 가로지르는 커다란 이야기를 끄집어낼 줄 아는 사람이죠. 자신의 지식을 최대한 활용해서 타인을 이해하는 방편으로 삼고 현실에 개입하려는 사람들이 좋아요. 에른스트 블로흐도 그렇죠. 살아 있는 사람에게 살아 있는 이론을 적용할 줄 아는 사람. 이론은 타인을 위해 존재해요. 설령 그것이 오류일지라도. 자기가 아는 모든 것을 타인을 이해하는 데 바치는 사람들이 좋아요.

정여울 《모두인 동시에 하나인》에 그런 관점이 많이 녹아 있는 것 같네요. 그런데 지금은 타인과 만남의 코드가 오히려 협소해진 건 아닌가 싶어요. 가끔은 '나'와 '세계' 사이에 자꾸만 '미디어'라는 안개가 끼어 있다는 느낌을 받아요. "아, 나도 거기 가봤어"라고 맞장구를 치는 게 아니라, "아, 나도 그 영화 봤어"라고 맞장구를 치는 것이 더 보편적인 대화법이 되었어요. 이런 시대에는 타인을 이해하는 시뮬레이션 작업으로 '연애'만 한 게 없죠. 연애가 삶의 전부는 아니지만 '공통의 서사'가 사라진 지금 마치 삶이 연애를 위해 존재하는 것 같은 분위기가 미디어 콘텐츠 전반에 깔려 있어요. 20년 전만 해도 동시대인들끼리의 공통 서사가 있었는데, 공통 서사가 없는 지금 연애의 코드만큼 보편적으로 공감하기 쉬운 소재가 별로 없어진 듯해요.

김연수 《사랑이라니, 선영아》를 쓰면서 연애에 관한 각종 담론들을 조사해봤는데 사랑에 대한 성찰은 거의 없어요. 연애에 대한 많은 책들이 거의 '전 국민의 선수화'가 핵심이죠. 사랑의 경기 규칙을 완벽히 파악한 뒤에 경기장에 들어가 게임을 해야 한다는 식. 모든 연애책들이 결국 실용서예요. 연애 담론이 실전의 테크닉 문제로 치환되어버려요. 연애의 콘텍스트가 빠져 있는 상태에서 연애의 테크닉만 남죠. "나는 무슨 문제가 있기에 연애가 안 될까"라는 고민에 답하는 상담서가 우리 사회의 연애 담론의 핵심이에요. 이걸 넘어설 수 있는 글쓰기를 고민하고 있죠.

정여울 그런데 '문제'가 있어야 연애를 하는 것 아닌가요. 사람들이 연애에 빠지는 건 사실 '옥' 때문이 아니라 '티' 때문인데, 티 없이 매끄러운 옥으로 만들어 연애의 경기장으로 나아가려고 하니까 연애 담론조차 그렇게 '전 국민의 선수화'로 가는 것 같아요. 사실 문제가 바로 연애의 미끼인데. 문제 있는 사람들끼리 모여서 서로의 상처로 연대하는 것이 연애인데, 상담 서적은 너무나 '완소남녀'를 추구해요. 연애가 어쩔 수 없이 '타동사'이기 때문은 아닐까요. 상대가 없는 경우에도 연애는 결국 타동사예요. 늘 목적어로서의 대단한 대상을 필요로 하는 연애 담론이 황폐해질 수밖에 없는 이유가 아닐까요. 연애에 기대지 않고 자기의 서사를 만들 수 있는 '자동사'로서의 삶을 누리기가 정말 어려워진 시대가 되었어요. 하지만 '연애'를 통해 더 나아갈 수 있지 않을까요. 타동사로서의 연애가 아니라 자동사로서의 사랑을 꿈꾸는 사람들의 욕망이 《나는 유령작가입니다》에서도 느껴져요. '사랑'을 누빔점으로 통시적이든 공시적이든 콘텍스트를 넓혀갈 수 있지 않을까요.

김연수 연애 자체가 정치적 행위라는 것을 사람들은 자주 잊어요. 현대사회에서는 누구나 보편적으로 공감할 만한 재앙이 연애밖에 없죠. 박완서, 김원일 선생님 세대는 한국전쟁이라는 공통의 서사와 누구나 함께 눈물 흘릴 수 있는 사회적 공감대가 있었지만, 지금은 개개인이 전쟁에 육박하는 강도의 재난을 느끼는 순간은 연애밖에 없죠. 그런 의미에서는 불행한 시대이기도 해요. 하지만 연애는 여전히 중요한 소통의 매개예요. 타인에 대한 가장 전면적인 관심과 개입이 바로 사랑이니까요. 연애를 누빔점으로 삼아서 다양한 서사가 접속하는 소설들을 쓰고 싶어요. 동시대 내부에 휘말려 살아가면서 동시대의 타인에 대한 이야기를 쓰고 싶어요.

네버엔딩 인터뷰

인터뷰 전에 나는 그를 좀 까다로운 사람일 것이라고 생각했다. 글쓰기 뿐만 아니라 글 읽기에 이토록 중독된 사람은 고독하기 마련이고, 그 고독은 그 사람의 테두리를 단단한 방어벽으로 둘러싸고 있을 거라고 나는 제멋대로 상상했다. 하지만 직접 만난 그는 내가 걸핏하면 들이켜는 카푸치노만큼이나 부드러웠다. 중간중간 나는 정말 자주 삼천포로 빠져 엉뚱한 수다를 늘어놓았지만, 그는 눈까지 반짝이며 열심히 들어주었다. 더 많은 이야기를 나누고 싶었지만, 이제 정말 재미있는 이야기를 시작하려는 찰나('가족'과 '연애'에 대한 이야기를 좀 더 미주알고주알 나누어보려는 찰나) 그에게 전화가 왔다. 가족을 걱정하며 머뭇머뭇 일어서는 그에게서 살갑고 상큼한 가장의 냄새가 느껴졌다. 딸이 《모두인 동시에 하나인》이라는 책 제목이 어렵다며 "모기인 동시에 하마인"이 어떻겠냐고 말했다는 에피소드는 나를 하루 종일 키득거리게 했다. 여덟 살 나이에 아빠의 소설 《사랑이라니, 선영아》를 열심히 읽는다는 총명한 독자가 있는 한 그는 외롭지 않을 것 같다. 못다 한 이야기는 그의 신작소설 속에서 복화술로 나누어도 좋을 것 같다. 김연수는 지금 한 번도 만나본 적 없는 타인들을 그리워하는 것 같다. 그 그리운 낯선 이들의 눈물을 이해하는 순간, 그의 새로운 소설은 또다시 시작될 것이다.

상처의 틈새로
쏟아지는
햇살의 온기

권여선 **인터뷰**

권여선 1965년 경북 안동에서 태어났다. 서울대학교 국문과와 동 대학원을 졸업했고 인하대학교 대학원에서 국문학 박사 과정을 수료했다. 1996년 《푸르른 틈새》로 제2회 상상문학상을 수상하면서 등단했다. 소설집으로 《처녀치마》, 《분홍 리본의 시절》이 있고, 장편소설로 《푸르른 틈새》가 있다. 2008년 단편소설 〈사랑을 믿다〉로 이상문학상을 수상했다.

내가 타인의 글에 매혹되는 두 가지 필요조건이 있다면, 청산유수의 리듬과 난공불락의 내공을 동시에 느낄 때인 것 같다. 쉴틈 없이 빨려 들어가는 문장의 호흡을 느끼는 글은 흔하다. 그러나 그유창한 리듬과 함께 모방 불가능한 아우라가 공존하는 글은 흔치 않다. 쉴 틈 없이 미끄러져가다가 어느 순간 도저히 넘을 수 없는 듯 거대한 사유의 문턱이 느껴질 때, 나는 은밀히 환호작약한다. 아우토반 위에서 달리는 자동차처럼 경쾌한 속도로 읽히다가도 어느 순간 난해한 문턱으로 넝쿨진 사유의 미로를 선물하는 책. 나의 스무 살을 사로잡았던 그 책, 《푸르른 틈새》가 그랬다.

청산유수와 난공불락 사이에서

상상문학상이라는 레테르가 저널리즘적인 호기심을 발동시킨 것도 사실이지만, 책을 잡았을 때 가장 마음에 드는 것은 '푸르른 틈새'라는 제목이 뿜어내는 상큼하면서도 애잔한 여운이었다. 서점에서 처음 《푸르른 틈새》를 선택하여 구입한 그날 이후 이 책은 내가 길을 잃을 때마다, 그리하여 차라리 더 깊이 길을 잃고 싶을 때마다 다시 꺼내 보는 책이 되었다. 그 후 10년 만에 한 세미나에서 그녀를 만났다. 보지 않을 때는 한없이 그립지만 막상 만나면 한없이 서먹한 사람. 그 먹먹한 그리움과 생뚱맞은 서먹함이 어색하지 않게 공존하는 사람. 내게 작가 권여선은 그런 사람이 되었다. 권여선은 그녀의 필명이고, 권희선은 본명이다. 아무에게도 고백하지 못하는 나의 치부를 털어놓기도 하지만, '소설가'나 '선배'로서가 아니라 '언니' 권희선이라는 사람은 언제나 아득하고 어려운 사람이다. 그 어려움과 아득함이 나는 오히려 편안하다.

봉천동의 한 카페에서 때로는 어색하게, 때로는 곰살궂게 수다를 나누었다. 허둥대는 나를 차분하게 리드해준 건 오히려 '인터뷰이' 였다. 그녀와 나 사이를 가로막고 있는 '나이'의 장벽과 '위치(소설가-평론가)'의 장벽을 조금이나마 허물기 위해 인터뷰에서 존칭과 경어는 싹둑 잘라먹기로 한다.

소설의 미로에 접어들기까지

정여울 아주 상투적인 질문부터 시작함을 눈감아달라. 원래 상투적인 질문이 더 못 견디게 궁금할 때가 있다. 작가가 아닌 자연인 권희선에게는 물어볼 기회가 없었던 것 같다. 소설을 써야겠다는 생각을 하게 된 계기가 무엇인지.

권여선 처음부터 소설로 시작한 것은 아니었다. 돈을 벌기 위해 이것저것 모색하는 과정에서 글 쓰는 일로 밥을 먹다 보니 어느새 이 길로 접어들게 되었다. 처음에는 아르바이트 격으로 출판사에서 골프에 관한 기획소설을 쓰자고 한 경우도 있었다. 그래서 골프장 취재도 다니고 그랬다. 그러다가 비슷한 콘셉트의 골프 소설이 다른 출판사에서 먼저 출간되었다. 안 그래도 쓰기 싫었는데 잘 되었다 생각하면서 엎었다. 그 다음에는 영화 쪽에서 일을 해볼까 했다. 그런데 그것도 시놉시스 단계에서 엎어졌다. 기획물이든 시나리오든 나름대로의 문법이 굉장히 강하다. 그 제도의 틀에 맞춰 글을 쓰기 어려운 자신을 발견했다. 그래서 틀에 제약받지 않고 내 멋대로 써야겠다는 생각이 들었다. 그 작품이 첫 작품이면서 등단작이 된 것이다. 제대로 소설 수업을 받지 않았기 때문에 소설적 교양이 매우 부족하다고 할 수 있다.(웃음)

정여울 요새는 보통 단편으로 신춘문예나 잡지문예 공모를 통해 데뷔하는 경우가 많은데.

권여선 그때는 딱히 단편, 장편이어야 한다는 마음속의 구획 자체가 없었다. 그냥 쓰다 보니 길어졌다.(웃음) 어쩌면 소설을 쓰게 된 동기는 굉장히 단순하다. 과외는 죽어도 못 하겠다는 생각이 들었다. 애들 가르쳐 대학 보내기 힘들어서 시작했다고 할 수 있다.

정여울 막상 인터뷰하려니 매우 어색하다. 아예 한 번도 만난 적 없는 사람이 인터뷰하기에는 차라리 좋다. 자연스러운 인터뷰를 하려고 했는데 내가 너무 긴장된다. 생뚱맞은 질문해도 이해해달라.

권여선 가당찮은 것은 빼고 가당한 것만 질문 받겠다.(웃음)

정여울 나는 《푸르른 틈새》 이후에 권여선의 작품을 많이 기다렸다. 가장 친한 벗들에게도 선물해주었다. 그런데 막상 다음 작품을 찾기가 어려워서 꽤나 궁금했다. 전혀 모르는 사람인데 괜히 옆집 언니가 말도 없이 가출해서 행방불명된 것처럼 섭섭한 마음도 들었다. 《푸르른 틈새》

(1996)와 《처녀치마》(2005) 사이에서 작가 권여선은 어떻게 지냈는지.

권여선 장편으로 등단하면 잘 인정해주지 않는 분위기가 있었다. 워낙 홀대받고 잊힌 작가가 되고 막 그래가지고.(웃음) 난 내 글에 대한 평을 읽는 게 굉장히 드문 경험이다. 《문학선》에 당신이 쓴 《〈푸르른 틈새〉론》과 당신의 첫 책에서 《처녀치마》에 대한 짧은 리뷰가 섞여 있는 것을 보았는데, 내 글에 대한 활자화된 평을 직접 본 건 그 두 개를 비롯해 한두 편 안 된다.

정여울 음…… 충격적이다. 전혀 몰랐다. 하지만 솔직히 나는 거의 비슷한 시기에 나온 《새의 선물》보다 《푸르른 틈새》가 훨씬 재미있었다.(웃음) 우리 세대의 친구들은 나 같은 사람들이 꽤 있다. 20대가 자기 동일시하기 더 쉬운 작품인 탓도 있겠다. 《새의 선물》이 보편적인 공감을 일으키는 '정통소설' 내부의 파격이라는 느낌을 준다면, 《푸르른 틈새》는 우리 세대에게 일종의 상큼한 아방가르드였던 것 같다. 그런 만큼 이 소설은 '좀 어렵다'고 느끼는 독자들도 꽤 있었던 것 같다.

권여선 그런 이야기 많이 들었다. 내 소설은 산뜻하게 맺히는 게 없는 것 같다. 그렇다고 맺히지 않아도 잡으려고 애쓸 정도의 애착은 없고 한 손에 잡히지 않으니까 당혹스럽고 답답하다나. 그런 느낌 때문에 그냥 지켜보자는 쪽인 것 같다. 내가 활발한 활동을 하지 않으니까. 하긴 《푸르른 틈새》가 비슷한 시기에 나온 《새의 선물》과 비교되면서, 내 소설이 엄청 피를 봤다.(웃음) 사람들이 내 소설과 《새의 선물》을 많이 비교했다. 같은 시기에 문학상을 받고 비슷한 시기에 출간되었는데 《새의 선물》은 흡인력이 있고 재미있고 잡으면 놓을 수 없다. 그런데 《푸르른 틈새》는 왜 이러냐. 관념적이고 사설도 많고 미숙하다는 식의 비교를 많이 당했다.

정여울 왜 내용이 한 손에 잡혀야 하고 한 번에 주르륵 읽혀야 좋은 소설이 되는 건지 잘 모르겠다. 개인적으로는 '가독성'이 문학성에 적대적인 척도가 되는 경우가 훨씬 많다고 생각한다. 사유의 문턱을 넘지 않고 어떻게 새로운 세계로 나아갈 수 있을까. 나도 물론 《푸르른 틈새》가 쉽지는 않았다. 스무 살 때 읽었기 때문에 문화적 충격도 많았고 모르는 단어도 많았다. 하지만 어렵다는 생각은 안 했다. 이상 소설도 어렵지만 술술 읽히지 않는가.

권여선 평론가들보다도 아주 어린 대학 후배들이 재미있게 읽은 친구들이 많다. 나는 거의 작가적 명성은 전무한데(웃음), 서울대 후배들을 만나면 내 소설을 꼼꼼히 읽고 감상을 이야기해주는 친구들이 많아서 찰나적으로나마 기고만장했다. 《푸르른 틈새》는 젊은 친구들이 더 재미있게 읽었다. 내 소설이 갖고 있는 협소함일지도 모른다. 작품과 독자가 공유할 수 있는 경험 지평이나 공감대가 확보된 사람들에게만 어필하는.

정여울 나는 오히려 그 '낯섦'이 좋았던 것 같다. 체험 자체는 한국적인 내용인데 소설의 문체나 이야기를 끌어가는 방식은 외국소설을 읽는 듯한 느낌이었다. 물론 비슷한 외국 작가를 찾을 수는 없다.(웃음) 그런 것도 마음에 들었다. 그 누구도 정신적 모델로 삼지 않을 것 같은 당당한 고독 같은 것이 느껴졌다. 닮고 싶은 사람도 없고, 되고 싶은 것도 없으며, 누가 뭐라고 하든 내 맘대로 쓰겠다는 의지 같은 것이 문장 하나하나에서 느껴졌던 것 같다.

권여선 그런데 그 '내 맘대로'라는 것이 쉽거나 분명한 것이 아니다. 내 맘대로 쓰고 싶지만 내 마음이 무엇인지, 내 마음이 갈 수 있는 곳이 어딘지 알 수 없었다. 내 마음이라고 해서 무한하게 가능성이 있는 것도 아닌 것 같았고, 내 마음대로 하라는 내 마음 또한 내 마음이 아니었다.

축적 불가능한 세계의 매력

정여울 자신이 문예창작학과 같은 착실한 문학 수업의 환경과 제도적 커리큘럼 속에서 문학을 공부했다면, 지금과 다른 작품이 나왔을까.

권여선 물론 내가 착실한 문학 수업을 받지 못해서 전형적인 소설의 모양새를 만들 수 없는지도 모른다. 하지만 내가 제도적인 문학 수업의 환경 속에 있었더라도 나는 그 커리큘럼을 따르지 못했을 것 같다. 또한 그렇게 착실한 문학 수업이라 일컬어지는 커리큘럼이 확실히 존재한다고 생각하지도 않는다.

정여울 대학원에서 공부도 하고 소설도 쓰지 않는가. 공부에서는 얻기 어려운 소설만의 매력이 있다면.

권여선 나에게는 소설을 쓰는 마음이란 게 공부 못하는 아이들이 죽어도 자기가 희망하는 과에 가겠다고 고집을 부리는 마음과 비슷한 것 같다. 누가 좋다고 해서 하는 게 아니라 비록 성적은 턱없이 부족하지만 내가 좋아하는 학과에 꼭 가고 싶어서 끝내 포기를 못 하는 것처럼 내가 소설을 쓰는 마음도 그와 똑같은 것 같다. 나는 공부를 열심히 하면 못 할 거라는 생각은 안 한다. 그런데 소설은 아무리 열심히 써도 못 쓸 수 있다는 생각이 든다. 죽기 살기로 시험 준비를 했는데 그거 하나 열심히 답을 쓰고 나면 또다시 처음부터 새로 공부해야 하는 공부가 소설인 것 같다. 소설이란 축적이 안 되고 축적 자체가 없는 공부라는 생각이 든다. 그래서 재미있다.

정여울 숙연해진다. 그리고 왠지 마음이 아프다. 굉장히 보편적인 이야기인 것 같으면서도 권여선만의 분위기가 녹아 있는 말인 것 같다. 전에 술자리에서 "죽을 때까지 결코 프로페셔널이 되고 싶지 않다. 매 순간 아마추어로 살고 싶다."고 말한 적이 있다.

권여선 내가 그런 멋있는 말을 했나. 전혀 기억이 나지 않는다.(웃음)

정여울 술이란 게 그래서 좋은 건가 보다.(웃음) 그때 이야기한 맥락하고도 통하는 이야기인 것 같다. 프로페셔널이 '될 수 없는' 것이 아니라 의식적으로 프로페셔널을 거부하는 듯한 느낌이 들었다. 그리고 새로운 소설을 쓰기 위해서는 어쩌면 매번 아마추어의 초발심으로 돌아가야 한다는 이야기로도 들린다.

권여선 어떤 한 작가의 독특한 스타일이나 개성도 있지만, 작품마다 죽기 살기로 고안해낸 어떤 플롯이든 문체든 한 번 써먹고 나면 무용지물이 되는, 다시 반복할 수 없는 그런 게 되어버린다. 그것이 소설의 매력인 것 같다. 늙을수록 잘 써야 하는데 그게 안 되는 게 소설이다. 그게 공평하지.(웃음) 사시 공부와 다르다. 사시 공부는 두 번째 시험 볼 때 더 잘 외워지는데, 두 번째 작품에서 더 잘 써지는 것 같다는 느낌이 들면 오히려 그 작품은 버려야 하는 게 소설이다. '소설을 이제 알겠네' 하는 순간 소설은 그 작가에게서 확 무너진다.

이야기꾼과 에세이스트의 틈새

권여선 평소엔 걸핏하면 기어 올라오면서 오늘은 왜 이렇게 얌전한 척 버벅거리나.(웃음) 인터뷰어가 몸이 하도 안 풀리는 것 같아서 내가 오히려 질문을 해야겠다는 생각이 든다. 그럼 당신이 읽었을 때 내 소설이 재미있는 부분은 어떤 대목이었는가. 그래도 당신이 문학평론가라며.(웃음)

정여울 낯 뜨겁다. 미숙한 초짜 평론가를 난숙한 소설가가 좀 잘 이끌어달라.(웃음) 《푸르른 틈새》의 재미는 크게 두 가지로 나눌 수 있다. 지적으로 간지러운 곳을 긁어주는 측면, 그리고 코믹한 엄살에서 나오는 웃음과 눈물의 묘한 비빔밥. 굳이 명명하자면 인식론적인 즐거움과 감성적인 즐거움이라고도 할 수 있겠다. 예를 들어 이런 장면은 인식론적인 즐거움을 준다. 잠깐 소설 속으로 함께 들어가 본다면 다음과 같은 대목이다.

> 대학 풋내기 시절 내가 무엇보다 우선적으로 해야 할 일이 있었다면 그건 한시바삐 어른이 되는 것이었다. 어른이란 모름지기 '정치'와 '성'에 대해 확고부동한 입장을 갖추고 있어야 하는 법이다. 따라서 내 수련 과정에 필요한 것은 '정치용어사전'과 '성용어사전'이었다. 두 사전이 없으면 대학사회에서 운영되는 소통체계에 적응할 수 없었다. 내가 잘 알아듣지 못한 '언더'라는 말은 운동권 약어나 은어에 하루빨리 통달해야겠다는 강박관념을 형성한 첫 동인이었다. 나는 '언더'라는 말을 정치용어집 한 귀퉁이에 신중하게 기입했다. …… 형태를 알아볼 수 없이 줄어들거나 변주된 온갖 욕설, 여러 가지 불경스럽고도 속악한 용어나 농담 등을 정확히 어원저으로 이해하기 위해 '성용어사전'의 필요성이 절실히 대두되었다. 당시 내 머릿속에서는 두 사전이 숨 가쁘게 편찬되고 있었다.

이 대목을 보면서 우리네 다사다난하고 파란만장했던 대학생활이 이 두 개의 사전 편찬으로 '한 번'에 정리된다는 생각이 들어 섬뜩했다. 도저히 요약할 수 없는 그 난마처럼 어지럽게 얽히고설킨 대학생활을 '정치용어사전'과 '성용어사전'으로 요약할 수 있다는 경이로움, 나는 저런 거 도저히 못 할 것 같은 행복한 열패감을 느꼈다. (웃음)

권여선 그럼 '감성적으로' 재미있는 부분은 어떤 대목이었는가.

정여울 취조당하는 느낌이다. 음…… 전경이 장갑으로 미옥이를 때리는 장면. 정말 데모의 '비장미' 뒤에 감춰진 개인의 시트콤적 내면들이 이런 것이 아닐까. 이 작품의 밑바닥에 면면히 흐르고 있는 찬란한 '엄살의 수사학', 그 결정판인 것 같다. 다음 대목이다.

　　전경이 이쪽저쪽으로 마구 곤봉을 휘둘렀다. 내 옆에서 딱 하는 소리가 크게 들려왔고 동시에 종태의 비명 소리가 들렸다. 종태가 양손으로 머리를 움켜쥔 채 고개를 푹 숙였다. 나는 얼떨떨했다. 지금 무슨 일이 일어난 걸까. 종태가 죽은 건 아닐까. 나는 종태의 어깨에 손을 얹었다. 다행히도 종태는 죽지 않았다. …… 나는 전경과 눈이 마주쳤다. 그는 침착하게 장갑을 끼려다 말고 아직도 고개를 처박지 않고 목을 길게 빼고 있는 나를 보자 들고 있던 가죽장갑으로 내 뺨과 이마를 찰싹찰싹 후려갈겼다. 나는 얼얼해진 얼굴을 싸안으며 고개를 처박고 울었다. 곤봉으로 맞았다면 이렇게 기분나쁘지는 않을 것을…… 전경을 바라볼 때의 내 눈빛에는, 비록 불타는 적의를 담으려고 애썼지만 실제의 내 눈빛에는 애원과 공포가 담겨 있었을 것이고, 전경은 그것을 제대로 읽었던 것이다. …… 내 눈을 본 전경은 닭 잡는 데 어찌 소 잡는 칼을 쓰겠느냐는 심정으로 곤봉이 아닌 가벼운 가죽장갑으로 나를 따끔하게 혼내주었던 것이다. 종태가 아픔을 못 이겨 울었다면 나는 모욕도 울분도 아닌, 분노도 치욕도 아닌, 단지 비굴한 감사를 못 이겨 울었을 뿐이다.

'엄살'을 통해서 투정부리고 싶은 나약한 개인의 내면이 투명하게 폭로되는 것 같다. 너무나 '거대해 보이는' 외부세계에 대한 공포, 그 '사소한' 폭력에 저항하는 수동적 유머의 태도가 '엄살의 수사학'으로 드러나는 건 아닌지. 곤봉으로 '제대로' 맞을 거리도 되지 못하는, 한 입 거리도 안 되는 나약한 여대생의 엄살이 무척이나 귀여우면서도 구슬프다.

권여선 아니 그렇게 절박한 대목에서 그렇게 웃어버리면 어쩌란 말인가. 나 원 참.(웃음) 역시 작품은 작가의 것이 될 수 없네. 또 어떤 대목이 눈에 띄었는가.

정여울 묘사보다 서술이 두드러지는 부분, 그러니까 사건의 서사보다는 내면의 성찰이 두드러지는 대목들이 종종 눈에 띈다. 예를 들어 대학사회에서 처음 자신을 호명하게 하는 방법, 자기소개에 녹아 있는 폭력성에 대한 성찰이 담긴 대목이나. 독자들은 작가에게 미학과 철학을 동시에 요구하기 마련인데, 《푸르른 틈새》는 그런 이중적 욕망을 채워주는 대목들이 있는 것 같다. 탐미주의와 계몽주의 사이의 진자운동이 그동안의 문학사적 흐름 아니었던가. 솔직히 말하면 《푸르른 틈새》의 몇몇 장면들은 나의 풋내기 시절의 지적인 허영을 '소설'이라는 장르로 채워주었던 몇 안 되는 텍스트였던 것 같다. 칼날 같은 지성과 진갈 같은 문체가 공존했다. 예를 들어 다음과 같은 대목 말이다.

　　'자기소개'는 인생의 새로운 단계, 새로운 세계로의 진입을 암시했다. 다들 자연스럽게 나를 알고 있으려니 하는 유년의 수동성을 넘어 당당히 내가 바로 아무개라고 자기를 주장해야 하는 세계, 서로의 존재를 매번 정겨운 방식으로 일깨우는 공동체가 아니라 각지고 독립된 개체의 삶을 책임져야 하는 사회, 그런 어른들의 세계로 진입하기 위해 우리는 자기소개를 해야 했다. 자기소개라는 절차는 일종의 폭력성을 내포하고 있었다. 소개자는 자기 이름을 모두가 알아들을 수 있도록 명료히 발음해야 했고 듣는 청중은 소개자가 임의로 요약한 그 혹은 그녀의 존재성을 강제로 받아들여야 했다. 자기소개는 소극적인 자들이 도태되고 적극적이고 용감한 자들만이 살아남는 세계로의 입사식이었다. 불려지기를 기다려서는 안 되고 어떻게든 적극적으로 부르심을 유도하는 방식, 다른 사람들이 자기 이름을 한시바삐 소비하도록 이름을 세일하는 방식이었다.

내심 자기소개를 청산유수로 잘하는 사람과는 절대로 친해지지 말아야겠다고 결심했던 적이 있었는데, 이 대목에서 내 그런 비틀린 마음을 들킨 것 같은 느낌이 들었다. '자기소개'라는 단어 하나에서 이토록 유려한 철학적 성찰을 담아낼 수 있다는 점이 스무 살 풋내기에게는 놀라웠다. 내가 분명히 느꼈지만 표현할 수 있는 언어를 가지지 못했던 시절, 그렇게 표상 불가능한 암흑의 세계가 낱낱이 언어의 모자이크로 호출되는 느낌이 경이로웠다.

내면의 카오스, 상처의 풍경

정여울 《푸르른 틈새》 이후에 나온 단편소설에서도 공통적으로 느껴지는 감수성이 있다면 작가 권여선은 '외부의 서사'가 아니라 '내면의 서사'로 작품을 직조하고 있다는 느낌이었다. 마음속에서는 천변만화하게 뻗어나가는 삶의 다채로운 욕망들. 그러나 '공론장'에 호출되는 순간 천편일률적 전형의 틈새로 흔적 없이 녹아버리는 '나'의 초라한 개별성. 자아의 내부에서조차 소외되는 이런 내면의 개별성을 담아내는 게 《푸르른 틈새》와 《처녀치마》 이후의 세계의 공통점인 것 같다. 그리고 소설 창작이라는 노동 자체가 '지식'의 한 측면일 수 있다는 것을 당신의 작품세계가 보여주는 것 같다. 당신 또한 심한 '먹물'이긴 하지만 공부해서 글을 쓰는 것 같지는 않다. 하지만 당신에게는 소설 쓰는 것 자체가 공부라는 구도 행위의 일부인 것 같기도 하다. 독자의 지적 허영, 혹은 지적 허기를 충족시켜주는 것도 소설가의 재능인 것 같다.

권여선 그게 내 단점이기도 하다. 나는 소설을 쓰면서 잘난 척하는 느낌이 들 때가 있다.(웃음) 이야기꾼으로서의 능수능란한 재능이 없으니까 괜히 어설픈 '먹물'을 뒤지면서 그 결핍을 메우고 있다는 비판을 들은 적도 있다. 큰 틀에서 보면 내 소설은 공부해서 쓰는 소설이라는 비난이었던 것 같다. 그런데 은희경 씨가 이런 말을 한 적이 있다. 아무래도 등단 때 트라우마가 오래 가는 것 같다. 자꾸 은희경 씨 얘기를 하는 걸 보면. 아무튼 은희경 씨가 그랬다. 만약 1980년대 같으면 자신은 소설을 쓰기 어려웠을 거라고. 90년대이기에 자신과 같은 작가가 소설을 쓰는 것이 가능했다고. 나도 그 어법에 비유해서 말할 수 있을 것 같다. 소설이 3인칭의 이야기꾼적 세계만으로 고정되어 있는 분위기라면, 나는 소설을 쓰지 못했을 것 같다. 당신 말대로 소설도 지식의 한 부분이고 인식의 표현일 수 있다는 것, 그런 소설도 존중될 수 있다는 전제 하에 소설을 쓸 수 있었다. 흔히 소설가에게 요구되는 것이 풍부한 경험의 폭, 이야기꾼으로서의 재능 같은 것인데, 그런 전통적인 기준에서 볼 때 나는 소설가로서 부적격인 것 같다. 하지만 이제는 누구도 그런 식으로 보지 않고 '소설가'를 바라보는 다양한 퍼스펙티브가 생긴 것 같다. 이야기꾼의 땀 냄새가 물씬 풍기는 능란함은 또 하나의 경지다. 하지만 다른 세계도 가능하지 않겠나.

소설과 일상 사이에서 – 필명과 본명의 간극

정여울 작가 권여선과 인간 권희선 사이에는 엄청난 간극이 존재한다. 일상 속의 권희선은 거침없고 활달할 뿐 아니라 현란한 '말발'로 술 취한 관중을 사로잡는 매력이 있다. 그런데 작가 권여선이 되는 순간 평소의 권희선은 증발해버린 듯이 엄청나게 수줍고 뭔가 단단히 억압되어 있는 건 아닐까.

권여선 작가 권여선으로 호명되는 순간 여전히 어색하다. 그래서 수줍다. 작가 권여선이 되면 인간 권희선처럼 어떤 의견을 딱 부러지게 말하지 못하겠다. 소설가로서는 거의 발언할 수 없다. 내가 다른 텍스트의 독자나 관객일 때는 무슨 이야기든 가차 없이 내지를 수 있다. 그런데 소설가로서 한마디 해보라고만 하면 갑자기 모든 게 아득해지면서 사방이 암전되는 느낌이다. 나 원 참, 낯간지러워서.(웃음)

정여울 소설을 너무 사랑해서 그런 거 아닌가.

권여선 소설을 계속 짝사랑하는 입장인 것은 맞다. 작가로서 스스로에게 자신만만한 사람이 근본적으로는 없다고 생각한다. 그런 포즈를 취하는 사람도 있고, 당당하게 대중 앞에서 자신의 문학관을 말하는 사람도 있지만, 그 내면조차 그렇지는 않을 거다. 만일 그 자신감이 진실이라면 좀 무섭다. 자신의 연륜으로 소설관을 확고하게 말할 수 있는 작가, 자기 마음속에 소설의 정의가 있고 그 정의를 구현하는 소설가들을 볼 때, 그런 작가들이 부러우면서도 공포를 느낀다.

정여울 소설 속에서 연애를 묘사하는 태도가 굉장히 특이하다. 사건 자체는 별로 특이할 것이 없는데, 연애의 디테일과 연애를 바라보는 관점이 독특하다.

권여선 천재지변이나 비극적인 전쟁 없이도 연애는 사랑에 빠진 인간의 징신 속에서만은 천국과 지옥을 왔다 갔다 한다. 영화와 다른 소설의 힘이 바로 이것이다. 시각적인 이미지나 구체적인 에피소드 없이도 사람들을 휘몰아갈 수 있는 것. 그것이 소설의 힘인 것 같다. 영화에서는 여러 가지 시청각적 이미지를 연출하기 위해 갖가지 미장센을 동원하지만, 소설은 문자만으로도 내면의 서사를 소설적으로 장면화할 수 있다. 내면의 서사, 내면의 디테일을 문자만으로도 표현할 수 있다는 게 여전히 소설의 매력인 것 같다. 정말 사소한 표정 하나라도 활자로 표현하면 무시무시한 데까지 다다를 수 있고, 영화적으로 장면화하기 위해 돈이나 무대장치가 필요한 것도 아니고. 그게 참 어렵기도 하지만 소설 쓰기의 재미인 것 같다. 소설학개론에서는 인물별로 전형적인 캐릭터가 있다고 하지만, 막상 캐릭터는 사건마다 사안별로 항상 깨진다. 캐릭터의 일관성을 깨고 나오는 잉여가 항상 있기 마련이다. 자기가 자기로서 더 이상 일관성을 유지할 수 없는 부분들이 누구에게나 있는 것처럼. 인간은 거울 단계에서 자기 통합성을 느낀다지만 모든 소설은 역(逆)거울 단계가 아닐까. 자신을 추스를 수 있다고 믿었는데, 막상 별 것 아닌 사건들로 인해 갑자기 '자기다운' 모든 것이 순식간에 파편화되는 그런 체험들이 경이롭다.

정여울 영화와 소설의 차이를 굉장히 명징하게 의식하고 있는데.

권여선 영화는 매체의 문법이 강하다. 매체 자체가 영상적이고 사운드가 있어야 하니까, 뭔가 캐릭터나 대사가 차곡차곡 쌓이고 관객을 서서히 납득시키는 과정이 필요하다. 그런데 문자로만 만들어진 소설은 훨씬 더 불규칙 바운드다. 어떤 어휘가 튀어나올지 모르는 스릴과 서스펜스가 있다. 그런 의미에서 활자만큼 드라마틱하고 효과적인 매체가 없다는 생각이 든다.

정여울 당신의 장편과 단편을 굳이 비교하자면, 장편 쪽이 훨씬 거침없이 술술 써 내려갔다는 느낌을 준다.

권여선 장편을 쓸 때는 별 눈치를 보지 않고 자연스럽게 썼던 것 같다.

거의 한 달 만에 술술 써 내려갔고, 나중엔 너무 많아서 줄이는 데 시간이 더 많이 걸렸다. 장편은 이야기적인 측면이 강했다. 그런데 장편 쓴 다음에 하도 구박을 많이 받아서 그런지(웃음) 단편을 쓸 때는 '술술' 쓰지 못하고, 자꾸 아까 쓴 문장을 반추하면서 인공적으로 고민하면서 썼던 것 같다.

정여울 장편은 내부의 욕망이 자연스럽게 밀어갔다는 느낌이고, 단편은 한 문장 한 문장 공들여서 쓴 느낌이다. 어느 쪽이 좋거나 나쁘다는 생각은 안 든다. 그리고 '인공적'이라고 했는데, 인공이 왜 나쁜가. 모든 문장은 결국 인공 아닌가.

권여선 자연스러움의 신화가 없어진다면 인공미도 존중받을 수 있으리라 본다. 내부의 들끓어 오르는 욕망이 소설 속에서 저절로 범람한다면 물론 좋을 것이다. 나도 장편에서는 '제법' 그게 되었다. 그런데 단편에서는 형식미보다 초과의 형식이 생기는 것 같다. 장편소설이 시원스러움이나 통쾌함이라면, 그 형식을 보존하면서도 살짝 초과하고 잉여를 남겨 한없는 찝찝함을 안겨주는 장르가 단편인 것 같다.

정여울 인간 권희선의 유쾌한 독설을 권희선의 지인들만 듣고 있기에는 아깝다는 생각이 든다. 우리가 지금 술을 안 먹어서 그런지 권희선 표 독설이 평소처럼 잘 안 튀어나온다. 오늘은 철저히 작가 권여선으로 분장하고 온 것인가.(웃음) 권희선의 말투처럼 권여선의 소설을 쓴다면 또 다른 차원이 열릴 것 같은데.

권여선 내가 아무래도 남 욕하는 재미에서 지적인 흥미와 미적인 쾌감을 느끼나 보다.(웃음) 세상에 대한 불평분자로 찍히면 안 되는데.(웃음) 인간 권희선은 곧잘 그런다. 타인의 검열을 의식 안 할 때도 많다. 그런데 '권여선', 이렇게 호명당하는 순간 일종의 명명의 압박이랄까, 보이지 않는 포승줄 같은 것이 느껴진다. 원래 권여선이라는 이름은 작가로서의 예명이 아니라 사춘기 때 어머니가 어디서 점괘를 들고 오셔서 다시 지은 이름이다. 점쟁이가 희선이라는 이름으로는 대학 못 간다고 하더라. 권여선과 권희선은 '여'와 '희'의 한 자 차가 아니라 한자 자체가 다르다. 희선은 계집 희(姬)에 부러울 선(羨) 자다.

정여울 이름 한번 엄청 이기적인 공주풍이다.(웃음) 세상의 부러움을 받는 여자가 되라는 뜻인가.

권여선 그러게 말이다. 그런데 그러면 차라리 나은데, 세상이 나를 부러워하는 게 아니고 오히려 내가 세상에 대해서 부러움 많고 질투심과 시기심과 원망으로 가득 찬 여자애의 느낌이 난다.(웃음) 여선은 너 여(汝) 자, 베풀 선(宣) 자다. 매우 이타적인 이름이지만, 어떻게 보면 훨씬 더 재수 없는 이름이 아닌가. 못난 당신들을 어여삐 여겨 잘난 내가 한껏 베풀겠다! 이런 뜻이라면 아주 오만방자한 이름인 셈이다. 그런데 정말 이름에 주술이 있는 것 같다. 권여선으로 불리는 순간, 내 포즈에 변화가 온다. 희선이란 이름은 훨씬 나를 자유롭게 한다.(웃음)

정여울 여선이라는 이름은 오히려 종갓집 며느리의 스케일을 떠올리게 한다. 많은 사람들을 먹여 살리고, 누구든지 억척스럽고 따스하게 보듬어줄 것 같은 느낌인데.

'주전자'의 푸르른 꿈

권여선 항상 술집을 하고 싶은 생각이 있었다. 친구랑 '술집을 하자!' 이런 포부로 뭉쳤던 적도 있다. 대학을 졸업할 필요도 없다, 그냥 술집을 차리자. 이런 마음도 있었다. 그 꿈이 아직도 사라지지 않고 있다. 여전히 넉넉하고 푼푼한 주모가 되고 싶다. 늘 알딸딸한 상태로 앉아서 나도 '일잔' 하고 오는 손님에게도 술을 들이붓는, 그런 '주전자' 같은 사람이 되고 싶었다. 특별한 메뉴판 없이 그때그때 찌개도 끓여주고 나물도 무쳐주고 그러고 싶은 거다. 평소에는 기운이 딸려서 잘 못 하지만 기운이 좀 생기면 음식도 많이 하고 주위에 나눠주는 것도 좋아한다.

성어울 그게 바로 권희선 속에 꿈틀대는 권여선인가 보다. 남들에게 넉넉하게 퍼주는 대갓집 며느리의 스케일.(웃음)《푸르른 틈새》에 보면 어머니와 할머니, 이모들로 구성된 엄청난 '여인군단'의 가공할 노동 분담 장면이 나오지 않는가. 평소에는 사생결단으로 싸우다가도 대량으로 김장을 담그거나 잔치음식을 만들 때는 일사분란하게 군대처럼 척척 움직이는.

권여선 그 여인군단에 대한 향수를 아직도 갖고 있다. 사는 거 뭐 있나.

서로 먹이고 먹고 그러면서 만족하고 다독이며 살아가는 것. '먹는 것'을 중심으로 움직이는 삶이 제일 원초적으로 정직한 모습인 것 같다.

정여울 집안일 같은 것에는 관심 없을 것 같은 새치름한 이미지인데, 음식 만드는 걸 좋아하고 잘한다고 해서 깜짝 놀랐다. 소설에서도 그런 장면들이 종종 나타난다.

권여선 내가 음식 잘한다는 거 소문나면 남들이 계속 시킬까 봐 못하는 척한다.(웃음) 허약한 척, 일 못하는 척하면서 나에 대한 기대를 봉쇄시킨다. 잘하는 걸 알면 이 모진 세상이 나를 가만 내버려두겠나.(웃음) 사람이 독립을 했다는 것은 사회 나가서 돈 버는 것만이 아니라, 자기가 자기에게 밥을 해 먹이는 순간, 그것이 독립이라고 하지 않나. 당연한 듯하면서도 고개를 주억거리게 만드는 진솔한 말이다. 그런 의미에서 대부분의 남자들은 죽을 때까지 독립을 못 하고 죽기도 하는 것 같다. 자기를 먹이고 자기를 입히고 자기 주변을 깨끗이 할 수 있는 게 독립의 기초인 것 같다. 가장 중요한 게 '먹이는' 것이다. 음식 하는 일이 가장 흥미진진하다. 나는 어떤 소설을 볼 때 음식을 만드는 과정이 대충 처리되면 막 화가 난다. 독자는 궁금해 죽겠는데 작가가 자세히 이야기를 해줘야 할 것 아니냐.(웃음) 술집에 들어갔는데 뭘 시켰는지, 뭘 먹는지 불분명하게 처리해도 막 화가 난다. 똑같은 생선이라도 구이인지 찌개인지가 얼마나 중요한데. 드라마를 볼 때도 안주 안 먹고 강소주만 먹는 장면을 보면 화가 난다. 고민 많을 때 안주를 적게 먹기야 하겠지만 그래도 당최 그렇게 안 먹을 수가 있나.(웃음)

정여울 당신은 음식의 맛과 빛깔에 담긴 디테일이나 요리를 하고 음식을 먹는 과정을 통해서 그 삶의 개연성, 진실성을 보는 것 같다.

권여선 식성도 캐릭터의 하나니까, 쉽게 못 바꾸는 것 같다.

정여울 《푸르른 틈새》에 나오는 연애담은 연애에 대한 지적인 탐구이자 심리적인 굴착을 아주 재미있게 보여준다. 결국 거식증에 걸린 '나'에게 풍요로운 입맛을 다시 찾아주는 남자가 애인이 되지 않는가.

권여선 《푸르른 틈새》의 미옥이는 속 터지는 캐릭터다. 음울하고 재수 없는 캐릭터이기도 하다. 《푸르른 틈새》나 《처녀치마》에 나오는 여인상은 전통적이고 순종적인 여인상이 아니라 사악한 캐릭터다. 다 못 주기 때문에 오히려 다 주는 것처럼 보이는 것이다. 《푸르른 틈새》는 성장소설로 읽히기도 하지만, 사실 실패한 영웅소설이기도 하다. 20대의 기나긴 터널을 거친 미옥이는 결국 파랑새 신화를 깨고, 피투성이가 된 채 피에 젖은 새가 되어서 20대의 터널을 빠져나오지 않는가. 희망은 체념의 다른 이름이다. 다시는 그렇게 연애하지 않겠다, 다시는 아버지를 아버지화하지 않겠다는 것. 미옥의 존재는 갈가리 찢어졌지만 어쨌든 그 지난한 과정은 통과했다는 이야기다. 그 이후에는 연애를 그런 식으로 할 수밖에 없다. 절대 주관적으로 재단하지 않고 올인하지 않으며 나도 상대방에게 아무것도 안 줬으니까 상대방에게 아무것도 기대하지 않겠다는 것.

정여울 최근의 단편 〈분홍 리본의 시절〉은 '여선' 보다는 '희선' 스러운 내면이 투명하게 드러난다. 질투와 사랑으로 범람하는, 그러면서도 엄청나게 지적인 캐릭터다. 주인공이 혐오하면서도 질투해 마지않는 그 임신한 여자에 대한 묘사가 무척 흥미롭다.

권여선 소설을 쓰다 보면 평소에 호의적이고 애착이 가는 대상보다 자기가 혐오하는 대상에 대해서 더 잘 쓸 수 있는 것 같다. 《푸르른 틈새》에서도 종태처럼 착하고 친근한 캐릭터보다 미혜 같은 적대적인 캐릭터에게 오히려 묘사의 열정이 동했다. 소설을 쓰면서 평소에는 도저히 친구가 될 수 없는 캐릭터들과 친구가 되는 거다. 자기가 혐오하는 것들, 사유 자체가 안 되고 즉각적으로 혐오하는 것들이 글 속에서 객관화되면, 그 사람을 혐오하는 내가 왜 진정 그를 혐오했던가를 다시 생각하게 된다. 증오의 대상을 탐구하다 보면 결국에는 내 자신의 결핍이 보인다. 결국 지금까지 제정신으로 살 수 있는 건 온통 소설 덕분이다. 나는 굉장히 편협한 인간인데 아닌 척, 조금은 담대한 척, 근근이 버텨주는 것도 다 소설 덕분이다. 소설은 그런 의미에서 내 정신의 추가 되어준다.

닫히지 않은 미래, 열리지 않는 소설

정여울 앞으로 쓰고 싶은 소설은.

권여선 처음에 《푸르른 틈새》를 쓰고 나서 인터뷰할 때 장편 계획이 있냐고 기자가 물었다. 그땐 정말 포부에 차서 머리에 떠오르는 대로

미주알고주알 주워섬겼다. 나중에 보니 기가 찼다.(웃음) 앞으로 계획 같은 것들은 절대 말하지 말아야겠다는 생각이 든다. 설사 소설의 3분의 2를 썼더라도 그 계획을 말해서는 안 되겠다.

정여울 기본적으로 심리적 1인칭을 추구하는 것인가.

권여선 확실히 정해진 건 여전히 아무것도 없다. 그런데 다만 바뀐 것이 있다면 소설을 바라보는 태도다. 소설가로서만 살면 못 살아. 옛날에는 '사느냐 쓰느냐' 둘 중에 하나다라고 비장하게 생각했다. 하지만 지금은 그 무엇보다도, '살아야 한다'고 생각한다. 우선 살아야 하고, 살다가 또 살다가, 행유여력(行有餘力)이면 쓴다. 이렇게 생각한다. 그러다가 놓쳐버리는 삶의 잉여가 분명 있을 테지만, 그래도 나는 일단 살고 볼 테다.(웃음)

정여울 영화도 좋아하지만, 스포츠 관람에 일가견이 있는 것 같다. 특히 축구를 좋아하던데.

권여선 스포츠를 보면 마인드 컨트롤이 된다.

정여울 아니 어떻게?

권여선 경기를 보다 보면 어느새 자기도 모르게 '우리 편'을 응원하게 된다. 그럴 때 우리 편이 너무 죽을 쑤면 속 터진다. 그럴 때 갑자기 반대쪽 나라 국민의 입장에서 응원을 한다. 그렇게 해보면, 우리나라가 너무 못 뛰고 있는 게 얼마나 다행스럽고 위로가 되는지.(웃음) 루니 같은 귀여운 캐릭터를 발견하고 혼자 즐거워하기도 한다. 축구선수 루니에 열광한다. 고릴라 같은 체형에 별 볼일 없는 외모는 엄청나게 결점이 많다. 그런데 루니는 무슨 짓을 해도 밉지가 않다. 엄청 투덜거리고 심판이 조금만 뭐라 그러면 온갖 불평불만을 늘어놓으며 망나니처럼 엎어지는데, 그런 행동조차도 굉장히 귀엽다. 그런데 겉으로는 거의 완벽한 호나우두는 미움을 독차지한다. 잘생기고 축구도 잘하지만 무슨 짓을 해도 뭔가 음흉한 꿍꿍이가 있는 것 같고.(웃음) 그런 것은 참 신기하다. 루니는 뛰는 것만 봐도 예뻐 죽겠고, 시비만 걸고 있어도 귀엽다. 그런가 하면 호나우두는 제 아무리 멋있게 해도 칭찬에 인색해진다. 호나우두가 어쩌다 실수로 어시스트 안 하고 혼자 골 넣으려다 못 넣으면 "내가 쟤 저럴 줄 알았어!", 이렇게 된다.(웃음) 사실 호나우두가 무슨 죄냐. 호오의 감정에는 별 이유가 없다. 그나마 이렇게 외모가 다는 아니라서 세상은 참 살 만한 것이야.(웃음)

정여울 인간이 아무리 이성으로 통제하려고 해도 안 되는 부분들이 바로 가장 매혹적인 소설의 테마가 아닐까. 그렇게 본다면 《푸르른 틈새》는 연애론을 가장한 운명론의 형식으로 보인다.

권여선 루카치를 통속화하자면 소설이란 성숙한 여성의 형식이다. 몰락하는 과정일 때 사람이 어떤 포즈를 취할 수 있나. 여성의 몰락은 남성과는 무척 다른 형식을 취한다. 모성성이 없어 제 아이를 무사히 키울 수 없는 여성이 바로 가장 참혹한 몰락의 형식을 견뎌야 하는 것 같다. 모성을 대신할 수 있는, 물론 절대로 대신할 수 없겠지만, 그 대안을 찾아야 한다. 그 대안이 아버지일 수도 있고 연애 상대일 수도 있겠지만, 결국 자기의 보물이 연애 상대로 고착되기 쉽다. 일단 연애 단계에서 계속 정체되어 있는 것이다. 모성성으로 가지 않으면 자기 운명에 대해서 어떤 포즈를 취할 수 있을까. 요즘 여성성을 이야기할 때 모성 이미지나 우주적 모성이나 이런 이야기들을 많이 하지 않는가. 나는 그 생명력 이데올로기가 불쾌하다. 또다시 자신의 존재를 다른 존재에 의탁하는 것이다. 내게 중요한 문제는 '어떻게 하면 삶을 유지할 것이냐'가 아니라 '어떻게 하면 삶을 버리고 잘 스러져 갈 것이냐'다. 삶을 잘 유지하는 것보다 잘 스러져가는 것이 어려운 일 아닐까.

정여울 여성지 같은 질문도 좀 하자.(이 말을 했더니 작가 권여선은 매우 심한 거부감을 보이며, 자신을 '신비주의 콘셉트'로 적절히 윤색해줄 것을 간곡히 부탁했다.) 인생에서 제일 좋았던 순간, 제일 힘들었던 순간이 있다면.

권여선 가장 힘들었을 때는…… 대학교 3, 4학년 때였다. 그때는 사람들이 많이 죽었다. 친한 친구였던 박혜정도 그때 죽었다. 아까 내가 술집을 하고 싶다고 했었는데…… 그때 같이 술집 하자고 약속했던 친구가 혜정이었다. 그렇게 친했던 나에게는 일언반구 없이 그 전날 술 먹고 헤어지고 그 다음 날 저녁 때 한강에 투신했다. 그때가 김세진, 이재호 학형이 죽고 한 달 있다가 이동수 학형이 아크로에서 분신한 날이었다. 시위도 있었고 축제기간도 겹쳐서 사람들이랑 다같이 술을 마셨는데. 내가 혜정이한테 모진 소리를 한마디 했던 것 같다……. 그건 혜정이한테라기보다는 나 자신에게 던진 가혹한 말이기도 했는데, 그게 계속 걸린다. 좋았던 때는…… 잘 모르겠다. 의외로 없다. 아니면 너무 많거나. 그런데 나이 먹는 건 좋은 것 같다. 삶이 점점 2배속, 3배속으로 스피디하게 진도를 뽑았으면 좋겠다.

상처의 틈새로 비상하는 파랑새에게

'작가 권여선'은 내 풋내기 시절 동경의 대상이었던 '머나먼 저편'의 사람이고, 인간 권희선은 엄청나게 무섭지만 그 무서움을 무릅쓰고 자꾸만 엉기고 싶은 사람이다. 일단 그녀의 본명이 권희선이라는 것을 알았을 때, 다소 당혹스럽고 김빠지던 느낌을 기억한다. 대리석처럼 견고한 문체를 구사하는 그녀가 그토록 여성적이고 말랑말랑한 이름을 가지고 있다니. 그런데 막상 세미나 뒤풀이에서 만난 인간 권희선의 놀라움은 또 달랐다. 그녀 특유의 만화방창한 독설과 저주의 수사학에 나는 기함했다. 권희선 표 독설의 매력은 독설도 저렇게 달콤하게 착착 감길 수 있다는 것, 저주가 그토록 유머러스할 수 있구나 하는 것이다. 게다가 일상 속에서 인간 권희선은 작가 권여선으로 호명되는 순간 곧바로 수줍은 소녀로 돌변한다.

《푸르른 틈새》를 통해 나는 나도 모르게 유배시킨 나의 가장 소중한 우울을 곱씹는다. 이 책을 통해 나는 잃어버린지도 모른 채 살았던 내 과거와 만나며, 아무와도 공유할 수 없는 나만의 후미진 과거를 남몰래 애도한다. 책갈피를 서너 장만 넘기면 나는 어느새 스무 살 풋내기 시절로 돌아가 있다. 그녀의 문장 속에서는 예리한 지성과 따스한 멜랑콜리가 불안하게 공존한다. 권여선이라는 이름을 떠올리는 순간, 내게는 그저 작가 한 사람이 떠오르는 것이 아니라 내가 아직 완전히 떠나오지 못한 나의 20대, 내 소중한 벗들의 20대가 동시에 덮쳐온다. 해설이 아닌 인터뷰를 선택한 이유는 그녀를 3인칭의 미학적 거리가 아닌, 2인칭의 육체적 직접성으로 만나고 싶은 욕망 때문이었다. 그러나 작품 그 자체만큼 '2인칭의 그녀'를 뜨겁게 대면할 수 있는 또 다른 참고문헌은 없을 것이다.

설령 모든 것이 한층 더 나빠진다 하더라도 나는 말을 믿고, 기억을 믿고, 그 밖의 다른 것들을 믿을 것이다. 닫히지 않은 이야기, 닫히지 않은 믿음, 닫히지 않은 시간은 아름답다. 영원히 끝나지 않은 미완의 《아라비안나이트》처럼, 북극을 넘어 경계를 넘어 스스로 공간을 열며 뛰어가는 냄비처럼, 상처로 열린 우리의 몸처럼, 기억의 빛살이 그 틈새, 그 푸르른 틈새를 비출 때 비로소 의미의 날개를 달고 찬란히 비상하는 우리의 현재처럼……

미디어 아라크네

정여울 지음

1판 1쇄 발행일 2008년 11월 17일

발행인 | 김학원
편집인 | 한필훈 선완규
기획 | 최세정 홍승호 황서현 유소영 유은경 박태근
마케팅 | 이상용 하석진 김창규
디자인 | 송법성
저자 · 독자 서비스 | 조다영(humanist@humanistbooks.com)
스캔 · 출력 | 이희수 com.
용지 | 화인페이퍼
인쇄 | 청아문화사
제본 | 정민제본

발행처 | (주)휴머니스트 출판그룹
출판등록 | 제313-2007-000007호(2007년 1월 5일)
주소 | (121-869) 서울시 마포구 연남동 564 40
전화 | 02-335-4422 팩스 | 02-334-3427
홈페이지 | www.humanistbooks.com

ⓒ 정여울 2008

ISBN 978-89-5862-263-5 03100

만든 사람들

편집 주간 | 선완규(swk2001@humanistbooks.com)
책임 편집 | 김선경 박민영
디자인 | 민진기디자인